钱念孙 著

君子文化：中华文脉的精神内核

时代出版传媒股份有限公司
安徽教育出版社

图书在版编目（CIP）数据

君子文化：中华文脉的精神内核 / 钱念孙著．
—合肥：安徽教育出版社，2022.8
ISBN 978-7-5336-9712-9

Ⅰ.①君… Ⅱ.①钱… Ⅲ.①中华文化—文集
Ⅳ.①K203-53

中国版本图书馆 CIP 数据核字（2022）第 092317 号

君子文化：中华文脉的精神内核
JUNZI WENHUA:ZHONGHUA WENMAI DE JINGSHEN NEIHE

出 版 人：费世平
策划编辑：钱　江
责任编辑：钱　江
装帧设计：许海波
责任印制：陈善军

出版发行：安徽教育出版社
地　　址：合肥市经开区繁华大道西路 398 号　邮编：230601
网　　址：http://www.ahep.com.cn
营销电话：(0551)63683012，63683013
排　　版：安徽时代华印出版服务有限责任公司
印　　刷：安徽联众印刷有限公司

开　　本：710mm×1010mm　1/16
印　　张：17
字　　数：223 千字
版　　次：2022 年 8 月第 1 版　2022 年 8 月第 1 次印刷
定　　价：56.00 元

（如发现印装质量问题，影响阅读，请与本社营销部联系调换）

CONTENTS | 目录

孜孜于传统与现代的活态嫁接（自序） …………………………… 001

辑一

君子文化与社会主义核心价值观
——中国传统人格及其当代意义 ……………………………… 003
君子文化在传统文化中的地位和影响 ………………………… 014
君子文化浸润中国人的日常生活 ……………………………… 026
家国情怀的萌生与君子人格的确立 …………………………… 044
从中国传统树人体系看君子人格的普遍价值 ………………… 060
从君子人格到君子文化
——中华民族的人格坐标和文化标识 ………………………… 080
君子文化的传统魅力与当代张力 ……………………………… 102

辑二

时代新人与传统君子漫议 …………………………………… 111
培育君子人格,提升城市品质 …………………………………… 118
开垦君子文化沃土,收获精神文明硕果 …………………………………… 121
君子文化是文化强国的源头活水 …………………………………… 126
江南地理文化与才子型君子人格 …………………………………… 136
君子之德风 …………………………………… 146
让中华优秀传统文化入心入脑 …………………………………… 149
汲古开新推动文化创新 …………………………………… 154
君子文化是中华文化的鲜明标识 …………………………………… 160
开拓传统文化的当代生长点 …………………………………… 166

辑三

乡贤文化为什么与我们渐行渐远? …………………………………… 173
告老还乡,做新乡贤 …………………………………… 183
退休还乡助力脱贫攻坚 …………………………………… 188
营造适宜乡贤成长的生态环境 …………………………………… 192
探寻民族灵魂的故乡
——读《刀兵过》兼与《白鹿原》比较 …………………………………… 196
乡村振兴亟待破解人才匮乏难题 …………………………………… 219
文化小康的理论与实践 …………………………………… 223
家国情怀溯源 …………………………………… 230
从文化传统看中国梦的题中之义 …………………………………… 236
汇聚起向上向善的强大力量 …………………………………… 242

附录

君子文化,改善社会风气的传统良方

——全国人大代表钱念孙谈君子文化与弘扬社会主义核心价值观
.... 245

安徽打造君子文化品牌的理论创新与实践探索 251

后记 256

孜孜于传统与现代的活态嫁接（自序）

这本谈论君子文化的集子在我的学术生涯中出现，可谓是个意外的收获。

我的专业是美学和文艺理论研究，多年来主要在这块园地里犁耙耕耘，但缺乏古人"三年不窥园，十年成一赋"的专心致志的心态和精神。由于青少年时期兴趣广泛，痴迷过美术，有时不免旧情难舍而心猿意马，跑到邻近的绘画史、书法史，以及收藏文化等田垄上翻土窃食。又由于曾经忝列省政协委员和全国人大代表，出于参政议政"履职"的需要，有时也难免对五光十色的社会现象及其成因探头探脑，发发议论。这使我做学问不知不觉形成"两条腿走路"的姿态，即一面静心于纯学术的研究，一面热心关注社会现实。尽管我的学术视野不算太狭窄，但基本还是在文艺的大操场上漫步溜达，即便注目于急剧变化的社会现实，也多半是对当下五彩缤纷的创作现象评头论足，窜到文艺圈外说三道四固然也有，但相对较少。近几年陆续写出这些有关君子文化及乡贤文化的文章，实乃缘于生活中一个不期然而然之邀约的触发。

2013年盛夏，在安徽中烟工业有限责任公司宣传部工作的安师大中文系校友轩嘉炳来访，说国家烟草专卖局副局长何泽华先生想研究、推广君子文化，请我领衔帮忙做一个有关君子内容的企业文化课题。对于朋友之托，自当尽力而为，不过当时手头有事，难以分心，加上并没有太重视，就把它交给几位学有所成的青年朋友去完成。三个月后稿子汇总而来，我作为课题组长从头到尾翻阅一遍，对不满意的部分与作者商量做了修改完善，课题便顺利完成了。然而，此项任务虽已完工，但有关君子文化的诸多问题却在脑中盘旋，挥之不去。凭着对君子文化的初步接触和了解，以及多年从事人文社会科学研究的直觉，我意识到君子文化课题极有价值，饱蕴传统魅力和当代张力，值得悉心挖掘和深入阐释，如果就到此为止，实有好题目没做出好文章的遗憾。

此时，习近平总书记就传承和弘扬中华优秀传统文化发表了一系列颇有新意的讲话。2013年12月30日，他主持中央政治局第十二次集体学习时说："在五千多年文明发展进程中，中华民族创造了博大精深的灿烂文化，要使中华民族最基本的文化基因与当代文化相适应、与现代社会相协调，以人们喜闻乐见、具有广泛参与性的方式推广开来"[①]。2014年2月24日中央政治局举行第十三次集体学习，他又指出："培育和弘扬社会主义核心价值观必须立足中华优秀传统文化"。"中华文化源远流长，积淀着中华民族最深层的精神追求，代表着中华民族独特的精神标识，为中华民族生生不息、发展壮大提供了丰厚滋养。"[②]

显然，这些话不仅是共产党人对中华优秀传统文化的积极肯定和重新定位，更提出许多有待深入探讨的新课题和新问题：为什么培育和弘扬社会主义核心价值观必须立足中华优秀传统文化？在博大精深的优秀传统文化中，哪些部分积淀着中华民族最深层的精神追求，代表着中华民族独特的精神标识？究竟什么是中华民族最基本的文化基

[①] 习近平：《提高国家文化软实力》，见《论党的宣传思想工作》，中央文献出版社2020年版，第49—50页。

[②] 习近平：《把培育和弘扬社会主义核心价值观作为凝魂聚气、强基固本的基础工程》，见《论党的宣传思想工作》，中央文献出版社2020年版，第54—55页。

因？如何使它与当代文化相适应、与现代社会相协调，以人们喜闻乐见、具有广泛参与性的方式推广开来？

这些问题萦绕脑际，与有关君子文化的思考相遇合、相碰撞，如暗室掌灯、绝渡逢舟，让我疾速穿过茫然无序的问题隧道而抵达出口，眼前呈现一片壮阔的学术景象：君子文化堪称中华民族千锤百炼的文化基因，代表着中华民族最深层的精神追求和独特的精神标识，是培育和弘扬社会主义核心价值观能够活态嫁接的老树新枝，也是传统文化与当代文化相适应、与现代社会相协调，以人们喜闻乐见、具有广泛参与性的方式推广开来的广阔平台和有效渠道。"众里寻他千百度，蓦然回首，那人却在灯火阑珊处"，王国维谈做学问第三重境界豁然开朗的欣喜之状，庶几略有体验和感悟。

带着这一领悟和认识，2014年3月赴京参加全国人大十二届二次会议，我向大会提交《关于激活和倡行君子文化，为培育和践行社会主义核心价值观提供传统滋养和有益补充的建议》，颇得一些代表及委员的肯定和鼓励。2014年3月12日《中国艺术报》以"君子文化，改善社会风气的传统良方"为题，刊载该报记者金涛就建议内容所做的专题采访。会后我趁热打铁，写出《铸造中华民族的理想人格——君子文化与社会主义核心价值观》论文，力求从历史与现实的结合上对该问题做出稍微深入的论述和阐发。2014年6月13日《光明日报》在头版头条位置刊发拙文《君子文化与社会主义核心价值观》，《群言》杂志2014年第5期也以"激活和倡行君子文化——如何汲取传统文化精华培育和践行社会主义核心价值观"为题，对文章观点和论证做了更为详细完整的呈现。

本来，涉猎君子文化只是一时感发而偶然为之，或者说只是我学术研究的一个临时插曲，不料这一偶然起意的研究却引起多方的注意。除了《光明日报》将拙文放在重要位置刊发、《新华文摘》等众多报刊转载、各主要网站予以置顶推介外，安徽省委宣传部领导高度重视，提出打造"君子文化的研究高地、宣传高地和实践高地"，明确将桐城市和蒙城县作为君子文化推广试点地区，成立安徽省君子文化研究会，并设立安徽省社科院君子文化研究中心。在全国范围内，先后有山东省威海市、辽宁省大连市、湖南省长沙市、山东省肥城市、河南省长垣县，以及浙江大学、上海交通大学、华中师范大学、中国科学技术大学、中国文联文艺研修院、安徽师范大学、安徽理工大学、安徽省委党校等许多地市和单位，邀请我就君子文化及其当代价值等问题进行演讲和讨论。

在学术交流的过程中，中共威海市委将"君子之风，美德威海"定为城市名片，通过弘扬君子之风，培育君子人格，建设美德威海，提升全国文明城市创建水平，被诸多媒体作为典型报道宣传。① 河南省长垣县推广君子文化，曾与中国先秦史学会、黄河文化研究会联合举办"中国·长垣君子文化高层论坛"，受到多方积极评价。② 起重机行业大型企业卫华集团将君子文化作为企业文化的主要内容，已连续举办多届"君子文化节"。此外，浙江大学、上海交通大学、江苏社科院、山东社科院等也先后成立君子文化研究机构，湖南省还成立了全省性的君子文化研究会，创办《新君子》期刊并已出版十六期。由光明日报社与多地省委宣传部、社科院或大学联合主办的全国性"君子文化论坛"，自2015年以来已经分别在浙江杭州、安徽合肥、江苏江阴、湖南长沙、上海、安徽铜陵等地举办六届。相关学术成果辑集出版了十余种论文集、专著和丛书，《光明日报》、《学习时报》、《学术界》、《社会科学战线》等报刊还开辟专栏探讨君子文化，发表的论文产生广泛影响。

有关君子及君子文化的研究早已有之且成就斐然，但以往的研究往往拘囿在古代哲学及文化的范围内。我在吸取前人思想成就的基础

---

① 参见《弘扬君子之风 建设美德城市——"君子之风·美德威海与社会主义核心价值观建设研讨会"发言摘登》，载《光明日报》2015年9月29日第15版；《威海劲吹"君子之风"》，载《光明日报》2016年8月3日第1版。
② 该次论坛成果参见论文集《长垣与君子文化》，张新斌、鲁玉魁主编，河南人民出版社2021年版。

上，力求对君子文化及其在传统文化中的地位与影响提出一些新见解，对其在当代思想文化建设中所能发挥的作用等做出自认有依据、有价值的新阐释。就前者言，整个中国传统哲学及文化主要探讨的是如何"成人"、"为人"的问题，其核心实质就是谈论做人做君子的课题。所谓仁、义、礼、智、信、忠、孝、廉、悌，包括修身、齐家、治国、平天下等等，这些历代统治者和学问家反复申论的人文伦理与人生目标，均是从不同方面、不同阶段对如何成为君子提出的具体要求。就后者言，人是具有文化遗传性的动物，当代培育社会主义核心价值观及加强思想道德建设，除了需要下文件发号召、编读本做讲解以外，关键是要激活人们内心由传统文化世代熏染而形成的道德情怀和价值理念——简而言之，就是对"君子以自强不息"、"君子以厚德载物"、"君子爱财取之有道"、"君子成人之美"等做人做君子人生信条的遵从和追寻。这种遵从和追寻与当代思想道德建设完全可以打通、对接和互补，使培育和践行社会主义核心价值观更好地立足中华优秀传统文化，获得历经传统沃土数千年哺育成长的君子文化这株参天大树庞大根系的丰富滋养。

受这些念头的诱惑和激励，或者说受学术研究本身魅力的吸引与鞭策，我不时从美学和文艺理论等熟门熟路的庭院中走出，步入陌生而又峰峦迭出的传统典籍山坳，搜寻和欣赏其中有关君子与君子文化的奇花异果。本着大胆思考、小心求证、实事求是、谨严治学的态度，我的学术触角在古代思想史与当代文化建设之间往来扫描、探测，如蚂蚁觅食般陆陆续续在键盘上或快或慢地爬出汇集在这里的文字，并且还主编出版了"君子文化"、"君子与时代新人"两套丛书。

本来，君子文化研究只是一时起意的临时插曲，不料变成近几年常常曲不离口的保留节目。这使多年耕种的美学和文艺理论园地虽有所荒疏，却打开探寻和了解传统文化宝库的另一扇大门，获得开拓传统文化在当代新生长点的另一份收成。古人云"失之东隅，收之桑榆"，又云"塞翁失马，焉知非福"，盖言事与愿违却获得意外收获。近些年闯入掩藏在思想史深山老林，又流布于民间市井里巷的君子文化庙堂，既震撼于其巍峨雄伟，森然霞举，又惊叹其香火缭绕，信者甚众。即使未曾了解和接触君子文化者，知晓其内涵后往往都会口默心动，颇有几分认同，仿佛拨开覆盖在火盆上的厚厚炭灰，其底部炭火立刻能迸发点点火星，散发炙手的热度。

　　本书名为《君子文化：中华文脉的精神内核》，其"文脉"之"文"，并非小概念意义上的文章或文学，而是宽泛意义上的大文化，文脉即指文化发展之脉络；其"精神内核"，是指君子文化作为中华民族历久弥新的文化基因，在博大精深且绚丽多姿的中华文化中具有提纲挈领的主脑地位，用此书名意在一语点破君子文化的实质和全书探讨的旨趣。编此集时，书名曾颇费踌躇，原来拟取"君子文化：中华文化的老树新枝"为标题，着眼于形象化地概括说明：君子文化既是中华传统文化浩瀚森林里最为久远且郁郁葱葱的千年老树，又是现代精神文明建设汲取传统营养而茂盛生长的新枝绿叶，呈现"老树春深更著花"的动人景观。这不正是我们立足当代中国现实，弘扬优秀传统文化，推动其创造性转化、创新性发展，使文脉赓续、弦歌铮鸣所应该孜孜以求的吗？后反复琢磨，觉得"老树新枝"一词只是形象地描述了君子文化的某些方面特点，甚或只是传达了其表面的意义，没有一针见血地道出君子文化的内在本质特征，故改为现名。

　　人创造文化，文化也塑造人。作为中华优秀传统文化精神内核的君子文化，既培育和滋养了中国人的集体人格君子人格，又由这种人格形象将数千年中华文脉铺展和演绎得博大精深且丰富多彩。君子文化及乡贤文化不仅是我们当今传承和发展中华优秀传统文化的重要抓手，我们还能够以此为视点来观察和剖析诸多文化现象。如书中第三辑里《探寻民族灵魂的故乡——读〈刀兵过〉兼与〈白鹿原〉比较》一文，即从君子文化及乡贤文化的视角评述当代长篇小说创作，试图从文学作品对传统文化及其典型人格形象描写和评价的变迁中，探寻君子文化及乡贤文化的深层内涵和当代价值，展示其浸润中国乡村社会精神生活和民情风尚的魅力。

感谢人生际遇的鬼使神差，让我的学术旅途拐个大弯，踏入君子文化及乡贤文化的山道，领略到中华文化核心景区峰峦叠翠的动人景观，并记下探奇览胜的观感和心得。尽管它只是在山路边捡拾的几颗石子、采摘的几朵野花、拍摄的几帧照片，根本无法尽传君子文化、乡贤文化浩博而精深的内涵与神采，但我从中却得到心灵的滋养、为学的乐趣、人生的充盈，岂不幸哉！善哉！

钱念孙
2022 年 2 月 18 日初稿，8 月 9 日修改于书香苑

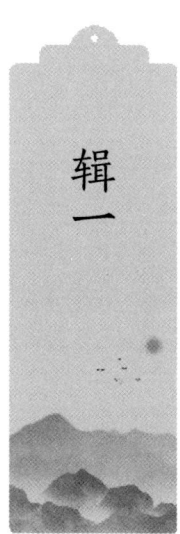

辑一

君子文化与社会主义核心价值观
——中国传统人格及其当代意义

"培育和弘扬社会主义核心价值观必须立足中华优秀传统文化。牢固的核心价值观,都有其固有的根本"。"中华文化源远流长,积淀着中华民族最深层的精神追求,代表着中华民族独特的精神标识,为中华民族生生不息、发展壮大提供了丰厚滋养。"① "在五千多年文明发展进程中,中华民族创造了博大精深的灿烂文化,要使中华民族最基本的文化基因与当代文化相适应、与现代社会相协调,以人们喜闻乐见、具有广泛参与性的方式推广开来"②。

习近平总书记的上述论断,体现了共产党人对中华优秀传统文化的新认识和新阐释,同时也向宣传思想文化领域的专家学者,尤其是社会科学工作者提出了有待深入研究和回应的重大问题:中华传统文化博大精深,究竟哪些部分"积淀着中华民族最深层的精神追求,代表着中华民族独特的精神标识"?"中华民族最基本的文化基因"内涵是什么?如何使中华民族最基本的文化基因与当代文化相适应、与现代社会相协调,并以人们喜闻乐见、具有广泛参与性的方式推广开

---

① 《把培育和弘扬社会主义核心价值观作为凝魂聚气强基固本的基础工程》,载 2014 年 2 月 26 日《人民日报》。
② 《建设社会主义文化强国 着力提高国家文化软实力》,载 2014 年 1 月 1 日《人民日报》。

来？这当然是一个宏大的系列课题，不同专家学者的回答，自会有风雅异韵之辩、寸长尺短之争。依笔者一孔之见，在汪洋浩瀚、绵延数千年的中华传统文化中，最能代表中华民族深层精神追求和独特精神标识，体现中华民族最基本的文化基因，并能够与现代社会相适应相协调者，非"君子文化"莫属。

一、"君子"是数千年中华优秀传统文化塑造和推崇的可学、可做的人格形象

"君子"一词早在西周时期已广为流传，其内涵主要是对贵族或执政者的专称，而较少涉及人格内容的道德意蕴。如《尚书·周书·周官》说："凡我有官君子，钦乃攸司，慎乃出令，令出惟行，弗惟反"；《国语·鲁语上》说："君子务治而小人务力"。这里的君子，显然是执政者或贵族的代称。到了春秋末期，通过孔子从不同侧面的反复解说和阐发，"君子"一词被赋予许多优秀道德的内涵，成为一种道德人格模式的称谓。

翻开《论语》，有关"君子"的论述俯拾即是："君子喻于义，小人喻于利"（《论语·里仁》），"君子坦荡荡，小人长戚戚"（《论语·述而》），"君子泰而不骄，小人骄而不泰"（《论语·子路》），"君子和而不同，小人同而不和"（《论语·子路》），"君子求诸己，小人求诸人"（《论语·卫灵公》），"君子周而不比，小人比而不周"（《论语·为政》），"君子尊贤而容众，嘉善而矜不能"（《论语·子张》），"君子成人之美，不成人之恶。小人反是"（《论语·颜渊》）……如此等等表明，孔子常常在君子与小人的对举和比较中，肯定和褒扬君子是他心目中的道德高尚之人。在《论语》里，孔子也数次提到"圣人"，但他明确对弟子说："圣人，吾不得而见之矣，得见君子者，斯可矣。"（《论语·述而》）这就是说，圣人难以看见，也难以企及，但君子能够见到，也可以并应该努力做到。

作为孔子精心勾勒和塑造的可望可及、可学可做的正面人格,君子形象在中华文化数千年演进的历史长河中,受到上至历代思想家及文人士大夫,下至社会各阶层人士包括普通百姓的广泛认同和推崇。《周易》乾卦和坤卦象传云:"天行健,君子以自强不息";"地势坤,君子以厚德载物"。这两句以君子为主语的箴言,被张岱年等学者认为是对中华民族精神核心内涵的最佳概括。① 《孟子》中"君子莫大乎与人为善"(《孟子·公孙丑上》),"焉有君子而可以货取乎"(《孟子·公孙丑下》),"君子以仁存心,以礼存心。仁者爱人,有礼者敬人。爱人者人恒爱之,敬人者人恒敬之"(《孟子·离娄下》)等众多论述,使君子人格的内蕴更加丰富,影响更加深远。

值得注意的是,君子不仅是儒家着力打造和推举的人格形象,道家学派和法家学派对君子概念及其人格内涵也颇为认同。人们耳熟能详的"君子之交淡如水,小人之交甘若醴,君子淡以亲,小人甘以绝",就是《庄子·山木》篇里的名言。老子也曾说:"兵者不祥之器,非君子之器,不得已而用之,恬淡为上,胜而不美"(《道德经·三十一章》)。荀子在构造他的礼法社会时强调:"法不能独立,类不能自行,得其人则存,失其人则亡。法者,治之端也;君子者,法之原也。故有君子,则法虽省,足以遍矣;无君子,则法虽具,失先后之施,不能应事之变,足以乱矣。"(《荀子·君道》)在荀子看来,一个崇尚礼法的社会,如果没有君子这样品行高尚的人来参与和维护,那将会失去构建礼法社会的基本前提。

先秦诸子以后,历代思想家对"君子"概念的引述和阐发,同样不胜枚举。从西汉的董仲舒到东汉的王符,从唐代的孔颖达到宋代的程颐、程颢和朱熹,从明代的王阳明到清代的王夫之等,他们都从不同角度和方面对君子概念及君子文化做了很好的继承和发挥。明清时期流行很广的人生格言类著作,多半也将君子人格奉为典范和楷模。

---

① 参见张岱年《论中国文化的基本精神》,见丁守和等编《中国文化研究集刊》第1辑,复旦大学出版社1984年版。

如《菜根谭》云："君子处患难而不忧，当宴游而惕虑，遇权豪而不惧，对茕独而惊心"，便是对君子安贫乐道、处安虑危、遇强不屈、见弱怜悯等优秀品格的赞扬。《围炉夜话》云："君子存心，但凭忠信，而妇孺皆敬之如神，所以君子乐得为君子；小人处世，尽设机关，而乡党皆避之若鬼，所以小人枉做了小人。"这就是在对君子与小人不同处世方式的比较中，充分肯定君子以忠贞和诚信为立身之本的做法。

君子概念及其文化，不仅在中华历代典籍中比比皆是，而且一直活在历代中华儿女的心中。今天的人们可能没有读过"四书五经"，但受传统文化潜移默化的影响，各类君子格言和俗语常常张口就来："君子一言，驷马难追"，"君子爱财，取之有道"，"以小人之心，度君子之腹"，"君子成人之美"，"君子不夺人所好"，"君子绝交不出恶言"，"宁愿得罪君子，不能得罪小人"，"君子报仇十年不晚，小人报仇从早到晚"，等等。在某种意义上，许多君子格言已成为中国人做人的信条。

可以毫不夸张地说，"君子"是数千年中华优秀传统文化塑造的中国人效行相宜的理想人格或曰集体人格。儒家学说乃至整个中华传统文化，其中很重要的内容是阐扬仁、义、礼、智、信及忠、孝、廉、悌等众多为人处世的伦理和规范。这些伦理规范或者说美好品德，最终都集聚、沉淀、融入和升华到一个人格形象即"君子"身上。先贤崇尚君子品格，甚至把象征高洁、清雅、虚心和气节的"梅兰竹菊"四种植物人格化，称为"四君子"。宋代以来，以"梅兰竹菊"表现"四君子"品格的中国书画数不胜数，至今仍然方兴未艾，其繁盛景象让人叹为观止。君子概念古老而鲜活，在当代社会也是妇孺皆知，耳熟能详，在不同阶层人群中都有相当的知晓度和认同度，君子风范今天仍为绝大多数中国人奉为做人的圭臬。

中国人应该做一个什么样的人？做君子！这是数千年中华优秀传统文化的选择，也是今天每个中国人应有和乐于做出的选择。君子概念及君子文化，是中华优秀传统文化的聚焦之点和闪光之源，是烛照中华儿女历经坎坷而跋涉向前的人格力量和心理支撑。君子概念及君子文化，完全可以经过新的阐释激发其勃勃生机和强大活力，在当代社会树起一面具有深厚传统底蕴和时代精神的文化旗帜。它既可以让中国传统文化精华盛开传承创新的时代花朵，也可以让培育和弘扬社会主义核心价值观与中华民族传统文化基因产生共鸣。它是中华传统文化浩瀚森林里最为郁郁葱葱的千年老树，也是当代思想道德建设汲取传统营养的精神绿荫。

二、君子文化是培育和弘扬社会主义核心价值观能够直接嫁接并开花结果的老树新枝

在建设中国特色社会主义，实现中华民族伟大复兴的征程上，党中央一贯坚持"两手抓、两手都要硬"的战略思想，带领全国人民不断提升经济建设硬实力的同时，对精神文明和思想道德等文化软实力的建设也一直十分重视。中央曾先后下发《中共中央关于加强社会主义精神文明建设若干重要问题的决议》、《新时代公民道德建设实施纲要》、《关于培育和践行社会主义核心价值观的意见》等多个文件，开展"全国道德模范"和"中国好人"评选等多项活动，对在全社会形成崇德向善的良好风气发挥积极作用，取得了有目共睹的成绩。但毋庸讳言的是，目前社会风气和道德状况还有诸多不尽如人意之处，需要进一步提出具有深厚传统文化内涵和韵味、人们耳熟能详、易于入心入脑、便于追求把握的概念和形象，使培育和践行社会主义核心价值观更好地内化于心，外化于行。正如习近平总书记所说，"要使中华民族最基本的文化基因与当代文化相适应、与现代社会相协调，以人们喜闻乐见、具有广泛参与性的方式推广开来"。

社会主义核心价值观作为兴国之魂，孕育于建设中国特色社会主义的生动实践中，又深深扎根在中华优秀传统文化的肥沃土壤里。君

子文化作为中华传统文化的重要部分和精华所在，其中许多内容都是与社会主义核心价值观一脉相承、对接互补的。譬如，考察中国历史上被广为推崇的彰显君子品格的历代仁人志士形象，他们身上都颇为明显地体现出三大特质：一是以天下兴亡、匹夫有责为重点的担当精神和家国情怀；二是以仁义共济、立己达人为重点的互助理念和社会关爱思想；三是以正心笃志、崇德弘毅为重点的修身要求和向善追求。这三大特质，与社会主义核心价值观倡导"富强、民主、文明、和谐"国家层面的价值目标，倡导"自由、平等、公正、法治"社会层面的价值取向，倡导"爱国、敬业、诚信、友善"个人层面的价值准则等，完全可以对接、互鉴和贯通。这就是说，君子文化是培育和弘扬社会主义核心价值观能够直接嫁接，并在新时代开花结果的老树新枝。通过这种嫁接，两者在互补互释中相辅相成，相得益彰：一方面，培育和践行社会主义核心价值观获得传统文化这株参天大树庞大根系的丰富滋养；另一方面，君子文化这株昂首向上的千年古木在现代阳光雨露的沐浴和浸润下不断抽出新的枝条，结出新的硕果。

作为培育和践行社会主义核心价值观的重要抓手和具体实践，近年来全国上下普遍开展了推选"道德模范"和"中国好人"活动。由广大群众一层一层推举和评选出来的道德模范和中国好人，体现人民群众心中的善恶是非标准，彰显社会主义核心价值观的内在要求，是社会思想道德建设的重要举措和时代标杆，在全社会形成了广泛而正面的积极影响。不过，"道德模范"和"中国好人"的评选表彰尽管可以涵盖并面向社会各阶层人士，但是这些年全国各地所推选出的"道德模范"和"中国好人"，实际上多为工人、农民及基层干部等社会底层人物，对整个社会风尚的引领力还有待提升。社会中层及上层人士虽然数量不占多数，但他们的社会联系面广、影响力大，有待让他们在改善社会风气方面担负更多责任、发挥更多正能量。

一种社会风气的形成，古今中外有条规律，这就是"上有所好，下必甚焉"。正如孔子所言："君子之德风，小人之德草，草上之风，必偃。"(《论语·颜渊》)历史上所以会出现"吴王好剑客,百姓多创瘢;楚王好细腰,宫中多饿死"的现象,原因即在于上行下效是千古不易之理。笔者几年前曾写《如何把社会主义核心价值体系落到实处》① 小文,提出要让社会生活的方方面面彰显核心价值的光彩,关键要从"大人们"抓起。此处所说的"大人们"主要指三类群体:一是相对于群众而言的党员领导干部;二是相对于一般民众而言的社会公众人物,如演艺明星、著名企业家、商界领袖等;三是相对于小孩而言的成年人。不论是从我国历史还是从世界发展状况看,任何一种价值观的倡导,都必须首先有"大人们"真心信奉并身体力行,才能让民众乐于接受和效仿,从而在全社会蔚成风气。

伴随改革开放以来经济建设的快速发展,中国现阶段已基本步入小康社会,中产阶级及社会富裕阶层已具有一定的规模,他们的生活方式和人生追求对社会风气的影响正日益显突和增强。各种各样"追星族"、"追款族"、"追权族"层出不穷,就是这种现象的典型表现。为此,我们亟待拿出一种不仅普通民众认同和接受,而且中产阶级及社会富裕阶层也能够认可并喜闻乐见的文化,对他们的人生观和生活方式进行因势利导和价值引领。内蕴丰厚的君子文化经过系统整理和现代阐释,正堪当此任。这不仅因为"君子"概念本身是倾向具有一定身份和地位者的称谓,与中产阶级及社会富裕阶层人士名实相称并易于为他们所接受,还因为君子文化本身所饱蕴的家国情怀、讲究修身养性和注重人生品味等内涵,与中产阶级及社会富裕阶层人士"仓廪实而知礼节"的文化追求和精神向往相契合。

君子概念和君子文化虽然尤其适宜中产阶级及社会富裕阶层,也完全适宜社会其他各阶层人士。君子不是高高在上、不可企及的圣人。前面提到,孔子认为圣人难以见到,更难以做到,但君子可以见到,也能够并应该做到。他平生的最大愿望,也可说是中华民族先辈对后辈的最大愿望,就是人人都做君子,不做小人。唐太宗在《贞观

---

① 该文载 2012 年 12 月 4 日《安徽日报》。

政要·教戒太子诸王》中说"君子小人本无常，行善事则为君子，行恶事则为小人"。这再清楚不过地表明：做君子，做小人，与身份、地位无关，关键在于你为人处事时的一次次选择——选择"行善事则为君子"，选择"行恶事则为小人"。因之，我们需要"吾日三省吾身"，需要将修身作为终身课程，需要不断地集小善为大善，这样才能称得上真君子。就此而言，君子既是一个做人的低标准，又是一个做人的高目标：你为人处事中的每一次崇德向善的选择，都是在行君子之风和君子之道；但你必须在人生长途中坚持不懈地修身，做出许许多多崇德向善的选择，才堪称真君子。习近平总书记最近向党员领导干部提出"三严三实"① 要求时，将"严于修身"列于首位，确为抓住了问题的要害。

君子概念和君子文化还可针对和适用于不同职业与行业。古代就有仕君子、商君子、文君子、民君子等说法，实质就是指做官的君子之道、经商的君子之道、从艺的君子之道、为民的君子之道等等。这些都是我们今天立足中华优秀传统文化，培育和弘扬社会主义核心价值观可以继承改造、发扬光大的。

三、激活和倡行君子文化，形成崇尚君子品格、争做正人君子的风尚

据初步统计，作为中华优秀传统文化的核心概念，"君子"在《论语》中出现 107 次、《尚书》中出现 8 次、《周易》中出现 53 次、《诗经》中出现 183 次、《左传》中出现 185 次、《国语》中出现 47 次、《孟子》中出现 82 次、《大学》中出现 15 次、《中庸》中出现 34 次、《易传》中出现 84 次、《荀子》中出现了 304 次……此后的历代

---

① "三严三实"由习近平同志在参加十二届全国人大二次会议安徽代表团审议时提出，其内容是"严以修身、严以用权、严以律己，谋事要实、创业要实、做人要实"。见 2014 年 3 月 10 日《人民日报》。

典籍中，有关君子的论述也是星罗棋布，难以胜数。但较为遗憾的是，研究中华传统文化的论著浩若烟海，对《论语》等典籍谈论君子某方面品格的阐述，如仁、义、礼、智、信，忠、孝、节、义、悌等等，都有大量细致、翔实、深入甚至烦琐的研究，可对汇聚和统摄这些品格的君子概念及君子文化，尤其是对君子作为中华民族正面人格的特征和价值等，探讨得却少之又少，甚至可说寥若晨星。

君子文化源远流长，内涵丰富，虽有一些零星文章从不同方面做过或深或浅的探讨，但总体而言却是我们学术研究的薄弱环节。君子概念的内涵及其演变，君子的人格特征，君子的修身之路，君子的义利观，君子的忧乐观，君子的担当精神，君子的天下情怀，君子文化在中华传统文化中的地位，诸子百家对君子人格的不同看法，君子人格在两千多年历史中的演化嬗变，君子人格的正面意义和负面变形，君子人格与小人人格的异同及转化，君子与中国历史上的圣人、大丈夫、隐士、禅者等人格模式的差异，君子形象在历代文艺作品中的表现，君子文化的现代意义和价值，君子与西方绅士、骑士、圣徒等比较，君子人格的国际认知和未来处境等等，凡此种种不仅是继承和弘扬中华优秀传统文化的重要课题，更是我们激活和倡行君子文化，为培育和践行社会主义核心价值观提供传统文化滋养需要讲清楚、弄明白的问题。

在理论探讨层面，要大力开展关于君子文化的学术研究。由于君子是数千年中华优秀传统文化塑造的中国人的正面人格（或者说集体人格），其中蕴藏着中国人观察事物、思考问题和行为处事不同于其他民族的基本性格密码，因而对君子文化的研究就绝不仅仅是一种历史考察和纯学术的审视，而更是一种重新认识自己、树立文化自信、张扬国格人格的理性洞悉和时代确证。这是一个既有历史性和学术性，更有时代性和实践意义的重大课题，值得花大力气、下大功夫认真研究。

比如，西汉张骞两次率队出使西域、明朝郑和七次带领庞大舰队远游西洋，为什么丝毫没有侵占别国土地、掠夺别国财富，而是成为中外交往的友好使节？答案的要点即在于，中华民族具有"讲仁爱、重民本、守诚信、崇正义、尚和合、求大同"的民族性格，中国人推崇的君子人格向来鄙视和不屑于不择手段的巧取豪夺。从中国的民族性格和理想人格上说清楚这一点，对于回击域外一些人由中国崛起而散布的"中国威胁论"，很有理论价值和现实意义。因之，国家社会科学基金可将君子文化研究列为重点项目，对涉及君子文化的诸多问题进行深入系统探讨；哲学社会科学领域的专家学者和热心弘扬传统文化及思想道德建设人士除各自研究外，还可成立民间社团性质的君子文化研究会，有组织地开展形式多样的君子文化探讨、交流和推广活动，为培育和践行社会主义核心价值观提供传统文化滋养和有益补充。

在社会实践层面，要大力倡行君子之风和君子之道。中华传统文化沉淀为人格模式的有不少，除儒家的君子人格外，还有道家的隐士人格、佛家的悲悯人格等等。只有君子人格的蓝图设计，历代中国人接受最广，吸收其他人格模式优点最多，在中华文化广袤沃土中扎根最深，与中华文化思想精华和道德精髓重叠面最大。君子人格所以能够在中华文化的历次整合中出类拔萃，成为我们伟大民族的集体人格，其奥秘就在于这种人格设计产生后，中华文化不同学派的诸多思想干柴都向这里搬迁、移动和集中，从而形成收纳百家、融汇百家的"众人拾柴火焰高"的壮丽景观。

诸葛亮向来被认为是集仁、智、义、忠、信、孝、礼等诸多美好品德于一身的君子人格的典范，他在《诫子书》中的一句家喻户晓的名言，"夫君子之行，静以修身，俭以养德。非澹泊无以明志，非宁静无以致远"，就是以儒家君子文化为火源，燃烧道家、佛家等观念材料后提炼出的思想结晶。

"君子"作为中华优秀传统文化前辈遗传后辈的人格基因，一代又一代，绵延数千年地传承下来，而且传得众所周知、传得深入人心——只要是中国人,不论居庙堂之高,抑或处江湖之远,哪怕是目不识丁的山村老农,也乐于被人看作君子,而绝不愿意被人视为小人。可以说,中华优秀传统文化在每个中国人心底都埋有一颗君子的种子,激活和倡行君子文化就是要让这颗种子在新时代生根发芽,茁壮成长。

面对市场经济浪潮席卷社会生活每个角落,导致一些人信仰缺失、价值迷失、道德失范等诸病连发的状况,我们尤其需要在当代开展"新君子文化运动",在社会生活各方面大兴君子文化、大倡君子之风、大行君子之道,让君子文化这剂传统良方在培育和践行社会主义核心价值观这项构筑我们精神家园的宏大工程中,发挥补气固本的独特作用。

2014 年 3 月初稿于北京,5 月 5 日四稿于合肥

(原刊 2014 年 6 月 13 日《光明日报》头版头条,《新华文摘》2014 年第 19 期全文转载。)

君子文化在传统文化中的地位和影响

"君子"一词，在中国现存最早古籍如《尚书》、《周易》中已频繁使用，虽历经数千年沧海桑田之变、朝代更迭之异，仍奇迹般活跃在今天的书籍报刊和百姓日常用语之中。有关君子和君子文化的思考论述及形象描绘，不仅在汪洋浩瀚的历代典籍中星罗棋布，而且在传统家训家教、戏曲说唱、风俗礼仪及日常生活器物中随处可见。那么，以君子人格为核心的君子文化在中国传统文化中究竟居于何种地位？产生过怎样的影响？对当今社会的思想道德建设和公民素质提升有何种意义？因较少见相关专题探讨，试以"制高点、融汇点、落脚点"为要点意象，略陈己见，就教方家。

一、君子文化是传统文化的制高点

中国传统文化源远流长，博大精深，流派众多，成分复杂。西汉刘歆《七略·诸子略》就把先秦和汉初的诸子思想，分为儒家、道家、法家、名家、墨家、阴阳家、纵横家、杂家、农家等诸多流派。然而，学派林立，枝繁叶茂，到西汉武帝时却删繁就简——"罢黜百家，独尊儒术"，整个中华传统文化在此后两千余年的演进历程中，主要呈现出以儒学（儒家思想）为正统和主干的局面。

什么是儒学？不同学者从不同角度考察和归纳，已有多种不同回答。其中一种观点说得很干脆：儒学就是君子之学。如海外著名学者余英时在《儒家"君子"的理想》一文中开宗明义："儒学具有修己和治人的两个方面，而这两方面又是无法截然分开的。但无论是修己还是治人，儒学都以'君子的理想'为其枢纽的观念：修己即所以成为'君子'；治人则必须先成为'君子'。从这一角度说，儒学事实上便是'君子之学'。"① 国内学者孔德立也指出，孔子作为伟大的思想家与教育家，开创了以文化教养引领社会风尚的文明之路："孔子认为，社会秩序的好坏取决于人们的文化教养程度。文化教养的表现就是内心之德与外在之行的统一，具有这种文化教养的人即为'文质彬彬'的君子。从这个意义来说，儒学是君子之学。儒学的社会价值就是先培育尽可能多的君子，再通过君子的言行与修为引领社会风尚。"② 20世纪初，担任北京大学教授的辜鸿铭还断言："孔子全部的哲学体系和道德教诲可以归纳为一句，即'君子之道'。"③

这种观点之所以值得重视，就在于它并非简单地仅从语言逻辑归类来定义儒学，而是从儒学的目标追求和功能作用来说明儒学的特质。一般辞典和百科全书都从语言逻辑归类来解释儒学，多说儒学是尊崇孔子思想的一个重要学派，或说儒学是相对于道家、法家、墨家、阴阳家的一种学说，等等。这样的解读和定义自然非常正确，对社会大众了解和认识儒学也一直产生着良好的效果，但对儒学的内在特点缺少开掘和展露。与此不同，说"儒学是君子之学"，是一种研究型和探讨型的定义把握，是对儒学内在精神和目标追寻的一种揭示和认识，对于我们如何理解儒学乃至整个中华传统文化的性质，如何在今天继承和弘扬以儒学为主干的中华传统文化，都具有不可忽视的

---

① 余英时：《儒家"君子"的理想》，见《中国思想传统的现代诠释》，江苏人民出版社1989年版，第160页。
② 孔德立：《儒学是君子之学》，载2015年2月2日《光明日报》。
③ 辜鸿铭：《中国人的精神》，黄兴涛、宋小庆译，海南出版社1996年版，第50页。

积极意义。

"君子"一词早在西周时期已经流行,主要是执政者和贵族的专称。《说文解字》曰:君,尊也。这是一个会意字,在字形上,从"尹"从"口","尹"表示治事,"口"表示发布命令。"君"本指发号施令,"君子"则是对统治者和贵族男子的通称。《尚书·周书·秦誓》:"惟截截善谝言,俾君子易辞,我皇多有之",《国语·鲁语上》:"君子务治而小人务力",《诗经·大雅·桑柔》:"君子实维,秉心无竞",等等,如郑玄所笺注:"君子,谓诸侯及卿大夫也。"

春秋末期,孔子在构思和传布自己的儒家学说时,做出一个重大调整和贡献,就是把"君子"从古代多指"有位者"的旧义中解脱出来,而赋予其"有德者"的新义。尽管《论语》中所谈论的"君子",在有些语境下仍然专指"有位者",但总体倾向却是对"有德者"内涵和外延的界定与描述。"君子"一词在《论语》中共出现一百零七次,是使用频率相当高的一个核心概念。翻开《论语》,从开篇《学而》里的"君子务本,本立而道生。孝弟也者,其为仁之本与",到末篇《尧曰》里的"君子惠而不费,劳而不怨,欲而不贪,泰而不骄,威而不猛",《论语》从头至尾二十篇,几乎每一篇章都以若干段落从不同方面对君子形象不断刻画、反复雕塑。冯友兰曾说,孔子一辈子思考的问题很广泛,其中最根本最突出的就是对如何"做人"的反思,就是为人的生存寻求精神上的"安身立命之地"。① 如果说,孔子思想的核心是探求如何立身处世即如何"做人"的道理,那么他苦苦求索的结果,或者说最终给出的答案,就是做人要做君子。

为了让世人认识和理解自己悉心设计的"君子",孔子睿智地在《论语》里采取比较排除法,同时论述了比君子高大的"圣人"和比君子矮小的"小人"。关于圣人,他对弟子把他奉为"圣人"的做法表示反对:"若圣与仁,则吾岂敢?"他还明确说:"圣人,吾不得而

---

① 参见冯友兰《中国哲学史新编》第一册第四章论孔子部分,人民出版社1981年版,第124—172页。

见之矣，得见君子者，斯可矣。"（《论语·述而》）关于小人，他在与君子一系列对举和比照中予以贬责和否定，如"君子喻于义，小人喻于利"（《论语·里仁》），"君子坦荡荡，小人长戚戚"（《论语·述而》），"君子泰而不骄，小人骄而不泰"（《论语·子路》），"君子求诸己，小人求诸人"（《论语·卫灵公》），"君子和而不同，小人同而不和"（《论语·子路》），"君子成人之美，不成人之恶。小人反是"（《论语·颜渊》），等等。这就告诉我们，君子既不是难以见到、难以企及、仰之弥高乃至高不可攀的圣人，也与目光短浅、心胸狭隘、见利忘义、斤斤计较的小人判然有别。君子作为孔子心目中的崇德向善之人格，理想而现实、尊贵而亲切、高尚而平凡，是可见、可感、可学、可做，并应学、应做的人格范式。

文化的重要功能是文以化人，其最深层的积淀和影响是对人格的培养。以儒学为主干的中国传统文化，在数千年漫长发展中不断塑造和培育的正面人格，或者说集体人格，就是被历代中华儿女广泛接受并尊崇的君子人格。李泽厚在探讨儒学对中华民族和中华文化的深刻影响时说：儒学是一种融化在中国人行为、生活、思想、感情中的某种定势、模式，是一种"民族文化—心理结构"。[1] 如果说，这种"民族—文化心理结构"是深层的、内在的，那么其外在表现或者说典型形态，就是最能代表中华民族集体人格的君子人格。

儒家学说乃至整个中华传统文化，其中很重要的内容是阐扬仁、义、礼、智、信，以及忠、孝、廉、悌等众多为人处世的伦理和规范。这些伦理规范或者说美好品德，最终都聚集、沉淀、融入和升华到一个人格形象即"君子"身上。作为中华民族千锤百炼的人格基因，君子是数千年中华优秀传统文化塑造和推崇的人格模式，最能体现和代表中华民族深层精神追求和独特精神标识。正是在这个意义

---

[1] 参见李泽厚《为儒学的未来把脉》，载马来西亚《南洋商报》1996年1月28日；又见李泽厚《初拟儒学深层结构说》，见《世纪新梦》，安徽文艺出版社1998年版，第112—127页。

上,可以说君子文化是中华传统文化的一个制高点。

所谓"制高点",本是一个军事术语,指能够俯视和控制周围地区的高地或建筑物等。这里借用它来描述君子文化在传统文化中的地位,是指君子文化不仅吸收、汇聚、容纳和概括了中华优秀传统文化的核心理念和精要部分,能够把传统文化的精华提纲挈领地拎起来,而且从这个点、这个视角去观察和把握儒学及整个传统文化,仿佛孔子当年"登东山而小鲁,登泰山而小天下"(《孟子·尽心上》),站在君子文化的峰峦之上俯瞰悠悠千年的传统文化,自然更易领悟和掌握中华文化的目标追寻和精神实质。

二、君子文化是传统文化的融汇点

君子文化不仅是传统文化的一个重要制高点,还是一个关键融汇点。

孔子塑造的君子人格,伴随《论语》的问世而流布四方,逐渐为人们所认识、理解并欣赏。儒家学派的后继者如孟子、荀子等,对君子人格竭力张扬申说,可谓不遗余力。"君子"一词,在《孟子》里出现八十二次。其中"君子莫大乎与人为善"(《孟子·公孙丑上》),"君子之志于道也,不成章不达"(《孟子·尽心上》),"君子所以异于人者,以其存心也。君子以仁存心,以礼存心。仁者爱人,有礼者敬人。爱人者人恒爱之,敬人者人恒敬之"(《孟子·离娄下》)等,都是人们耳熟能详的名言。在《荀子》中,"君子"一词多达三百零四处,如"君子居必择乡,游必就士,所以防邪僻而近中正也"(《荀子·劝学》,"法不能独立,类不能自行,得其人则存,失其人则亡。法者,治之端也;君子者,法之原也"(《荀子·君道》)等,也向来被人们所推崇。在孟子、荀子看来,一个崇尚德治和礼法的社会,如果缺少君子这样品行端正的人来参与和维护,那将会失去构建德治和礼法社会的基本前提。

与儒家学派颇多论争的墨家学派和法家学派，虽然在某些重要方面不满儒家学说，但对君子人格却津津乐道。如墨子说："君子之道也，贫则见廉，富则见义，生则见爱，死则见哀。四行者，不可虚假，反之身者也"（《墨子·修身》）；"君子不镜于水，而镜于人。镜于水，见面之容；镜于人，则知吉与凶"（《墨子·非攻》）。韩非子说："君子不蔽人之美，不言人之恶"（《韩非子·内储说上》）；"礼为情貌者也，文为质饰者也。夫君子取情而去貌，好质而恶饰"（《韩非子·解老》）。如此等等，无不表明他们对君子人格的高度肯定。

影响深远的道家学派，虽然诸多思想观念与儒家学派迥然相异，但在如何看待君子人格这一点上，两者却颇为一致。老子说："兵者不祥之器，非君子之器，不得已而用之，恬淡为上，胜而不美。而美之者，是乐杀人。夫乐杀人者，则不可以得志于天下矣。"（《道德经·三十一章》）庄子说："君子之交淡如水，小人之交甘若醴，君子淡以亲，小人甘以绝。"（《庄子·山木》）"以仁为恩，以义为理，以礼为行，以乐为和，薰然慈仁，谓之君子。"（《庄子·天下》）凡此种种，不也表明道家学派对君子人格同样颇为认同和称许？

不过，我们说君子文化是中华传统文化的融汇点，并非只是因为以上所述道家、墨家、法家等这些与儒家思想颇多抵牾的流派，都曾在肯定的意义上使用过"君子"概念，论述过君子人格的内涵，尽管这些确实也是非常充分的证据和理由。

君子文化作为中华传统文化的融汇点，还有另一突出表现，这就是儒家设计的君子人格在传播、推广、扩散的过程中，以其自身魅力和包容性所产生的巨大磁场效应，吸收和容纳了其他流派的思想成果，从而形成了以儒家为主，儒道互补，兼容墨家、法家、佛家的独特景观。譬如，汉武帝采纳董仲舒之说独尊儒术，但汉初道家的黄老思想也颇受推许，随后佛教也从印度传入中国，至三国魏晋时期，君子文化已较为明显地呈露出在儒家基础上融会诸家的特色。诸葛亮有一句箴言在中国家喻户晓："夫君子之行，静以修身，俭以养德，非澹泊无以明志，非宁静无以致远。"① 这里一方面强调君子之行要"明志"、"致远"，明显表现出积极有为的愿望和追求，儒家热心济世的倾向昭然若揭；另一方面又强调要"澹泊"明志、"宁静"致远，这显然是道家思想的体现；至于"静以修身，俭以养德"，则多少有些佛家甚至墨家的色彩。

值得注意的是，这种君子人格及君子文化由孔孟原典儒学侧重个人—社会道德，经过以阴阳五行为框架的汉魏儒学，尤其是以心性本体为框架的宋明理学，逐步呈现出以个体人生境界为核心的儒道互补及儒道佛合流的倾向。如果说，在原典儒学里最能体现君子人格特质的是《易经》象传中的两句话："天行健，君子以自强不息"（乾卦），"地势坤，君子以厚德载物"（坤卦），那么经历隋唐佛学、宋明理学及一些民间宗教信仰的渗透与改造，君子人格到唐宋以后已较多融入道家和佛家的因素。这固然与儒家原典中的君子本身内蕴较为丰厚、较有弹性有关，虽渴望和期求积极救世，却也讲"用之则行，舍之则藏"（《论语·述而》），"穷则独善其身，达则兼济天下"（《孟子·尽心上》），等等，更与孔孟所阐扬的君子文化伴随时代变迁确实接受和掺杂了其他多种思想学术，尤其是道家和佛家的思想密切联系。君子人格和君子文化在衍变发展中，既有保持刚健有为、热心济世的主脉，也有偏向申述道家及佛家清净自守思想的颇有影响的支流。后一点，《菜根谭》中有关君子的评述便是典型反映。

作为一部讲述为人处世之道的简明读本，《菜根谭》初次刊刻于明代万历年间，历代不断翻刻重印，至今畅销不衰。该书共一万六千多字，"君子"一词就出现四十一次。其所谈论的君子可谓别有风貌："澹泊之士，必为浓艳者所疑；检饬之人，多为放肆者所忌。君子处此，固不可少变其操履，亦不可太露其锋芒。""标节义者，必以节义受谤；榜道学者，常因道学招尤。故君子不近恶事，亦不立善名，只

---

① 诸葛亮：《诫子书》，见包东波选注《中国历代名人家训精萃》，安徽文艺出版社1991年版，第17页。

浑然和气，才是居身之珍。""鹰立如睡，虎行似病，正是它攫人噬人手段处。故君子要聪明不露，才华不逞，才有肩鸿任钜的力量。"①如此立身处事，虽然保持了君子洁身自好、束身自修的品格，却消磨了自强不息、勇于担当的家国情怀，明显过于明哲保身、韬光养晦，过于世故和消极了。然而，这确为君子人格流变过程中的一种现象。朱光潜先生谈《菜根谭》，说它是"融会儒释道三家的哲学而成的处世法"②。其实，《菜根谭》中的君子形象，与孔孟塑造的君子形象已是名同实异的两回事了。这也表明君子人格作为中华民族的集体人格，与现实人生一样具有丰富性和复杂性，虽然同为值得接纳和包容的正面人格，却有的偏向儒家、有的偏向道家、有的偏向佛家，或亦儒亦道、亦儒亦佛、亦儒亦法，甚至亦儒亦墨等，各有不同的侧重和气象。不过，这正表明君子文化（包括君子人格）是中华传统文化不同学派和流派的一个重要融汇之点。

三、君子文化是传统文化的落脚点

儒家学说乃至整个中国经学史和哲学史，更多是一种面向现实人生的伦理哲学。有学者说："儒学不仅是形而上之学，而且是形而下之学，两者融突和合，相得益彰，但儒学最重要的，影响最大的是其形而下日用之学，儒学的发展在于日用，它的生命也在于日用。"③儒学及中国传统哲学的这一特点，与西方哲学明显大相径庭。

西方哲学家，不论是苏格拉底、柏拉图、亚里士多德，还是康德、黑格尔、海德格尔等，都热衷于构造一个能够解释思维与存在、精神与物质关系的严密理论系统，热衷于探寻抽象性、反思性、普遍

---

① 洪应明：《菜根谭》，安徽文艺出版社 2003 年版，第 60、108、119 页。
② 朱光潜：《一九三四年我所爱读的书籍》，见《朱光潜全集》第 8 卷，安徽教育出版社 1993 年版，第 358 页。
③ 张立文：《日用儒学与国民精神》，载《光明日报》2016 年 7 月 21 日；又见《新华文摘》2016 年第 20 期。

性的规律,即认识论、方法论、辩证法问题等。中国哲学家,从孔孟、老庄、墨荀,到程朱、陆王、颜李等,其学说虽然也包括对认识论、方法论和辩证法的思考,却并不抽丝剥茧,层层追问"是什么、为什么",而只是直截了当地告诉你"做什么、怎么做",并且其所探寻的问题多半集中在社会人生方面,主要涉猎生活方式、人生态度、价值取向,以及个人与群体、与社会(国家)的关系等。因此,西方哲学家可以躲进小楼成一统,与实际生活拉开较大距离,纯理论本身就有价值和意义。但中国哲学家却基本都反对这种为学态度,而十分注重学以致用、知行合一,所谓"礼,履也"①,就是强调儒家礼义道德,重在躬行实践。

儒家这种不仅讲究"学"更看重"用"、不仅讲究"知"更看重"行"的理念,在有关君子及君子文化的论述中尤为突出和显著。"君子食无求饱,居无求安,敏于事而慎于言,就有道而正焉,可谓好学也已"(《论语·学而》),"子贡问君子。子曰:'先行其言,而后从之'"(《论语·为政》),"君子欲讷于言而敏于行"(《论语·里仁》),"君子耻其言而过其行"(《论语·宪问》),"君子以行言,小人以舌言"(《孔子家语·颜回》),等等,无不鲜明体现出儒家乃至整个中华传统文化洋溢的"实用理性"精神。这种重行动、轻言词,重实践、轻思辨的观念,使历代士大夫知识分子(包括儒家及其他学派,包括绝大多数朝代的统治者)都不是把仁、义、礼、智、信及忠、孝、廉、悌等仅仅作为一种理论或学术来讨论,而是作为一种值得遵循并应该遵循的伦理规范推向社会、推向大众。其目的,就是要在社会各阶层中大兴君子文化、大倡君子之风、大行君子之道,培育和塑造君子人格。我们之所以说君子文化也是中华传统文化的落脚点,就是因为以儒学为主干的中华传统文化,作为一种面向现实人生的伦理哲学,其最终落地的成果就是让尽可能多的人"做人做君子"。

---

① "礼,履也",是东汉许慎在《说文解字》里对"礼"的解释,强调礼不是用来思的,也不是用来说的,而是用来付诸行动的。

我曾撰文说:"君子是中华民族千锤百炼的人格基因。"① 之所以这样断言,是因为自汉至清两千余年来,历代王朝都把儒家经典作为做官求仕的入门初阶或必修课程,甚至作为开蒙识字的蒙学教材和私塾读本。由此,儒家学说及传统伦理不仅成为统治阶级的思想,而且成为士大夫知识分子思想言行的根基。更重要的是,不同朝代各层次士大夫知识分子以身垂范的影响,以及他们编纂、注释和阐发的各类著述,如"四书五经"、《孝经》、《急就篇》,一直到《三字经》、《千字文》、《菜根谭》、《弟子规》、《围炉夜话》、《增广贤文》及各种自记善恶的"功过格"等等,还有发挥很大作用的各种"家训"、"族规"、"乡约"、"里范"等训诫条文及规矩律令,使儒家思想及传统伦理的基本观念在一代又一代的灌输和解读下,逐渐成为整个社会思想意识、政教体制、公私生活、民情风俗的导向和规范。不论是居庙堂之高还是处江湖之远,不论是帝王将相还是平民百姓,不管是识字或不识字,不管是自觉或不自觉,大凡中国人都在骨子里深受儒家思想及传统伦理的浸润和熏染。这种浸润和熏染的结果,就是君子文化成为中华民族代代相传的文化基因,绵延数千年地传承下来,而且历朝历代都传得众所周知、传得深入人心。

正因如此,即便我们近百年来经历了多次排山倒海般反传统狂涛巨澜的冲击,如五四新文化运动打倒孔家店、打倒旧文化,如"文化大革命"横扫"四旧"、横扫"牛鬼蛇神"等等,但君子文化及传统文化所主张、所传布、所激扬的那些做人做事的"规矩"、"道理"、"准则",或如老百姓所说的"良心"等,仍然如冻土下的暖流、岩石边的野草,默默而顽强地延伸着、生长着。最显豁、最生动的例子,就是几乎涉及人们做人做事(或者说世道人心)方方面面的君子格言和俗语,即便在传统文化遭受严重冲击、备受冷遇的艰难岁月,也一直活在人们心中、挂在人们口头。

---

① 参见拙文《君子:中华民族千锤百炼的人格基因》,载《群言》2016 年第 2 期。

"君子一言，驷马难追"，"君子爱财，取之有道"，"君子成人之美"，"君子不夺人所好"，"君子动口不动手"，"先小人，后君子"，"防得了君子，防不了小人"，"行行出君子，处处有能人"，"以小人之心，度君子之腹"，"量小非君子，德高乃丈夫"，"明人不做暗事，君子不说假话"，"有恩不报非君子，忘恩负义是小人"，"君子之交淡如水，小人之交甘如蜜"，"有事但逢君子说，是非休听小人言"，"宁愿得罪君子，不能得罪小人"，"君子报仇十年不晚，小人报仇从早到晚"[1]……这些嵌入历代中国人心灵，活在当今中国人口头的君子格言和俗语，已不同程度地成为中华儿女立身处世的人生信条乃至处世习惯。每一个中华儿女身上都传承着君子人格的干细胞，它以一种习用而不察、日用而不觉的方式，规范和调整着人们观察事物、思考问题、行为处事的视野、心态、作风与格调，影响着人们做人做事的价值判断和行为准则。

君子人格作为凸显中华文化"精气神"的典范人格模式，彰显着中华民族深层的精神追求和独特的精神标识。君子文化作为中国优秀传统文化的精髓，以水滴石穿、润物无声的方式，在每个中华儿女身上都植入了文化的基因，或者说在每个中华儿女心底都埋下了一颗君子的种子。习近平同志反复强调：培育和践行社会主义核心价值观必须立足中华优秀传统文化，必须从中吸取丰富营养。他还说："在五千多年文明发展进程中，中华民族创造了博大精深的灿烂文化，要使中华民族最基本的文化基因与当代文化相适应、与现代社会相协调，以人们喜闻乐见、具有广泛参与性的方式推广开来"[2]。通过挖掘和弘扬君子文化，在全社会大兴君子之风、大行君子之道、铸造君子人格，必将使君子文化这株传统文化浩瀚森林中最为郁郁葱葱的千年老

---

[1] 此类君子格言俗语多达近百条，参见钱念孙等选著《君子格言选释》附录"君子俗语"部分，黄山书社2016年版，第351—355页。
[2] 《建设社会主义文化强国　着力提高国家文化软实力》，载2014年1月1日《人民日报》。

树,在新时代抽出新的枝条,长出繁茂绿叶;同时也使培育和践行社会主义核心价值观因获得君子文化庞大根系的丰厚滋养,在当代社会树起一面具有深厚传统底蕴和时代精神的文化旗帜,取得传承创新的丰硕成果。①

2016年11月2日初稿,11月23日再改于合肥

(原刊《学术界》2017年第1期;又见《黄帝陵·文化自信——清明学术交流会论文选集》,西北大学出版社2017年版;又见《长垣与君子文化》,河南人民出版社2021年版,第3—12页。)

---

① 参见拙文:《君子文化与社会主义核心价值观》,载2014年6月13日《光明日报》,又见《新华文摘》2014年第19期;《君子:中华民族千锤百炼的人格基因》,载《群言》2016年第2期;《开垦君子文化沃土,收获精神文明硕果》,载2016年4月11日《光明日报》。

君子文化浸润中国人的日常生活

一、君子文化：中国人立身处世之道

关于君子文化的研究近几年已有不少成果，但在一些基本问题上仍有不小意见分歧。譬如，君子是泛指各类有德之人的代名词，还是主要指社会精英阶层人士？多数学者认为君子作为"积极向上向善的正面人格形象，是中华民族共同的成人成己的价值认同，是中华文化做人标准的人格化体现"①；也有的学者在肯定君子人格具有一定普遍性的同时，强调"中华传统君子文化是以官君子文化为核心的道德文化，凸显了官君子的道德示范作用，是当代社会主义官德建设的重要文化资源"②。

其实，伴随中华文化数千年的发展和积累，"君子"概念的指称对象经历了不断衍变和拓展的过程，不仅内涵非常丰富，外延也逐步扩大，乃至在中华文化史上形成了有关君子论述比比皆是、君子文化在社会生活诸多领域异常繁盛的壮丽景观。我们探讨"君子"一词的

---

① 洪修平、孙亦平：《君子、理想人格及儒道君子文化的相异互补》，载《哲学研究》2018年第4期。
② 周玉清、王少安：《中华传统君子文化的历史发展及其当代价值》，载2016年4月22日《光明日报》。

内涵和外延，既要注意它在不同时代、不同层次上呈现和解读的特定意蕴，也要看到它作为中华民族古老而鲜活的人格基因，具有约定俗成并得到广泛认同的基本含义。

从词源学的意义看，"君"是一个会意字，在字形上从尹从口，"尹"表示治事，"口"表示发布命令，"君"即指发号施令的人。如《仪礼·丧服》："君，至尊也。"郑玄注："天子、诸侯及卿大夫有地者，皆曰君。"① 在西周及春秋时期，"君子"主要是对各级统治者和贵族男子的通称。《尚书·周书》："君子勤道，不作无益害有益，功乃成"，《国语·鲁语上》："君子务治而小人务力"，都是在诸侯及卿大夫的意义上使用"君子"一词的。

早期"君子"概念虽然多半专指社会中上层特定人群，但已有明确的价值导向，如《尚书·周书》强调"不作无益害有益"，《周易》象传说"天行健，君子以自强不息"、"地势坤，君子以厚德载物"等等，都是从正面、积极的意义上申述，君子不仅是指达到一定地位的上层人士，同时也应在人品道德上达到较高要求。这为此后君子人格和君子文化的形成发展，在价值导向上奠定了基础。

历史演进到春秋战国百家争鸣时代，君子概念的意义发生重大变化，即由原来主要指称"有位者"衍变为更多指代"有德者"，促成这一变化的主要功臣是儒家创始人孔子。集中记载孔子及其弟子思想和言行的《论语》，全书不到一万六千字，"君子"一词出现一百零七次，频率之高反映了孔子对君子人格的悉心打造。孔子继承西周以来有关君子论述的思想资料，认为崇德向善不仅是对少数权贵的要求，也应是多数人普遍追寻的目标。《论语》从头至尾二十篇，每一篇章都以若干段落从不同方面对"君子"不断刻画、反复雕塑，尽管在有些语境下仍然专指"有位者"，但总体倾向却是对"有德者"的描述和界定。孔子及后世儒家所倡导的仁、义、礼、智、信，以及忠、

---

① 《仪礼注疏》卷二十九，见《十三经注疏》（上册），阮元校刻，中华书局1980年版，第1100页。

孝、廉、悌等种种为人处世的伦理和规范，都注入和融化到其精心塑造的君子人格上。

正是看到这一点，清末民初思想家辜鸿铭说："孔子全部的哲学体系和道德教诲可以归纳为一句，即'君子之道'。孔子将这一思想编纂成典并使之成为宗教——国教。"① 海外学者余英时也说："儒学事实上便是'君子之学'"②。

经由孔子儒学重铸而获得更加普遍意义的君子形象，作为一种可学可做并应学应做的人格模式，在中华文化数千年奔腾不息的历史长河中，引起历代统治者、思想家和文人士大夫的共鸣和推崇。这不仅体现在历代典籍里关于君子及君子文化的解说和阐发俯拾即是、数不胜数，而且表现在灿若星汉的有关君子和君子文化的论述，与以儒学为主干的中华传统文化话语体系的主旨高度重合一致。君子文化堪称中华优秀传统文化的精髓和标识，其内涵和特质不管人们自觉或不自觉、意识到或没有意识到，都早已成为民族文化—心理结构的核心部分，千百年来对中国人的思想、情感、行为、生活等起着不可低估的引导和规范作用。③ 这种制约和影响，随着岁月的积累，天长日久，习用而不察、日用而不觉，以至于成为某种思维定式、情感取向、生活态度乃至经验习惯，以各种形态呈现于社会生活的方方面面。

本文所描述和讨论的，就是君子文化作为中华优秀传统文化的精髓和标识，以及民族文化—心理结构的核心元素，如何浸润并显现于中国人的民间信仰和日常生活之中。这种浸润和显现表现在器物、植物、动物、食物、俗语民谚、家训家谱、戏曲小说等众多层面，下面择其要者作简要描述，以就教于方家。

---

① 辜鸿铭：《中国人的精神》，黄兴涛、宋小庆译，海南出版社1996年版，第50页。
② 余英时：《儒家"君子"的理想》，见《中国思想传统的现代诠释》，江苏人民出版社1989年版，第160页。
③ 参见李泽厚《初拟儒学深层结构说》，见《世纪新梦》，安徽文艺出版社1998年版，112—127页。

二、玉石温润：蕴藏君子之德

在器物层面，最突出彰显君子文化内涵的莫过于玉。

中华民族有着悠久的爱玉传统。采玉、琢玉、尊玉、佩玉、赏玉、玩玉的历史，至少已绵延六千年以上，① 且一直没有中断，至今仍然兴盛不衰。为什么会出现这种颇为独特的现象？除了玉作为一种"美石"具有欣赏价值和经济价值外，关键在于自殷周时期起，我们的祖先就将玉石的特质与君子的品格相类比，赋予玉诸多君子人格及美好道德的寓意。《诗经·国风·小戎》："言念君子，温其如玉"；《礼记·玉藻》："君子无故，玉不去身，君子于玉比德焉"。诸如此类以玉譬人，赞美君子品性如美玉一般"温润而泽"的话语，在先秦及后世典籍中如繁星闪耀，充分反映了中华文化对君子人格的尊崇和推许。中国玉文化的繁盛，很大程度在于其中注入君子文化的灵魂，饱含君子文化的丰厚意蕴。

在《礼记·聘义》中，孔子与其学生子贡有一段颇有意味的对话。子贡问孔子曰："敢问君子贵玉而贱碈者何也？为玉之寡而碈之多与？"孔子答曰："非为碈之多故贱之也，玉之寡故贵之也。夫昔者，君子比德于玉焉：温润而泽，仁也；缜密以栗，知也；廉而不刿，义也；垂之如队，礼也；叩之其声清越以长，其终诎然，乐也；瑕不掩瑜，瑜不掩瑕，忠也；孚尹傍达，信也；气如白虹，天也；精神见于山川，地也；圭璋特达，德也；天下莫不贵者，道也。诗云：'言念君子，温其如玉。'故君子贵之也。"②

孔子解答"君子贵玉而贱碈"的原因，并非玉少贵之、碈（像玉的石头）多贱之，而是玉的品质是君子仁、智、义、礼、乐、忠、

---

① 参见杨伯达《中国史前玉文化》，浙江文艺出版社 2014 年版。
② 《礼记正义》卷六十三，见《十三经注疏》（下册），阮元校刻，中华书局 1980 年版，第 1694 页。

信、天、地、德、道等诸多德行的象征。此外，管子论玉有"九德"说，荀子论玉有"七德"说，刘向论玉有"六美"说，等等。东汉许慎《说文解字》在先秦各家之论基础上，进一步概括说："玉，石之美。有五德：润泽以温，仁之方也；䚡理自外，可以知中，义之方也；其声舒扬，专以远闻，智之方也；不桡而折，勇之方也；锐廉而不技，絜之方也。"玉石润泽，触手生温，犹如施人温暖的仁德；透过玉石纹理，能够自外知内，就像表里如一的坦诚道义；敲击玉磬，其声清脆远扬，恰似给人教益的智慧；玉器可以摔碎，但不会弯曲，仿佛坚贞不屈的勇毅；玉石虽有棱角，却不伤害别人，正如君子洁身自好、行止有度。这里表面谈的是玉，实质是赞美君子品格，在赋予玉诸多美好品德的同时，也提醒君子时刻以美玉的品性要求自己，高扬着一种崇高的道德情感和伦理精神。

玉不仅被寄寓诸多君子品德，其雕琢成器的过程也被比拟为君子进德修业必做的功课。"玉不琢，不成器；人不学，不知道。"出自《礼记·学记》的这句话，后来被收入家喻户晓的《三字经》里，成为脍炙人口的名言。与其说，这是强调美玉待琢，只有经过细心雕琢打磨，玉石才能成为国之宝器，不如说，这更是通过比喻衬托说明，学习对人增长知识、明白事理的重要。今天人们所说的"知道"，是了解掌握某种知识或信息的意思，此处所言的"知道"，乃指通晓大事理大道理。欧阳修《诲学说》言："玉不琢，不成器；人不学，不知道。然玉之为物，有不变之常德，虽不琢以为器，而犹不害为玉也。人之性因物则迁，不学则舍君子而为小人，可不念哉。"[①] 这是告诫人们：君子人格的养成，要像治玉一样"如切如磋，如琢如磨"，不断进德修业，提升自己的人生境界，否则不进则退，很容易"舍君子而为小人"。

中国作为爱玉之国、崇玉之邦，源于古代先贤观物析理，化以人

---

① 欧阳修：《欧阳文忠公书示子侄》，见包东波选注《中国历代名人家训精萃》，安徽文艺出版社1991年版，第122页。

文，既看到玉的自然之美，又在玉中寄寓丰厚的文化意蕴，形成"君子比德于玉"的深厚传统。在中华文化传统里，玉一直是纯洁、美好、善良、高雅、华贵的象征。带玉的词多为褒义词，如赞美人的有玉女、玉人、玉容、面如冠玉等，称赞住处的有玉府、玉堂、玉房、玉楼等，夸赞衣食的有玉衣、玉帛、玉冠、玉食等。在汉语词汇里，有关玉的成语典故比比皆是，如冰清玉洁、玉骨冰肌、金科玉律、金口玉言、字字珠玉、玄圃积玉、金玉良缘、如花似玉、金玉满堂、金声玉振、韫玉待价、金枝玉叶、冰心玉壶、玉润珠圆、和璧隋珠、香消玉殒、完璧归赵、蓝田生玉、宁为玉碎不为瓦全等等。这是君子文化从玉这一器物层面渗入我们文化观念和日常生活的反映，也从一个侧面表明，君子文化对中国人思想和行为的影响至为深远。

三、梅兰竹菊：彰显君子之品

在植物层面，最鲜明体现君子文化内涵的莫过于梅兰竹菊。

梅、兰、竹、菊这四种植物，在中国文化里有个特别的雅号，即"四君子"。尽管这一称谓在明代著名出版家黄凤池刻印《梅竹兰菊四谱》以后才流行①，但以花草树木比喻君子人格的做法，早在先秦时期典籍《诗经》、《离骚》里已屡见不鲜。《孔子家语》记载，孔子周游列国而不见用，返回鲁国途中看到兰花独开山谷，发出感叹说："夫兰当为王者香，今乃独茂，与众草为伍，譬犹贤者不逢时，与鄙夫为伦也。"他还说："芝兰生于深林，不以无人而不芳；君子修道立德，不为穷困而改节。"这里以兰喻人，表达君子情怀和节操，说明早在中华文化蓬勃兴起的春秋战国之时，就已形成以自然景物比拟人

---

① 明代天启年间，黄凤池刊刻《梅竹兰菊四谱》，陈继儒为其作序《题梅竹兰菊四谱小引》，其中说道："文房清供，独取梅、竹、兰、菊四君者无他，则以其幽芳逸致，偏能涤人之秽肠而澄莹其神骨。"受此处"梅、竹、兰、菊四君者"启发，后人多把梅、兰、竹、菊称为"四君子"。

品志向的"比德"传统。梅兰竹菊被称作"四君子",正是这一传统延续发展的丰硕成果,也是君子文化深入人心的突出表现。梅兰竹菊成为历代诗人、画家反复吟咏和描绘的对象,主要原因即在于,其形象饱蕴和体现着君子人格的高贵品性。

梅在寒冬腊月绽放,它吸引人的往往不是娇艳的外表,而是凌霜傲雪、不畏艰难的精神。这种精神是君子人格及君子文化的核心要素,也是中华民族历来推崇的性格和气质。宋代王安石《梅花》诗:"墙角数枝梅,凌寒独自开。遥知不是雪,为有暗香来",以梅花傲雪呈艳、凌寒送香的形象,表现君子傲然不屈又幽香袭人的魅力。元代画家王冕曾在墨梅卷上题诗:"吾家洗砚池头树,个个花开淡墨痕。不要人夸好颜色,只留清气满乾坤",抒发弃尘绝俗、清高自洁的君子情怀。毛泽东咏梅词:"风雨送春归,飞雪迎春到。已是悬崖百丈冰,犹有花枝俏。俏也不争春,只把春来报。待到山花烂漫时,它在丛中笑。"梅花象征严酷环境下人所应有的君子品格,集刚健、坚毅、俏丽、希望于一身,这首《卜算子·咏梅》将此意刻画得生动有力。

兰生长于深山幽谷,终年长青,不因无人而不芳,其远离尘嚣、清丽高雅的气质,体现慎独自守、"人不知而不愠"的君子品格。唐朝颜师古《幽兰赋》对此有生动描绘:"惟奇卉之灵德,禀国香于自然。俪嘉言而擅美,拟贞操以称贤。咏秀质于楚赋,腾芳声于汉篇。冠庶卉而超绝,历终古而弥传。"明代画家徐渭《水墨兰花》:"绿水唯应漾白蘋,胭脂只念点朱唇。自从画得湘兰后,更不闲题与俗人",借画兰明志,传达洁身自好、不与时俗同流合污的志趣。张学良《咏兰诗》:"芳名誉四海,落户到万家。叶立含正气,花妍不浮华。常绿斗严寒,含笑度盛夏。花中真君子,风姿寄高雅",把兰花坚守节操、淡泊名利的君子品格表现得淋漓尽致。中国人爱兰、种兰、咏兰、画兰,究其背后原因,无不隐含着通过兰花来寄情明志的文化动因。

竹子中空有节的枝干、挺拔清逸的外形,很早就被古代先贤作为君子风骨的象征而不断抒写。植物生长,经历雨雪风霜,多数折枝落叶,而竹却不改颜色,峭拔挺立。正如《礼记·礼器》所称赏:"其在人也,如竹箭之有筠也;如松柏之有心也。二者居天下之大端矣,故贯四时而不改柯易叶。"东晋著名书法家王羲之之子王徽之,爱竹如命,即使借住朋友家中,发现无竹,也要命人种上,"何可一日无此君"是其名言。苏东坡诗句:"宁可食无肉,不可居无竹。无肉令人瘦,无竹令人俗。人瘦尚可肥,士俗不可医",典出于此。清代画家郑板桥,一生以竹为伴,其《题画竹》说:"盖竹之体,瘦劲孤高,枝枝傲雪,节节干霄,有似君子豪气凌云,不为俗屈。"他的诗作"衙斋卧听萧萧竹,疑是民间疾苦声。些小吾曹州县吏,一枝一叶总关情",在竹子劲节虚心的品性中,注入体恤民间疾苦的情感,受到广泛称颂。

菊于深秋开花,艳而不娇,既有傲霜不凋的气节,又有义让群芳的品德。陶渊明不为五斗米折腰,隐居山林,与菊为伴,不慕荣利,超然淡泊,吟咏出"采菊东篱下,悠然见南山"的千古佳句。白居易《咏菊》:"耐寒唯有东篱菊,金粟初开晓更清",元稹《菊花》:"不是花中偏爱菊,此花开尽更无花",生动刻画了菊花兼具勇士与隐者的两种品格。宋代女词人朱淑真《菊花》:"土花能白又能红,晚节犹能爱此工。宁可抱香枝上老,不随黄叶舞秋风",洋溢着不向世俗低头和对独立人格不懈追求的精神。明代高启《菊邻》:"菊本君子花,幽姿可相亲",更是直接赋予菊花"君子花"的美名,既揭示出菊花蕴藏的道德品性,也说明了人们喜爱菊花的缘由。

除了梅兰竹菊"四君子"以外,在植物层面与君子文化发生紧密联系的,还有被列为"岁寒三友"① 首位的"松",被称为"花之君子者"的"莲"。在中华文化中,松树很早就作为"比德"的对象。

---

① "岁寒三友"指松竹梅三种植物。苏东坡《游武昌寒溪西山寺》有诗句云:"风泉两部乐,松竹三益友。"明代程敏政曾作《岁寒三友图赋》。赵翼《陔余丛考》载元次山《丐论》云:"古人乡无君子,则与云山为友;里无君子,则以松竹为友;坐无君子,则以琴酒为友。"

《论语·子罕》里"岁寒,然后知松柏之后凋也",是孔子家喻户晓的箴言。唐代大诗人李白《赠韦侍御黄裳二首》:"愿君学长松,慎勿作桃李。受屈不改心,然后知君子。"宋代范仲淹歌吟青松:"有声若江河,有心若金璧。雅为君子材,对之每前席。"如此等等表明,以松树作为君子人格的象征,具有悠久的传统和深厚的文化根基。至于莲(荷花)被视为君子之花,则源于宋代周敦颐的名篇《爱莲说》:"予独爱莲之出淤泥而不染,濯清涟而不妖,中通外直,不蔓不枝,香远益清,亭亭净植,可远观而不可亵玩焉。予谓菊,花之隐逸者也;牡丹,花之富贵者也;莲,花之君子者也。"这里对莲花品性的独到评述及称其为"花之君子者",千百年来得到人们广泛认可并产生深远影响。①

四、家谱家训:传扬君子之风

君子文化浸润日常生活,还通过家谱、家训等渠道,使传统伦理在家庭落地生根,化为家庭成员的做人信条和生活习惯。

每一个人都诞生并生活在一定家庭之中。每个家庭在世代繁衍和薪火相传的同时,都会或隐或显地积淀并形成某种价值观念和德行风尚,即人们通常所说的家风。一般说来,家风既包括有文字及实物遗存的有形部分,也包括仅是口头和行为传授等随时消失的无形部分。有形部分多半呈现在如家训、家规、家法、家谱、族谱、族规、宗谱、家族祠堂,以及各种祭祖仪式等方面;无形部分则主要凸显在长者的行为举止、言传身教,以及由此形成的家庭生活习惯和家族气质风貌等方面。有形的部分以家训、家谱等为载体,当然有助于家族文化的传递和弘扬;无形的部分如长辈的言谈等虽然往往随生随灭,但它多半留在后辈心中,对家族成员的成长和家族风气的形成同样发挥

---

① 参见 W. 爱伯哈德《中国文化象征词典》,陈建宪译,湖南文艺出版社 1990 年版,第 182—185 页。

着不可小觑的作用。

中华民族具有深刻的"家国同构"观念：一方面，家是国的细胞，没有家就没有国；另一方面，国是家庭细胞赖以生存的机体，国盛才能家兴，国破则难免家亡。正是基于这种水乳交融的家国同构理念，不同时代、不同区域、不同家族的家训、家谱等，虽然具体内容互有差异并各具自己的特色，但其中所宣扬的立身处世、持家兴业的规则和教导等，基本都是建立在对中华文化主流价值体系的集体认同之上。《孝经·广扬名》："子曰：君子之事亲孝，故忠可移于君；事兄悌，故顺可移于长；居家理，故治可移于官。"这种把家之"孝"与国之"忠"、家之"礼"与国之"法"对应贯通，使家族文化与国家意识形态联结一体的现象，贯穿整个古代社会发展历程。

君子文化作为儒家思想乃至整个中华传统文化的精髓和标识，与历代著名家训、家谱秉持和崇尚的做人理念及价值观念等高度契合。在一定程度上毋宁说，众多家训、家谱所传达的励志勉学、入孝出悌、勤俭持家、精忠报国等优良家风，就是修身、齐家、治国、平天下理念的具体细化，不仅堪称个人成长和家族兴旺的座右铭与传家宝，也是君子文化从庙堂走向民间的具体实践和生动体现。

三国时期政治家诸葛亮临终前写给儿子诸葛瞻的《诫子书》，是一篇传颂千古的著名家训："夫君子之行，静以修身，俭以养德。非澹泊无以明志，非宁静无以致远。夫学须静也，才须学也，非学无以广才，非志无以成学。慆慢则不能励精，险躁则不能理性。年与时驰，意与日去，遂成枯落，多不接世，悲守穷庐，将复何及！"① 这里强调君子的行为操守，关键在于修身养性，治学做人；而不论是提升人格修养，还是勤学立志，都要从淡泊宁静中下功夫，切戒懈怠险躁。诸葛亮是中国历史上贤相的典范、智慧的化身，他对儿子的谆谆教诲，是他毕生经验和睿智的结晶，也是对如何培养君子人格的精彩

---

① 诸葛亮：《诫子书》，见包东波选注《中国历代名人家训精粹》，安徽文艺出版社1991年版，第17页。

阐释。

强调君子人格对家族成员成长的重要意义，在各类家训、家谱中星罗棋布，让人目不暇接。著名的《颜氏家训》"慕贤篇"开篇就呼吁家族成员要追随学习明达君子："倘遭不世，明达君子，安可不攀附景仰之乎？"[①] 明代散文家归有光《家谱记》也说："仁孝之君子，能以身率天下之人，而况于骨肉之间乎？古人所以立宗子者，以仁孝之道责之也。宗法废而天下无世家，无世家而孝友之意衰。风俗之薄日甚，有以也。……故吾欲作为归氏之谱，而非徒谱也，求所以为谱者也。"[②] 归有光认为，家族成员只有以君子为楷模，行仁义、重孝道，家族宗法才可确立，立宗法方可成世家，成世家方可正风俗，而正风俗，则将仁孝品德彰扬于世，进而代代瓜瓞绵延，形成世有君子、代有贤良的良性循环。

君子文化与家族文化融合，在家训、家谱及家风中扎根开花，不仅有助于崇德向善之风在家族中世代相传，还能够由家族推向村邑、由村邑推向国家。《孝经·广至德》曰："君子之教以孝也，非家至而日见之也。教以孝，所以敬天下之为人父者也。教以悌，所以敬天下之为人兄者也。"清代宰相张廷玉作《王氏族谱序》也说："故君子之用心，必将使人知族人之咸本于一气，则孝弟亲睦之意油然自生，而婚姻洽比之风，因之可以渐及，由一家以推于一乡，由一乡以推于天下，风俗之美，教化之成，未尝不由于是。此谱牒之设所为深有功于世道，而君子详慎之不敢忽也。"[③] 美好的社会风俗，正是通过"由一家以推于一乡，由一乡以推于天下"的形式，逐步推广并蔚成风气。

---

① 颜之推：《颜氏家训·慕贤第七》，见包东波选注《中国历代名人家训精萃》，安徽文艺出版社1991年版，第52页。
② 归有光：《震川先生集》（上），周本淳校点，上海古籍出版社2007年版，第437页。
③ 张廷玉：《张廷玉全集》（上册），江小角、杨怀志点校，安徽大学出版社2015年版，第160页。

以家训、家谱为主干的家族文化,与君子文化看似概念不同、内涵相异,但两者的思想来源和核心理念却有诸多相似之处。两者谈论的中心都是如何做人、如何立身处世、如何兴家立业等问题,而得出结论或者说给出的答案,又十分相近乃至多有重合。君子文化为什么能够沉入并浸润历代家训家谱而成为基层民众认同的价值导向?为什么历代世家望族的家训、族谱等总是以君子文化为主调凸显家族文化特色?其原因和奥秘都在这里。

五、俗语民谚:诉说君子之道

君子文化向日常生活沉淀,更加贴近民众生活、走入民众内心的,是大量有关君子及君子文化的俗语民谚。

俗语,又称俗话,指约定俗成、流行广泛且言简意赅的语句。它是汉语语汇里为群众或文人所创造,并为人们频繁使用,具有口语性和通俗性的定型语言单位。"俗语"一词,早在西汉司马迁《史记·滑稽列传》中就有使用,历史悠久,包罗繁多,经常可指代和囊括民谚、俗谚、村言、俚语、歇后语及口头常用成语等多种语言现象。俗语的来源,一方面源于人民群众对生产生活实践经验的感悟和创造,一方面来自书面文献即文化典籍中的经典短语和名句。这些出自书面文献的"雅语"和"箴言",有些本来就是在民间口语基础上提炼打磨而成的,有些则是思想家、文学家等对人生世态的独到体察和概括。不论是人民群众直接创造的俗语,还是源自书面典籍的俗语,都以人们熟知的思想观念或形象比喻,反映世代积累的人生经验和价值追求,堪称中华民族智慧的结晶。俗语及民谚,由于短小精练和意蕴深厚,共识度高并相沿成习,在千百万次的引用和传播中,往往被作为不证自明的"道理",成为警策自己和说服他人的理由,参与和指导日常生活。

关于君子和君子文化的俗语民谚,不仅数量多,而且内容丰富多彩，涉及为人处世的诸多侧面，是俗语民谚宝库中的重要部分。下面从义利气节、诚实守信、处世交友等几个方面略做陈述。

在义利气节方面，人们最熟悉的莫过于口头禅"君子爱财，取之有道"。这句出自《增广贤文》的俗语强调，虽然钱财人人都爱，但要通过辛劳付出，正当合法地获取，而不能不择手段，取之无道。与此意义相近的俗语民谚较多，如"君子盼得天下富，小人发得一人财"，"君子不怕明算账，小人贪恋不义财"，"君子争礼，小人争利"，"义动君子，利动小人"，"君子务本，小人逐末"，"君子重名节，小人重名号"，"知足称君子，贪婪是小人"，"君子谋道不谋食"，"君子忧道不忧贫"，①"君子安贫，达人知命"②，等等。如何对待义与利，最能看出一个人的品格和气节。这些关于义利气节方面的君子俗语民谚流行民间，充分反映中国人对义利气节的看法，以及对君子文化的高度认同和拥护。

在诚实守信方面，人们经常说的就是"君子一言，驷马难追"，"君子一言，快马一鞭"。这两句俗语大同小异，均出自《论语·颜渊》"夫子之说君子也，驷不及舌"，强调说话算数，不能食言。此类有关君子诚信的俗语民谚不胜枚举："君子说话，如笔泼墨"，"君子坦荡荡，有话当面讲"，"明人不做暗事，君子不说假话"，"君子当面骂人，小人背地说话"，"有事但逢君子说，是非休听小人言"，"直率坦白真君子，笑里藏刀是歹人"，"君子用嘴说，牛马用脚踢"，"君子不欺暗室"，"君子无戏言"，"君子之言，信而有征"③，"宁做真小

---

① "君子谋道不谋食"、"君子忧道不忧贫"两句，出自《论语·卫灵公》，被一些俗语、谚语词典收入。
② "君子安贫，达人知命"出自王勃《滕王阁序》"所赖君子安贫，达人知命"，指君子以平和心态面对贫穷，达观的人服从命运的安排。上海辞书出版社出版的《谚语10000条》将其收入，见该书2012年版第122页。
③ "君子之言，信而有征"出自《左传·昭公八年》。

人，不做伪君子"，"君子耻其言而过其行"，"君子讷于言而敏于行"①，等等。有关君子诚信的俗语民谚如此之多，既表明诚信作为社会有序运转基本原则的重要，也说明君子文化作为中华文化的精髓和标识得到人们的普遍尊崇。

在处世交友方面，有关君子的俗语民谚更多，"君子成人之美"，"君子与人为善"，"君子之交淡如水"，"君子不念旧恶"，"君子绝交无恶言"，"来而不往非君子"，"亲君子，远小人"，等等，都是源于古代经典又活跃于人们口头的常用语。② 其他如"君子不夺人所好"，"君子动口不动手"，"君子不掠人之美"，"君子记恩不记仇"，"量小非君子，德高乃丈夫"，"居高善下真君子，将有视无大丈夫"，"君子有容人之量，小人存嫉妒之心"，"有恩不报非君子，忘恩负义是小人"，"结交结君子，栽树栽松柏"，"以小人之心，度君子之腹"③，"门内有君子，门外君子至；门内有小人，门外小人至"，"宁愿得罪君子，不能得罪小人"，"君子抱怨，且息三年"，"君子报仇，十年不晚；小人报仇，从早到晚"，如此等等，把人们心目中善恶是非标准在君子与小人的对比中和盘托出。君子文化是百姓日用而不觉的精神食粮，于此可见一斑。

有关君子的俗语民谚几乎遍及社会生活的各个方面，除了上面所

---

① "君子耻其言而过其行"、"君子讷于言而敏于行"两句，分别出自《论语·宪问》、《论语·里仁》。
② "君子成人之美"源自《论语·颜渊》："君子成人之美，不成人之恶，小人反是。""君子与人为善"源自《孟子·公孙丑上》："取诸人以为善，是与人为善者也。故君子莫大乎与人为善。""君子之交淡如水"源自《庄子·山木》："且君子之交淡若水，小人之交甘若醴。君子淡以亲，小人甘以绝，彼无故以合者，则无故以离。""君子不念旧恶"源自《止学》："君子不念旧恶，旧恶害德也。小人存隙必报，必报自毁也。""君子绝交无恶言"源自《战国策》里乐毅之语："臣闻古之君子，交绝不出恶声。""来而不往非君子"源自《礼记·曲礼上》："往而不来，非礼也；来而不往，亦非礼也。""亲君子，远小人"源自诸葛亮的《前出师表》："亲贤臣，远小人，此先汉所以兴隆也。"
③ "以小人之心，度君子之腹"语出《左传·昭公二十八年》："愿以小人之腹，为君子之心。"

谈论的义利气节、诚实守信、处世交友以外，起码在仁义济世、砥学修身、怡情养性、慎独操守等层面，相关俗语民谚同样繁花似锦，让人应接不暇。此文只是从总体上勾勒君子文化民间沉淀的概貌，无法一一细谈，这里先把问题提出来，以后再作专文探讨。① 总之，有关君子的俗语民谚不仅是中华优秀传统文化对民间意识形态的直接投影，而且对普通百姓立身处世的道德伦理和价值观念等，常常发挥着直指本心、明心见性的独特作用。

六、君子文化：雅俗共赏，历久弥新

君子文化洪流冲刷和滋润宽阔的日常生活河床，还覆盖和波及我们社会生活的不少畛域。尽管这些领域与人们日常生活关系颇为密切，其所内藏的君子文化蕴蓄却较少被人提及。

譬如在动物层面，鸡作为家禽的一种，被赋予"五德君子"的美名。此说源于汉代《韩诗外传》记载春秋时期的田饶对鲁哀公说的一段话："君独不见乎鸡乎！头戴冠者文也，足傅距者武也，敌在前敢斗者勇也，见食相呼者仁也，守夜不失时者信也。鸡虽有此五德，君犹日瀹而食之者何也？"② 鸡头顶红冠，不论是昂首阔步、英勇搏斗，还是低头觅食、高歌打鸣，确实体现出文、武、勇、仁、信"五德"。就其实质而言，这是用人所拥有的道德观念解释鸡的特性，饱含着人们的道德期许，因而后人时常把鸡称作"五德君子"。笔者曾欣赏过晚清海派著名画家任伯年一幅画鸡的国画，题字就是"五德君子图"。当今许多国画家画鸡，也经常以"五德图"、"五德君子图"名之。

在乐器层面，琴（今称古琴）作为"八音之首"，具有"贯众乐之长，统大雅之尊"的地位，自古就有"君子之器"的雅称。古琴音

---

① 笔者对此已经初步做了一些资料收集整理工作，参见钱念孙等选著《君子格言选释》附录"君子俗语"部分，黄山书社2016年版，第351—355页。
② 曹大中译注：《白话韩诗外传》，岳麓书社1994年版，第234页。

量不大，音域宽广，讲求中正平和、深沉飘逸、古朴含蓄、空灵悠远，极具沧桑感和圣洁性。东汉桓谭《新论·琴道》云："琴之言禁也，君子守以自禁也。大声不震哗而流漫，细声不湮灭而不闻。八音广博，琴德最优。"① 这就是说，琴与一般乐器以绚丽华美的声响给人娱乐不同，它的作用是祛除欲望杂念，让人静心明志，回归心性的本源，达到天人合一的境界。如果说其他乐器往往奏出郑卫之音，是刺激享乐欲望的，那么琴则偏向演奏雅乐正声，是收敛的、回归的，是调和人心而禁止邪念淫欲的。所以，蔡邕《琴操》说："昔伏羲氏作琴，所以御邪僻，防心淫，以修身理性，反其天真。"② 汉代《白虎通·礼乐》云："琴者，禁也，所以禁止淫邪，正人心也。"③ 明代《神奇秘谱·序》言："然琴之为物，圣人制之，以正心术，导政事，和六气，调玉烛，实天地之灵器、太古之神物，乃中国圣人治世之音，君子养修之物。"因此，琴在古代被视为修身养性的君子之器，有"君子之座，左琴右书"、"君子无故不撤琴瑟"等说法。

在饮食层面，茶很早就被誉为"饮中君子"。文人雅士七件事，琴棋书画诗酒茶；百姓开门七件事，柴米油盐酱醋茶。两者共同交集，或者说两者都离不开之物就是茶。君子文化从上层雅好向百姓日用转移和沉淀，茶可说是典型的津梁，所谓"若问饮中君子谁？雅俗共赏只有茶"是也。茶有多重保健作用，入口微苦，饮下之后，渐生甘味，是为"苦后回甘"，淡雅澄心，回味无穷，颇似人生历练所需境界。唐代释皎然与茶圣陆羽为忘年至交，曾赋《九日与陆处士羽饮茶》诗："九日山僧院，东篱菊也黄。俗人多泛酒，谁解助茶香。"这里把品茗看作雅士之举，在韦应物《喜园中茶生》诗中得到呼应："性洁不可污，为饮涤尘烦。此物信灵味，本自出山原。"宋代苏轼

---

① 桓谭：《新论》，上海人民出版社1977年版，第63—64页。
② 蔡邕：《琴操》，见蔡仲德《中国音乐美学史资料注译》，人民音乐出版社2004年版，第367页。
③ 班固等撰，王云五注：《白虎通》（一），商务印书馆1936年版，第53页。

《和钱安道寄惠建茶》诗,则直接认为茶天然具有君子品性:"我官于南今几时,尝尽溪茶与山茗。胸中似记故人面,口不能言心自省。为君细说我未暇,试评其略差可听。建溪所产虽不同,一一天与君子性。"清代乾隆亦有《虎跑泉》吟茶诗云:"溯涧寻源忽得泉,淡如君子洁如仙。余杭第一传佳品,便拾松枝烹雨前。"此诗描写泉水煮茶"淡如君子洁如仙",既是对茶的特性的赞美,也是对茶所寓含的君子品格的称颂。林语堂说"茶是象征着尘世的纯洁",当代茶圣吴觉农也说"君子爱茶,因为茶性无邪"。中国茶文化渊博精微,其中很重要的部分就是与君子文化精神有着深广的内在联系。

君子文化在元明清戏剧小说,即郑振铎所说的"俗文学史"中,同样表现充分,异彩纷呈。对此,已有学者结合中国古代文人创作的大量戏曲作品,从忠烈君子、勇义君子、高行君子、多智君子、红粉君子等五个方面梳理其中的君子形象,并对每类君子形象的品质特征及书写策略做了考察和阐释。① 此不复赘。

综上,我们从器物、植物、动物、食物、俗语民谚、家训家谱及戏曲小说等层面,对君子文化民间沉淀,即浸润中国人日常生活的状况做了提要性的巡查和描述。由此探寻可知,君子文化在社会基层民众中的普及流行程度,或者说君子文化在民间深入人心的程度,远超原有预料和想象。君子人格和君子文化,作为中华民族千锤百炼的人格基因和文化精髓,既是精英文化的主要内容,又是大众文化的重要蕴涵;既在高雅文化中居于核心地位,又在通俗文化里占据焦点位置。它是上层社会构造主流价值观的标志符号,也是下层民众奉行的为人处世之道和共识度较高的信仰原则;它是文人雅士欣赏的阳春白雪,也是民众百姓喜爱的下里巴人。

君子文化不仅雅俗共赏,而且历久弥新。它从遥远的商周时期跋涉启程,跨越数千年的历史沧桑,至今仍以矫健身影在中华文化蓬勃

---

① 参见黄胜江《论中国古代文人剧作中的君子形象》,载《上海师范大学学报》(哲学社会科学版)2014年第5期。

发展的大道上阔步前行，以不言之教潜移默化地滋润和涵养每个中华儿女的心田。就此而言，君子文化又是打通传统与当代、涵盖传统与当代，使传统与当代互联互通的桥梁和纽带，也是让中华民族传统最基本的文化基因与当代文化相适应、与现代社会相协调的传输宽带和融合平台，是中华优秀传统文化与当代核心价值观活态嫁接的生长沃土和丰收晒台。

2018 年 10 月 22 日完稿于书香苑，
2018 年 12 月 5 日再改

（原刊 2018 年 11 月 20 日《光明日报》，《学习活页文选》2018 年第 53 期全文转载。）

家国情怀的萌生与君子人格的确立

在中国文化系统里,家国情怀是个人对家庭和国家共同体的认同与热爱,是爱国主义精神产生的伦理基础和情感状态,是历代中华儿女共同推崇的君子人格的重要素质和显著标识。本文从发生学角度探讨家国情怀的历史渊源及萌生滋长的必然性,考察家国情怀对君子人格形成的内在价值和独特意义。

一、家国情怀萌生的社会土壤和历史渊源

古老中国自西周时代起,已经形成等级森严的氏族宗法制度。"氏族"本身是一种血亲组织,在汉语系统里,氏有"根"及"根源"之意,转义为姓氏。① 在英语词汇中,"氏族"的对应词为"clan",古意为生育,引申为社会最原始的血缘集团。一个氏族通常有几十至百余人,由同一男性始祖或女性始祖几代亲戚及配偶组成。几个血缘较近的氏族构成胞族,若干相互通婚的氏族和胞族形成部落。每个部落为了更好地生产劳动和生存发展,包括应对争夺地盘和资源等引起的战争,彼此邻近的部落为避免势单力薄,又互相联合组成部落联

---

① 郑樵《通志·氏族略序》:"三代以前,姓氏分而为二,男子称氏,妇人称姓。"

盟，这就步入早期邦国或诸侯国的形态了。

由于早期国家（邦国、诸侯国）的形成天生烙有氏族血缘色彩的烙印，既为西周氏族宗法制度的建立奠定了社会基础，也使以血亲关系为纽带形成的嫡长子继承权和主事权的宗法制度成为历史事实。王国维《殷周制度论》说："周人嫡庶之制，本为天子、诸侯继统法而设，复以此制通之大夫以下，则不为君统而为宗统，于是宗法生焉。"[1] 这种氏族宗法制度是血缘关系与政治关系、权利义务与责任担当的高度融合。所谓封建分封制，即主要以父系家族关系的亲疏来决定土地、财产和政治地位的分配与继承，而"分封异姓时，也必以婚姻连系起来，使成为姻娅甥舅的关系，这依然是以血统为统治组成的骨干"[2]。如此把血缘纽带同政治权益紧密挂钩，不仅构成中国传统社会组织形态的基本特征，也是搭建社会政治架构的重要梁柱。

世界各地区各民族的发展，都共同经历过以血缘纽带为支撑的氏族社会阶段。但处于不同地理环境和不同文化圈的诸民族，在其后的演进历程中却选择了不同的发展形态和道路。古希腊、古罗马由于置身海洋型地理环境，人员流动频繁，商品交换形成规模，原始性的集体协作生产逐步被家庭个体生产所代替，因而挣脱以血缘纽带为依托的氏族社会和宗法组织的束缚，形成以地域和财产关系为基础的城邦社会组织，步入氏族制解体以后的文明社会发展旅程。与此不同，中华民族由于栖息于辽阔而肥沃的东亚大陆沃土之上，主要以定居方式从事农业生产，人员迁徙相对较少，商品生产和流通规模有限，因而在相当程度上保存了以血缘关系为纽带的家族组合式的农村乡社形式，通过发展以小农经济为基础的农业社会，带着氏族社会的胎记踏上文明社会发展道路。由于中国进入文明社会时不是剪断而是保留了氏族制的"脐带"，氏族血缘宗法制的产生实乃自然而又必然之事，

---

[1] 王国维：《殷周制度论》，见《观堂集林》（外二种），河北教育出版社2003年版，第234页。
[2] 徐复观：《两汉思想史》，第一卷，华东师范大学出版社2001年版，第12页。

因为它既孕育于社会历史母体的胎盘之中，又适应了维护社会秩序和发展的需要。

商周以至春秋，所谓邦、国及"八百里诸侯"等等，实际是由以血缘宗法遗风为基础的氏族—部落—部族国家构成。商王朝便"以国为姓"（《史记·殷本纪》），殷墟甲骨文记载的奴隶，多半冠以族名。周王朝更是直接以氏族血缘纽带实行国家统治，周天子自称是天帝的长子，是姬姓家族的"大宗"，天下的"共主"，其王位由嫡长子继承，次子以下封为诸侯，是周天子的"小宗"。诸侯在自己的封国内又是"大宗"，由嫡长子继承王位，次子以下封为卿大夫，是诸侯的"小宗"。如此次第循环，整个社会在某种意义上构成一个血缘宗法等级的天罗地网，使父子、兄弟、夫妇等不止具有个体家庭成员的"私人"关系，而且要遵守一种"公共"的政治秩序和社会规范。这种既造成人们对家庭、家族、宗族及其人伦关系和血缘温情的高度重视，也促使人们形成爱家、爱乡、爱国情感交织的民族心理，从源头上为中国社会发展植入了伦理与政治交叉重叠的密切关系。

由这种氏族血缘宗法制所决定，殷周社会推行的是政治与道德互为表里的治理模式。王国维谈论这一点时曾说："且古之所谓国家者，非徒政治之枢机，亦道德之枢机也。使天子、诸侯、大夫、士各奉其制度、典礼，以亲亲、尊尊、贤贤，明男女之别于上，而民风化于下，此之谓治。反是，则谓之乱。是故，天子、诸侯、卿、大夫、士者，民之表也；制度、典礼者，道德之器也。周人为政之精髓，实存于此。"① 孔子多次声明"吾从周"（《论语·八佾》）、"梦见周公"（《论语·述而》），他所创立和推行的儒家思想，实际上是以"周礼"为核心的一套人伦观念和礼义道德。这套观念和道德，在《礼记》里被简要归纳为"五止十义"。"五止"：为人君，止于仁；为人臣，止于敬；为人子，止于孝；为人父，止于慈；与国人交，止于信。（《礼

---

① 王国维：《殷周制度论》，见《观堂集林》（外二种），河北教育出版社 2003 年版，第 242 页。

记·大学》)"十义":父慈、子孝,兄良、弟悌、夫义、妇听,长惠、幼顺,君仁、臣忠。(《礼记·礼运》)这里以君臣、父子的关系为主干,又以臣、子的责任或义务为重点,"忠君"思想与"孝亲"意识,既紧密联系,又相互为用。就此而言,朝廷的为臣之道与家庭的为子之道,分为异途,实为一理。

与此同时,中国社会迈入夏商周时期,"家国同构"或者说"家国一体"的观念逐渐深入人心。以血缘亲情为本位的家庭或家族组织结构及管理办法,与夏王朝开启的"家天下"① 王位世袭政治架构及国家(邦国)治理模式,不论在组织结构还是传承方式上,两者都有明显的可比性和相似性。诚如孔子所言:"君子之事亲孝,故忠可移于君。事兄悌,故顺可移于长。居家理,故治可移于官。"(《孝经·广扬名》)孟子说得更明白:"天下之本在国,国之本在家,家之本在身。"(《孟子·离娄章句上》)这种"家"与"国"在组织结构和传承方式上的共通性,使"家是最小的国,国是千万个家"、"父为家之君,君为民之父"等思想理念,被中国社会各阶层人士广泛接受和认同。因此,我们先人很早就将家与国的治理看作是"隔行不隔理"的同一回事。

《左传》载,桓公二年(公元前710年)晋大夫师服说:

> 吾闻国家之立也,本大而末小,是以能固。故天子建国,诸侯立家,卿置侧室,大夫有贰宗,士有隶子弟,庶人工商各有分亲,皆有等衰。是以民服事其上,而下无觊觎。②

这段话虽然主要描述春秋早期邦国社会的主从等级秩序,表明上

---

① 家天下,指君王把国家政权据为己有,当作一家的私产,世代相袭。公元前2040年左右,华夏部落联盟首领禹将王位传给儿子启,开始了"父传子,家天下"的王位继承制。
② 王伯祥选注:《春秋左传读本》,中华书局1957年版,第26—27页。

下尊卑之异，但也透溢出血缘亲情之和，传达了家与国紧密关联、相辅相成的重要史实。在这种"天子建国，诸侯立家，卿置侧室"等级分封的社会结构里，国事中对君主之"忠"与居家时对父母之"孝"水乳交融般地化合在一起，使政治领域里的"尊尊"与宗法领域里的"亲亲"很大程度上相互调和以至交互重叠。《大学》云："所谓治国必先齐其家者，其家不可教而能教人者，无之。故君子不出家而成教于国：孝者，所以事君也；弟者，所以事长也；慈者，所以使众也。"（《礼记·大学》）梁启超也说："吾中国社会之组织，以家族为单位，不以个人为单位，所谓家齐而后国治是也。周代宗法之制，在今日其形式虽废，其精神犹存也。"①

在中国人的思想观念里，家与国的联系并非"无机体"部分与整体如沙粒与沙丘的关系，而是"有机体"如人体的微小局部与身体整体的关系，两者既息息相关不可分割，又命运相牵荣辱与共。中华民族数千年发展历史告诉我们，一方面，民为邦本、民富国强，家兴可以影响国运；另一方面，国泰民安、国破家亡，国运决定家势。这种"小之定也必恃大，大之安也必恃小"（《吕氏春秋·谕大》）的家国同构认识，长期延续和积淀下来，成为我们民族一种稳固的文化理念和心理结构。

家国情怀作为个人对家庭和国家共同体的一种认同与热爱的深厚情感，其萌生滋长的肥沃土壤和适宜气候，正是家国同构的社会形态、生活方式和民族文化心理结构。也就是说，在家国同构的社会现实原野上，自然且必然地要生长并绽放出家国情怀的花朵，正如栽什么树苗结什么果，撒什么种子开什么花一样。

作为爱国主义精神产生的伦理基础和情感状态，家国情怀的核心内涵是在家尽孝，为国尽忠；实践途径是修己安人，经世济邦；价值理想是以身报国，建功立业。达到此境界，关键在于家与国、民与君

---

① 梁启超：《新大陆游记》（四十），见《饮冰室合集》专集之四，中华书局1989年版，第121页。

要做到良性互动：从为官一方的地方官员到统领国邦的最高君王，他们爱民如子，既是尽"父母官"的责任也是尽家长的义务，而民尊君（官）如父，则既是对君之忠也是对父之孝。正如孔子曰："君子笃于亲，则民兴于仁"（《论语·泰伯》）；有子说："君子务本，本立而道生。孝弟也者，其为仁之本与"（《论语·学而》）。由此可知，要想"天下归仁焉"，取得治国安民的为政佳绩，要点即是从做人的最根本处"孝悌"两字做起。在很大程度上可说，为仁的基础在血缘亲情之中，而治国之道则是对治家之道血缘亲情的放大。

对此，《礼记·大学》里的"八条目"说得清晰明白：

> 古之欲明明德于天下者，先治其国；欲治其国者，先齐其家；欲齐其家者，先修其身；欲修其身者，先正其心；欲正其心者，先诚其意；欲诚其意者，先致其知。致知在格物。物格而后知至，知至而后意诚，意诚而后心正，心正而后身修，身修而后家齐，家齐而后国治，国治而后天下平。

这段家喻户晓的名言，不仅为历代弘毅有为之士指明"修身齐家治国平天下"的进步阶梯和人生目标，而且将个人修养、家庭治理和为国立功纳入联动递进的滚动链条和演进轨道。一个人要想立德于天下，就要博施济众，为治理国家建功立业；而要想治国有方为国效劳，必须严于治家，整顿好自己的家庭和家族；而管理好家庭和家族，则应从修养自身做起，在格物致知、正心诚意上下功夫。家国情怀的产生和弘扬，正是千千万万仁人志士沿着这条人生道路开拓前行而迸发出的精神礼花，也是激励历代中华儿女为国为民拼搏奋斗的情感基础和内在力量。

总之，萌生于商周时期的家国情怀，建立在人的自然情感基础之上，从父慈子孝、兄友弟恭等到心怀天下、报效国家，把以血缘关系为纽带的天然亲情推己及人并由家及国，拓展和上升为关心社会、积极济世的责任意识和伦理要求，有力促进了个人、家庭与社会、国家的正向互动和良性发展。家国情怀作为中华优秀传统文化的重要精华，高扬对家庭和国家共同体的认同关心、维护热爱和奉献担当精神，数千年来如春风化雨，浸润和滋养中华儿女的情感与心灵，激励无数杰出人物创造可歌可泣的丰功伟业，对中国人的文化心理和民族精神产生了巨大而深刻的影响。

二、君子人格是承载和张扬家国情怀的主体

家国情怀作为一种思想情感和价值取向，必然有其承载、践行和张扬的主体。尽管各类人群都可能或多或少、这样那样地与家国情怀相联系，但总体看来，早期家国情怀更多地体现和彰显在先秦时期的"君子"身上。家国情怀的萌生与君子人格的确立，两者实际上可谓一个事物的两个方面：家国情怀的孕育和生长依赖具有君子品格的人格主体，而君子人格的充盈和完善则以家国情怀为重要内涵。家国情怀在古老中国的精神原野上破土而出及抽穗灌浆之时，正是先秦君子那遥远身影走出地平线而逐步迈向历史舞台中央之际。关于这一点，简略梳理君子概念内涵衍变及君子人格确立的过程，即可清楚了然。

"君子"一词最初泛指贵族，包括君王及臣僚，较少具有道德的意蕴。《尚书·周书·无逸》载周公谓："呜呼！君子所，其无逸。先知稼穑之艰难，乃逸，则知小人之依。"周公告诫成王说：君王居其位，就不该贪图安逸。如果他先知道了稼穑的艰辛，再去享受安逸的生活，则可以知晓底层百姓的疾苦。在这里，君子指君主、君王，是上层"无逸"之人，小人是下层"稼穑"之人。君子与小人这种社会阶层差异，是当时社会较为普遍的认识。如襄公九年晋国知武子曰："君子劳心，小人劳力，先王之制也。"[①] 君子主要做"劳心"之事，

---

① 《左传·襄公九年》。此语乃源自《国语·鲁语》"君子劳心，小人劳力，先王之训也"。

小人主要干"劳力"之事,这被认为天经地义。昭公六年,楚公子弃疾如晋,经过郑国时下令"禁刍牧采樵,不入田、不樵树、不采蓺、不抽屋、不强丐。誓曰:'有犯命者,君子废,小人降'"(《左传·昭公六年》)。此处再将"君子"、"小人"对举,君子明显指贵族官员,也并不包含道德的意义。

伴随历史从西周向春秋演进,"君子"一词不仅使用频率陡然增加,而且意义变得丰赡复杂。譬如,《诗经》就有183处提到"君子",主要指四类不同人群:(一)天子、君主、诸侯,如《小雅·巧言》和《大雅·旱麓》指周文王,《大雅·假乐》指成王,《卫风·淇奥》指卫武公,《小雅·采菽》指诸侯等共11篇;(二)贵族、官员、富人、主人,如《周南·关雎》、《王风·君子阳阳》、《魏风·伐檀》、《唐风·扬之水》、《秦风·终南》,《小雅·鹿鸣》、《小雅·鱼丽》、《大雅·桑柔》、《大雅·云汉》等共34篇;(三)情人、丈夫,如《周南·汝坟》、《召南·草虫》、《邶风·雄雉》、《王风·君子于役》、《秦风·东邻》,《小雅·菁菁者莪》等共14篇;(四)有才德的人,仅在《小雅》中有《节南山》、《巷伯》、《鼓钟》、《青蝇》共4篇。[①] 导致"君子"含义扩展变化的原因,一方面由于时代发展推动人们的认识不断深入细化,另一方面则在于《诗经》歌吟对象众多、对社会生活的反映面更加广阔。"君子"一词在《诗经》里,虽然多数情况下还是指具有贵族及上层身份的人,但有时也用来寄寓和表达对才德之士的崇敬与爱戴之情。由君王贵族而扩展为才德之士,"君子"一词的权位及政治身份的含义有所淡化模糊,情感和价值评价的成分有所增加提高,这就为"君子"一词担负更多文化道德内涵,预示和勾勒了可拓展、可开垦的蓝图与路径。

紧随《尚书》、《诗经》之后,进一步丰富"君子"概念意蕴并对其外延做出较大扩展者,当属《左传》。作为一部编年体史书,《左

---

① 池水涌、赵宗来:《孔子之前的"君子"内涵》,载《延边大学学报》(哲学社会科学版)1999年第1期。

传》载录东周前叶二百余年历史,其中"君子"一词出现一百八十多次,除一些表示贵族身份和不少借"君子曰"口吻发表对史事的评说外,多半用来传达某种社会人生理想,或用以称赞当时贤德之人。①

用"君子"概念表达某种人生理想和行为规范,这在《左传》中出现二十多次。桓公五年,郑庄公曰:"君子不欲多上人,况敢陵天子乎!"(《左传·桓公五年》)这是说,君子不愿凌驾于别人之上,岂能冒犯冲撞天子,意在说明君子乃尊礼守法之人。文公十五年,鲁国季文子曰:"君子之不虐幼贱,畏于天也。"(《左传·文公十五年》)这是说君子敬畏天道,从来不虐待幼小和贫贱之人,表明君子不欺凌弱小而善待众人。襄公二十五年,大叔文子曰:"君子之行,思其终也,思其复也"(《左传·襄公二十五年》),强调君子做事不仅要考虑到最终的结果,还要考虑以后重复做而无违碍,表明君子应循道而行,慎始而敬终。襄公三十一年,北宫文子曰:"故君子在位可畏,施舍可爱,进退可度,周旋可则,容止可观,作事可法,德行可象,声气可乐,动作有文,言语有章,以临其下,谓之有威仪也。"(《左传·襄公三十一年》)这也是用君子来阐发礼义道德和行为准则。至于昭公元年子产曰"侨闻之,君子有四时:朝以听政,昼以访问,夕以修令,夜以安身"(《左传·昭公元年》),则显然是借君子来申说谋事行政应遵循四时节律和规矩。

用"君子"称赞和评价当时贤明人物,在《左传》中有三十余处。僖公十五年,晋惠公为秦国所俘,晋臣对秦穆公叙述国内情况时说:"小人戚,谓之不免;君子恕,以为必归。"(《左传·僖公十五年》)此处"君子"明显指晋国有见解、识大体的贵族,与贵族中目光短浅的"小人"相区别。昭公元年,晋侯听郑国子产一番话后,称他为"博物君子"(《左传·昭公元年》)。昭公八年,叔向称赞师旷"君子之言,信而有征,故怨远于其身"(《左传·昭公八年》)。襄公

---

① 参见过常宝《原史文化及文献研究》(修订本),中国社会科学出版社2016年版,第201页。

二十九年,季札到卫国,对卫国蘧伯玉、史狗、史䲡、公子荆、公叔发等臣僚的才干和修养颇为欣赏,便说"卫多君子,未有患也"①。如此等等,"君子"基本都是对有见识、有才干、讲礼仪之人的一种称呼。虽然这些称呼几乎都是针对特定人或特定人群的具体评价,却明显关乎礼仪修养等内容,寓含一定的情感态度和道德倾向,带有对类似的人品和修养赞赏、宣扬、提倡的意味。

如果说,有关商周时期的文献如《尚书》、《诗经》、《左传》、《国语》等,对"君子"概念的使用及内涵界定,多半用以指代君王、贵族、臣僚之类的人物,那么,成书于春秋末期的《论语》则超越王侯贵族等"有位者"的意脉,赋予"君子"一词更多"有德者"的内蕴,淬炼和锻造出儒家君子人格的基本品格与大体形貌。这就是说,"君子"一词从表示身份地位的概念到逐渐获得道德品质的丰厚内涵,尽管并非始于孔子,其间有一个漫长的发酵酝酿的过程,但这个过程却完成或者说集成于孔子之手。《论语》原文不到一万六千字,有一百零七处使用"君子"一词。在《论语》里,虽然有些地方仍然相沿成习地保留着标示身份地位的含义,如"君子之德风,小人之德草,草上之风,必偃"(《论语·颜渊》),此处"君子"与"小人"两个词就主要突出对"位"的区分,并且其所言之"德"也与"道德"之意颇有差异;但就整体而言,孔子及其弟子所主要关注和探寻的,无疑更多是对"君子"概念的内涵加以改造和充实,对王公贵族所具有或应有的道德优点择善而从,并推而广之,扩大为社会应普遍遵循的伦理规范和要求,以解决如何做人,即如何培育和塑造崇德守礼之人的根本问题。正如冯友兰所说,孔子一辈子思考的问题很广泛,其中最根本最突出的就是对如何"做人"的思考。②

---

① 《左传·襄公二十九年》。季武子到晋国,也曾以"朝多君子"评价晋国的赵孟、师旷、伯瑕、叔向等人(《左传·襄公三十年》)。
② 参见冯友兰《中国哲学史新编》第一册第四章论孔子部分,人民出版社1981年版,第124—172页。

这种思考和探讨的结果，就是把"君子"作为一种典范和模型，为解决如何做人乃至如何构建礼仪之邦的难题，树立起可供对照和看齐的人格坐标。《论语》所谈论的问题非常广泛，但要点实际上就是为商周延续和传承下来的君子形象重新铸魂塑形、强身健体，使其成为既可敬可佩又可学可做的做人标杆，为锤炼和打造中国人的民族性格与精神内核注入优良基因、培育品格气质。君子作为历代中华儿女广泛认同和推崇的人格范式，受孕和化育于中华文化初露晨曦的商周时代，却在儒家学派开山之作《论语》的胎盘中长成雏形并分娩于世，这是孔子对中华文化做出的怎么估价也不过分的杰出贡献。

这一贡献十分重要，以至可以用它来诠释、归纳、定义儒学的丰富内涵和标识特质。海外著名学者余英时认为："儒学具有修己和治人的两个方面，而这两方面又是无法截然分开的。但无论是修己还是治人，儒学都以'君子的理想'为其枢纽的观念：修己即所以成为'君子'；治人则必须先成为'君子'。从这一角度说，儒学事实上便是'君子之学'。"① 国内学者孔德立也指出："孔子认为，社会秩序的好坏取决于人们的文化教养程度。文化教养的表现就是内心之德与外在之行的统一，具有这种文化教养的人即为'文质彬彬'的君子。从这个意义来说，儒学是君子之学。儒学的社会价值就是先培育尽可能多的君子，再通过君子的言行与修为引领社会风尚。"② 20世纪初，担任北京大学教授的辜鸿铭还断言："孔子全部的哲学体系和道德教诲可以归纳为一句，即'君子之道'。"③ 这些关于儒学事实上就是"君子之学"或"君子之道"的观点，既是从内涵实质上对儒家学说

---

① 余英时：《儒家"君子"的理想》，见《中国思想传统的现代诠释》，江苏人民出版社1989年版，第160页。
② 孔德立：《儒学是君子之学》，载2015年2月2日《光明日报》。
③ 辜鸿铭：《中国人的精神》，黄兴涛、宋小庆译，海南出版社1996年版，第50页。

思想所做的颇有价值的概括和归纳,① 也是对孔子所改造和翻新的君子形象及其人格特征的高度肯定和推崇。

三、家国情怀是培育和建构君子人格的重要内涵

孔子对自己精心设计和翻新的君子形象十分钟爱,对其与社会各色人等的相对距离和高度等,曾颇费匠心地从不同角度进行测量和定位。一方面,他反复说"君子喻于义,小人喻于利"(《论语·里仁》),"君子坦荡荡,小人长戚戚"(《论语·述而》),"君子和而不同,小人同而不和"(《论语·子路》),"君子求诸己,小人求诸人"(《论语·卫灵公》),等等,在多视角多层次的对照比较中,确立君子的内在情操和外在形貌,划定君子与小人的楚河汉界。另一方面,他对弟子称他为"圣人"颇为不满,表示"若圣与仁,则吾岂敢",并强调"圣人,吾不得而见之矣;得见君子者,斯可矣"(《论语·述而》)。这又表明孔子心目中的君子,远非难以寻觅、难以企及的圣人,而是理想又现实、尊贵又亲切、高尚又平凡的人格形象,是可以引导大家力学笃行、行稳致远,乃至行成功满的人生航标和灯塔。

《论语》对"君子"的内涵,大到怎样安邦治国,小至如何待人接物,都从不同方面做了简明扼要却又周详细致的解说,涉及人生理想、生活态度、尊礼崇道、砺学修身、气节风骨、慎独操守、进退出处、怡情养性等众多领域。这是写一部乃至几部大书的内容,本文当然无法广涉博猎,只能围绕和紧扣主题,对君子的家国情怀略做梳理和叙述。

关于君子的家国情怀,《论语》里较为直接、明确的表述,就是孔子与子路的一段对诂:

---

① 笔者曾对这一问题做过探讨,参见拙文《君子文化在传统文化中的地位和影响》,载《学术界》2017 年第 1 期。

>子路问君子。子曰:"修己以敬。"曰:"如斯而已乎?"曰:"修己以安人。"曰:"如斯而已乎?"曰:"修己以安百姓。修己以安百姓,尧、舜其犹病诸!"(《论语·宪问》)

子路一再追问如何成为君子,孔子给出的回答是"修己以敬"、"修己以安人"、"修己以安百姓"。这层层推进和扩展的答案告诉我们:要想成为君子,绝非只是提高自身修养,以严肃恭敬的态度做好自身的事即可大功告成,而是要通过自己的努力和作为,不仅使家族及周边的人安居乐业,还要给天下百姓带来安宁和快乐。由此可见,家国情怀绝不是君子可有可无的点缀或附属物,而是不可或缺的必备素质。孔子屡次申说"君子谋道不谋食"、"君子忧道不忧贫"(《论语·卫灵公》),"君子学以致其道"(《论语·子张》),"士不可以不弘毅,任重而道远"(《论语·泰伯》),等等,都是强调君子要有超越小我,心怀天下的责任担当和建构。这与《大学》所言"修身、齐家、治国、平天下"的人生追求一样,都是对君子家国情怀的精到阐释。孔子还说:"君子之于天下也,无适也,无莫也,义之与比。"(《论语·里仁》)君子面对天下之事,该做什么、不该做什么,并无其他标准,关键看"义之与比"。而判断一件事是否符合"道义",家国情怀之浓淡有无,无疑是不可或缺的重要参照系。

孔子不仅坐而论道,而且躬行实践。他生逢礼崩乐坏的乱世,很想以自己的一套济世方略来匡救时弊,从55岁到68岁整整14年,席不暇暖,周游列国,陈说政见,却四处碰壁。他面对长沮、桀溺"滔滔者天下皆是也,而谁以易之"的讽刺,怅然回应道:"鸟兽不可与同群,吾非斯人之徒与而谁与?天下有道,丘不与易也。"(《论语·微子》)透过这融理于情的深沉喟叹之声,一个饱含家国情怀,勇于承担,志在救世的君子形象跃然眼前。儒家为什么不赞成出世隐逸,鼓励入世作为,认为"君子之仕也,行其义也"(《论语·微子》)乃重要原因。孔子屡遭挫折,也一度想遁迹江湖:"子欲居九夷。或曰:

'陋，如之何？'子曰：'君子居之，何陋之有！'"（《论语·子罕》）孔子想到未开化的九夷去居住，有人问："那里太落后怎么办？"他回答得很干脆："君子去住，还会落后吗！"孟子曾对此解读说："夫君子所过者化，所存者神，上下与天地同流，岂曰小补之哉？"（《孟子·尽心上》）这是说君子无论居住何处，都能成风化人，发挥感染与教化作用，改变当地愚昧落后的风俗及面貌，其积极救世的精神和作用令人敬仰。

孔子虽胸怀济世之志，但遍访明主而不得，晚年回到鲁国，专心整理典籍，致力于教育。他修订《诗》、《书》、《礼》、《易》等古代文献，把鲁国史官所作《春秋》加以重新编修，以一个士子的独特方式弘道济世。孟子对此曾评价道："世衰道微，邪说暴行有作，臣弑其君者有之，子弑其父者有之。孔子惧，作《春秋》。《春秋》，天子之事也；是故孔子曰：'知我者，其惟《春秋》乎！罪我者，其惟《春秋》乎！'……昔者禹抑洪水，而天下平；周公兼夷狄、驱猛兽，而百姓宁；孔子成《春秋》，而乱臣贼子惧。"（《孟子·滕文公下》）孟子认为孔子删定《春秋》意义非凡，作用与大禹治理洪水、周公兼并夷狄一样，是在"世衰道微，邪说暴行有作"岁月救偏补弊，诊治世道人心的丰功伟业。孔子孜孜以求编撰《春秋》，寓褒贬于叙事之中，以"春秋笔法"裁决天下，为天下端正礼义秩序和价值标准订立一定之规，其意义不仅超越整理典籍和编修历史本身，更凸显了"君子动而世为天下道，行而世为天下法，言而世为天下则"（《礼记·中庸》）的家国情怀。

人非圣人，孰能无过？孔子对人的评价，注重细节，更看重大节，是否具有家国情怀、是否有益于国家民族的发展，是他臧否人物首先考虑的问题。《论语》里有三段对管子的不同议论：

> 子曰："管仲之器小哉！"或曰："管仲俭乎？"曰："管氏有三归，官事不摄，焉得俭？""然则管仲知礼乎？"曰："邦君树塞

门,管氏亦树塞门;邦君为两君之好,有反坫,管氏亦有反坫。管氏而知礼,孰不知礼?"(《论语·八佾》)

子路曰:"桓公杀公子纠,召忽死之,管仲不死。"曰:"未仁乎?"子曰:"桓公九合诸侯,不以兵车,管仲之力也。如其仁!如其仁!"(《论语·宪问》)

子贡曰:"管仲非仁者与?桓公杀公子纠,不能死,又相之。"子曰:"管仲相桓公,霸诸侯,一匡天下,民到于今受其赐。微管仲,吾其被发左衽矣。岂若匹夫匹妇之为谅也,自经于沟渎而莫之知也。"(《论语·宪问》)

孔子一方面批评管子器量小、不节俭、不知礼,一方面又盛赞他"仁"。如何看待这一矛盾?孔子从不轻易以"仁"许人,除说过颜回"三月不违仁"之外,未尝肯定他的任何弟子真正做到了仁,可见在他眼里"仁"是一个很高的做人标准。尽管孔子认为管仲有很多毛病,也承认子路、子贡质疑管仲背叛公子纠是对君不忠,为什么仍然接连称赞他:"如其仁!如其仁!"究其原因,乃在于"管仲相桓公,霸诸侯,一匡天下,民到于今受其赐"。管子辅佐齐桓公成就一代霸业,并非凭借战争,没有以牺牲人民生命为代价,并且维护了国家统一,匡正了天下秩序,避免了礼乐文化的衰落,人民至今感念他的好处。这突出表明,孔子评衡人物之高下,虽然往往也注重小处、小节,但准星和标准却定在大义、大节上,其着眼点和落脚点常常更多是国家利益、民众福祉。

进而言之,孔子儒学的核心概念"仁"与"礼",虽然必须依靠"克己"、"自省"的修养功夫来获得,即所谓"为仁由己","君子求诸己","吾日三省吾身","见贤思齐焉,见不贤而内自省也",等等;但为仁和守礼的宗旨却并非只是自身的完善,其目的还是"修己以安百姓""博施于民而能济众",所以孔子强调:"夫仁者,己欲立而立人,己欲达而达人。"(《论语·雍也》)就此而言,仁与礼既是做人、成人、立人的君子修身之道,也是齐家、治国、平天下的通达之途。孔子说:"《书》云:'孝乎惟孝,友于兄弟,施于有政。'是亦为政,奚其为为政?"(《论语·为政》)依孝而推展到家、国、天下,这既是家国情怀的表现,也是为政之要津。孔子对治国安邦的看法,或者说他对政治的理解,就是"政者,正也。子帅以正,孰敢不正?"因为"子欲善而民善矣"!(《论语·颜渊》)从这里,我们看到的仍然是以氏族血缘关系为基础的家国同构社会历史现实,对意识形态及国家治理模式构想的影响。孔子为什么一再说"孝"是政治的根本,正因为孝悌或者说伦常在很大程度上就是政治伦理,起码是政治深层结构中不可忽视的关键环节。

如果说,由孔子悉心雕塑的君子人格以自强不息、厚德载物为核心内涵,在数千年历史发展中已成为中华民族千锤百炼的人格基因或曰集体人格,那么,家国情怀作为我们祖先探索家与国的关系、建立必要社会秩序的思想文化成果,则在中华文明跨越艰难险阻跋涉向前的漫长征途上,一直是催人奋进担当的美好情愫和宝贵精神。当代中国社会,虽然家与国的形态及关系与悠远的古代相比已有沧海桑田之变,但家是最小的国、国是千万个家的基本结构仍然存在;以家庭血缘关系为基点、以国家利益为中心的家国情怀,也在中华民族伟大复兴旗帜的感召下,焕发出勃勃生机和强大生命力。站在新的历史方位上,面对前所未有的广泛而深刻的社会变革,让以君子人格为主干的君子文化,包括对家庭和国家认同与热爱的家国情怀,在新时代中国特色社会主义建设发展中发挥更大的作用、谱写新的历史华章,乃是时代赋予我们的使命与责任。

2019 年 8 月 8 日初稿,2020 年 3 月 24 日定稿于书香苑

(原刊《江淮论坛》2020 年第 2 期。)

从中国传统树人体系看君子人格的普遍价值

中国传统哲学以至整个传统文化的重点,是探讨人生观和价值观问题。① 人生观和价值观的核心是如何立德树人,即理想人格的培育和塑造。中华民族在数千年历史演进过程中,历来重视立德树人,构建形成了自己的理想人格体系,其中尤以君子人格受到普遍推崇,成为历代中华儿女立身行事学习效法的人格标杆。中国传统的树人体系,特别是君子人格的形成与发展,不仅是一种积淀丰厚、影响深广的历史文化现象,更凸显了中华优秀传统文化的价值取向和精神追求,对我们今天培育时代新人、塑造完善人格具有可贵的启示意义。

一、取法乎上:中国传统树人体系的建构

中国传统"树人"思想,早在先秦诸子著述中已屡见不鲜,其中管子的论述尤为简洁鲜明。《管子·权修》云:"一年之计,莫如树谷;十年之计,莫如树木;终身之计,莫如树人。一树一获者,谷也;一树十获者,木也;一树百获者,人也。我苟种之,如神用之,举事如神,唯王之门。"管子提出的"树人"理念,充分说明人才的

---

① 参见方立天《中华文化的核心与国民素质的提高》,见钱穆等著《中国高层讲座》,第一辑,新世界出版社 2006 年版,第 43—45 页。

重要，表明"为天下致利除害"必须任用贤才，"争天下者，必先争人"（《管子·霸言》）；同时也提醒我们，培养人才十分不易，应为计长远，久久为功。《墨子·尚贤》曰："今者王公大人为政于国家者，皆欲国家之富，人民之众，刑政之治，然而不得富而得贫，不得众而得寡，不得治而得乱，则是本失其所欲，得其所恶。是其故何也？""是在王公大人为政于国家者，不能以尚贤事能为政也。"这也说明，为政之要务，在于树人、得人，在于延揽人才，"国有贤良之士众，则国家之治厚；贤良之士寡，则国家之治薄"（《墨子·尚贤》）。

中国古代早期的树人实践，或者说中国传统的理想人格塑造，一直可追溯到上古的尧舜时代。《尚书·尧典》开篇就对帝尧这位"道德圣王"做了近乎完美的描绘："曰若稽古，帝尧，曰放勋。钦明文思安安，允恭克让，光被四表，格于上下。克明俊德，以亲九族。九族既睦，平章百姓。百姓昭明，协和万邦。"① 这是说尧帝处事谨慎，明察是非，温文尔雅，思虑通达，对人谦和恭谨，能够选贤任能，其善行光照天地，闻名四方。他德才兼备，敦睦九族，安顺百姓，能够协和万邦。如此赞誉是否言过其实，是否带有一定程度理想化的夸饰成分，当然可以存疑，但在先秦历史文献里，对尧舜等上古帝王的褒扬之词可谓不胜枚举。

《国语·郑语》载史伯曰：

> 夫成天地之大功者，其子孙未尝不章，虞、夏、商、周是也。虞幕能听协风，以成乐物生者也。夏禹能单平水土，以品处庶类者也。商契能和合五教，以保于百姓者也。周弃能播殖百谷蔬，以衣食民人者也。

从这段话可以明显看出，虞、夏、商、周的朝代兴替，实际上与

---

① 方孝岳：《尚书今语》，古籍出版社1958年版，第1—3页。

主政者的德行功业密切相关，史伯对圣贤之人的推崇之意溢于言表。孔子也多次称赞周公，说他"为政以德，譬如北辰，居其所而众星共之"（《论语·为政》），强调"吾从周"（《论语·八佾》）、"梦见周公"（《论语·述而》）等等，都是其推重周公之道的明证。至春秋末期，先秦史官及诸子对上古帝王多半予以不同程度的理想化，常常称之为"大人"、"圣人"，形成尧、舜、禹、汤、文、武、周公等系列形象。

孔子的弟子对老师非常敬仰，说孔子也是难以超越的圣人。宰我曰："以予观于夫子，贤于尧舜远矣。"（《孟子·公孙丑上》）子贡更是将孔子比喻为无法企及的日月："他人之贤者，丘陵也，犹可逾也；仲尼，日月也，无得而逾焉。"（《论语·子张》）孟子也将孔子与尧、舜、禹、商汤、周文王相提并论说："由尧舜至于汤，五百有余岁；若禹、皋陶，则见而知之；若汤，则闻而知之。由汤至于文王，五百有余岁，若伊尹、莱朱，则见而知之；若文王，则闻而知之。由文王至于孔子，五百有余岁，若太公望、散宜生，则见而知之；若孔子，则闻而知之。由孔子而来至于今，百有余岁，去圣人之世若此其未远也，近圣人之居若此其甚也。"（《孟子·尽心下》）孟子不仅把孔子与上古帝王等量齐观，称之为"圣人"，还将他与伯夷、伊尹、柳下惠等隐逸贤达比较说："伯夷，圣之清者也；伊尹，圣之任者也；柳下惠，圣之和者也；孔子，圣之时者也。孔子之谓集大成。集大成也者，金声而玉振之也。"（《孟子·万章下》）这里既肯定孔子是圣人中能够顺应时变的俊杰（"圣之时者也"），又标举他是汇聚诸多圣贤美好品格于一身的"集大成者"①，对中国传统人格的构建产生深广影响。由此，古代圣贤形象序列于尧、舜、禹、汤、文、武、周公之

---

① 孟子还引用孔子弟子的话论证自己"集大成"的观点："子贡曰：'见其礼而知其政，闻其乐而知其德，由百世之后，等百世之王，莫之能违也。自生民以来，未有夫子也。'有若曰：'岂惟民哉？麒麟之于走兽，凤凰之于飞鸟，泰山之于丘垤，河海之于行潦，类也。圣人之于民，亦类也。出于其类，拔乎其萃。自生民以来，未有盛于孔子也。'"（《孟子·公孙丑上》）

后，孔子接踵跻身其中。随着汉代赵岐把孟子奉为"亚圣"，以及唐代韩愈认定孟轲才是孔学衣钵的正宗嫡传，并将他与孔子并称为"孔孟"①，古代圣贤形象的队伍也在时代延伸中逐步扩充延长。

中国古代对传统理想人格的塑造，凸显出取法乎上、追求至高至善的理想色彩。为什么如此？原因乃在于中国人的人生修为和精神追求，不像西方人依赖基督教"耶稣"的启示，而是更多以"出于其类，拔乎其萃"的理想人格代表为引领和榜样。② 从西周时代起，中国人就呈现宗教意识淡薄，"重人轻神"的特点。孔子对殷周时期的天命鬼神观念虽然基本信从，没有直接否定，却将其束之高阁，不予探究。

　　子不语怪、力、乱、神。（《论语·述而》）

　　樊迟问知。子曰："务民之义，敬鬼神而远之，可谓知矣。"（《论语·雍也》）

　　季路问事鬼神。子曰："未能事人，焉能事鬼？"曰："敢问死。"曰："未知生，焉知死？"（《论语·先进》）

孔子对鬼神是否存在以及人死后的冥冥世界，皆无意关注和深究，如庄子所言："六合之外，圣人存而不论。"（《庄子·齐物论》）孔子所关心和谈论的主要是对现实人世间事务的思考，即"子所雅言，《诗》、《书》、执礼，皆雅言也"（《论语·述而》）。朱熹注曰：

---

① 韩愈《原道》云："尧以是传之舜，舜以是传之禹，禹以是传之汤，汤以是传之文武周公，文武周公传之孔子，孔子传之孟轲，轲之死，不得其传焉。"见《韩昌黎文集校注》（上），马其昶校注、马茂元整理，上海古籍出版社2014年版，第20页。

② 所以孔子说："君子有三畏：畏天命，畏大人，畏圣人之言。"（《论语·季氏》）

"雅,常也。执,守也。诗以理情性,书以道政事,礼以谨节文,皆切于日用之实,故常言之。"中国文化这种不脱离伦常日用来探寻社会治理方案的本质特征和逻辑理路,自然且必然地走向树立至高至善的理想人格,以使"为政者"或"为民者"皆前有目标,学有榜样。这既是社会发展"顺人伦、明教化"的需要,也是中国历史上不乏"捧圣"、"造神"现象的原因所在。

春秋战国时期兴起的百家争鸣,诞生了奠定中华文化根基和框架的先秦诸子学术。诸子之学,虽有司马谈"六家"之说(《史记·太史公自序》),亦有刘歆、班固的"十家九流"之议(《汉书·艺文志》),实则较有影响者不过儒、道、墨三家。西汉末东汉初,印度佛教传入中国并逐步融入中华文化传统,我们于儒家、道家、墨家之外又有了释家(佛教)。从高标高举、取法乎上的人生境界看,儒者崇"圣",道者求"仙",释者敬"佛",墨者尚"侠"。不过,这些理想人格是儒、道、释、墨各自追求的最高人生目标和人生境界,虽可以高山仰止,却难以景行行止,不免让人感慨仰之弥高、可望而不可即。

古代先贤的传统人格建构,当然清晰看到这一点,如孔子就曾发出"圣人,吾不得而见之矣"的喟叹(《论语·述而》)。中华文化向来具有重人伦、重实用的特点,其传统人格构建也非常注重从现实人格到理想人格的梯度层次关系。在中国古代社会里,具有一定数量的"士"的阶层,是现实正面人格中最可能向理想人格攀升的群体。只是,儒家心目中的"士",是学以立志、知耻有为的"贤士";道家心目中的"士",是返璞归真、逍遥自在的"隐士";墨家心目中的"士",是义无反顾、舍生取义的"义士";魏晋以后逐步形成和壮大的释家,其心目中的"士",是心存善念、一心向佛的"居士"。从社会大体流向分野看,儒者入世,走向中心,成为积极有为的士大夫;道者出世,走向山林,成为潇洒无羁的方外隐逸之人;墨者向下,走向民间,成为"路见不平一声吼"的仗义侠士;释家作为融入中国文化的外来宗教，潜入人间世，其成员化身为慈悲为怀、普度众生的佛陀、菩萨。

当然，这只是十分粗略的倾向性描述，不同类型的人格形态并非孤立绝缘，其间互有借鉴和交叉乃家常便饭，即便同一类型的人格形态也是各色人等，异彩纷呈。那么，诸家人格形态在中国社会历史发展过程中各有什么境遇、各自命运如何呢？

二、效行相宜：君子人格的广受推崇

诸家人格形态的消长沉浮及演化嬗变，既与各自相对独立的人格内涵和追求愿景相关，更与中国特定的历史发展过程和社会需求紧密相连。春秋战国勃兴诸子百家之学，秦王朝大一统帝国崛起奉行极端化的法家学说，汉代初期为纠偏而盛行因循自然无为的道家黄老之学，直到雄才大略的汉武帝刘彻登上皇位后，开始重视和倡导董仲舒提出的积极济世、维护等级秩序、德治与法治并重的儒家学说。这一治国理政指导思想的调整和重建，导致中国社会思想和文化演替发生了删繁就简、摈弃异说、推陈出新、以一揽总的重大变革，即"罢黜百家，独尊儒术"。

由此，儒家学说成为绵延数千年的中国封建社会的"官学"，成为博大精深的中华传统文化的主干和"显学"。伴随儒学成为历代统治者推行的社会主导思想，成为中华民族的集体文化心理结构，儒家所塑造的人格形象也受到越来越广泛的认同和肯定。儒家对传统人格的构建，明显看到理想人格的培育和塑造要具有现实可行性这一至关重要的问题，设计安排了一个等差有别的传统人格序列：最高境界是尽善尽美、至高无上的"圣人"，次为执着行善、德高望重的"贤人"，又次为德才兼备、修己安人的"君子"，再次为学以立志、知耻有为的"士"，等而下之者为"小人"。在《论语》里，"圣人"及"圣"字出现 8 次，"贤人"及其意义上的"贤"字出现 20 次，"君子"出现107次,"士"出现15次,"小人"出现24次。① 从用词的频率看,《论语》所谈论的重点人格形态显然是"君子"。

值得注意的是,"贤人"与"君子"相近而略高于"君子",在《论语》中虽然多指富有道德和才能的人,但有时也专指乱世中避世的隐士。弟子子贡曾问:"伯夷、叔齐何人也?"孔子明确回答:"古之贤人也。"(《论语·述而》)孔子还夸赞伯夷、叔齐这些避世逸民"不降其志,不辱其身"(《论语·微子》),说"贤者辟(避)世,其次辟地,其次辟色,其次辟言"(《论语·宪问》)。这种以"贤人"指称避世隐士,与其"邦有道,则仕;邦无道,则可卷而怀之"(《论语·卫灵公》)的思想是一致的。热心济世的孔子,虽然理解和认可隐者"天下有道则见,无道则隐"(《论语·泰伯》)的避世态度,却并不赞成他们消极逃世的做法。他曾在听罢长沮、桀溺的避世高论后慨叹"天下有道,丘不与易也"(《论语·微子》),表明其不愿像隐者那样逍遥于山林,而要为治理天下尽心竭力。由于孔子的基本旨趣是反对逃世的,因而他所推重的效行相宜的人格形象主要不是"贤人",而是"君子"。那么,在儒家等差有别的人格序列中,孔子如何确定和把握君子人格的特质呢?

"君子"概念早在西周时期已经频繁使用。孔子突破殷周典籍中的"君子"多专指君王、执政者或贵族的旧义,在"有位者"内涵的基础上,赋予君子更多"有德者"的新义。在《论语》里,孔子及其弟子对王公贵族所具有和应有的道德优点择善而从,汲取便于师法和遵循的内容推而广之,将其扩大为社会应普遍倡导和推广的伦理规范与要求,以解决如何做人,即如何培育和塑造崇德守礼之人的根本问题。为了使君子形象更加清晰地呈现于世人面前,孔子睿智地在《论语》里采取比较排除法,主要从两个方面对君子人格做了辨析和界定。一方面,他反复说:

---

① 参见杨伯峻《论语译注》"论语词典"部分,中华书局1980年版,第213—316页。

君子喻于义，小人喻于利。（《论语·里仁》）

　　君子坦荡荡，小人长戚戚。（《论语·述而》）

　　君子求诸己，小人求诸人。（《论语·卫灵公》）

　　君子成人之美，不成人之恶。小人反是。（《论语·颜渊》）

　　君子和而不同，小人同而不和。（《论语·子路》）

　　君子泰而不骄，小人骄而不泰。（《论语·子路》）

　　在多视角多层次的对照比较中，孔子不仅为我们划定君子与小人的楚河汉界，确立君子人格的内在情操和外在形貌，同时也不言自明地申述了君子人格的意义和价值，以及培育君子人格的必要性和重要性。

　　另一方面，孔子又在君子与圣人之间划出界线并拉开距离。他对弟子称他为"圣人"颇为不满，表示"若圣与仁，则吾岂敢"；他还强调说："圣人，吾不得而见之矣；得见君子者，斯可矣。"（《论语·述而》）在孔子心目中，圣人是难以寻觅、难以企及、高不可攀的至善典范，而君子则是可望可及、经过努力可以实现和达到的人格境界，是理想又现实、尊贵又亲切、高尚又平凡的人格形象。①

孔子精心塑造的君子人格，伴随《论语》的问世而流布四方，大有登高一呼、八方响应的效应。儒家学派的后继者如孟子、荀子等，对君子人格竭力张扬申说自不待言，与儒家学派颇多歧见的墨家学派和法家学派，虽然在某些方面不满儒家学说，但对君子人格却津津乐道。如墨子说："君子之道也，贫则见廉，富则见义，生则见爱，死则见哀。四行者，不可虚假，反之身者也。"（《墨子·修身》）"君子不镜于水，而镜于人。镜于水，见面之容；镜于人，则知吉与凶。"（《墨子·非攻》）韩非子说："君子不蔽人之美，不言人之恶。"（《韩非子·内储说上》）"礼为情貌者也，文为质饰者也。夫君子取情而去貌，好质而恶饰。"（《韩非子·解老》）如此等等，无不表明他们对君子人格的高度肯定。

道家学派对宇宙演化、社会更迭、人伦秩序及其相互关系等，均有自己独到的理解和认识，诸多思想观念与儒家学派彼此矛盾甚至截然对立，但在认同和赞赏君子人格这一点上，两者却颇为一致。老子说：

> 重为轻根，静为躁君。是以君子终日行不离辎重；虽有荣观，燕处超然。奈何万乘之主，而以身轻天下？轻则失本，躁则失君。②

---

① 对此，笔者曾撰写多篇文章进行探讨。参见拙文《君子文化与社会主义核心价值观》，载 2014 年 6 月 13 日《光明日报》，又见《新华文摘》2014 年第 19 期；《君子：中华民族千锤百炼的人格基因》，载《群言》2016 年第 2 期；《开垦君子文化沃土，收获精神文明硕果》，载 2016 年 4 月 11 日《光明日报》；《君子文化在传统文化中的地位和影响》，载《学术界》2017 年第 1 期；《君子文化的传统魅力与当代张力》，载 2018 年 4 月 3 日《光明日报》；《君子文化浸润中国人的日常生活》，载 2018 年 11 月 20 日《光明日报》，又见《学习活页文选》2018 年第 53 期；《家国情怀的萌生与君子人格的确立》，载《江淮论坛》2020 年第 2 期。
② 《道德经·二十六章》。王弼本"君子"作"圣人"，此处依帛书本。

在老子看来，重是轻的根基，静是动的主宰。所以君子四处行走也不离装载日常用品物资的车辆，即便有荣华富贵享受，也能看穿诱惑，超然处之。君子的境界不仅超越庸碌、轻浮的小人，而且比那些以躁动、率意方式治国的"万乘之主"也远胜一筹。庄子对君子人格也赞赏有加，他说："君子之交淡如水，小人之交甘若醴，君子淡以亲，小人甘以绝"（《庄子·山木》）；他还说："天下尽殉也，彼其所殉仁义也，则俗谓之君子；其所殉货财也，则俗谓之小人"（《庄子·骈拇》）。凡此种种，无不表明道家学派对君子人格同样颇为认同和称许。

当然，若细加分辨，儒家与道家虽然共同推崇君子人格，但两者推崇的内涵却有不同的意蕴和旨趣。儒家树立的君子形象，是现实社会伦常关系中的有德之人，是内在德性与外在事功统一的人格样板；而道家标榜的君子形象，则多半是超越世俗生活、顺应自然之化的得道行道者，是奉行"无为而无不为"原则的"无为之治"的高手。儒、道的这种分别，并非否定或贬抑了君子人格的价值和意义，而是丰富和提升了君子人格的内涵及普遍适应性。如果说，在原典儒学里，"自强不息、厚德载物"是君子人格的核心内容，那么，经过道家思想的渗透和补充，君子人格于刚健有为、热心济世的意脉外，则增添了道家顺其自然、清净自守的要素。这种以儒为主，儒道互补，甚至兼容墨家、法家、佛家积极因素的衍化嬗变，使君子人格在传承、接受、流布、扩散的过程中，显现出更大的包容性和吸引力，成为中华民族广泛认同和推崇的可学、可做并应学、应做的人格榜样。

君子人格在中华文化的传统里、在中国民众的心目中，具有极高的共识度和影响力。这一点，民间流传大量有关君子的民谚俗语，足为明证。譬如，在义利气节方面，人们常常张口就说"君子爱财，取之有道"，"君子盼得天下富，小人发得一人财"，"君子不怕明算账，小人贪恋不义财"，"君子争礼，小人争利"，"义动君子，利动小人"，

"君子务本,小人逐末","君子重名节,小人重名号","知足称君子,贪婪是小人",等等。在诚实守信方面,人们经常说"君子一言,驷马难追","君子一言,快马一鞭","君子说话,如笔泼墨","君子坦荡荡,有话当面讲","明人不做暗事,君子不说假话","君子当面骂人,小人背地说话","有事但逢君子说,是非休听小人言","直率坦白真君子,笑里藏刀是歹人","君子不欺暗室","君子无戏言","君子耻其言而过其行",等等。有关君子的俗语民谚几乎遍及社会生活的各个方面,除了上述义利气节、诚实守信的内容以外,起码在仁义济世、处世交友、砺学修身、怡情养性、慎独操守等层面,相关俗语民谚同样繁花似锦,让人目不暇接。①

短小精练、意蕴深厚的民谚俗语,是中国人世代积累的人生经验和价值追求的结晶,是中华文化传统在民间沉淀和淘洗出的处世良言,常常被民众百姓看作不证自明的"道理",发挥着警策自己、说服他人、指导日常生活的独特作用。有关君子的民谚俗语在社会生活中俯拾皆是,充分说明君子人格家喻户晓、深入人心,广受推崇。

三、修己安人:君子人格的基本内涵

君子人格究竟需要具备哪些要素?或者说君子人格的具体内涵是什么?不同学者对此有不同概括和解答。余秋雨从君子怀德、君子之德风、君子成人之美、君子周而不比、君子坦荡荡、君子中庸、君子有礼、君子不器、君子知耻九个方面,勾画了君子的内在素质和外在形貌。② 牟钟鉴从仁义、涵养、操守、容量、坦诚、担当六个方面,

---

① 笔者搜集此类民谚俗语多达近百句,涉及做人做事的方方面面。参见钱念孙等选著《君子格言选释》附录"君子俗语"部分,黄山书社2016年版。另见拙文《君子文化浸润中国人的日常生活》,载2018年11月20日《光明日报》。

② 参见余秋雨《君子之道》,北京联合出版公司2014年版,第14—45页。

对君子人格的定义及由来做出自己的阐释。① 还有的学者从忠恕、宽厚、仁德、情义、谦逊、诚信、中和、亲民八个方面，描绘君子人格的特质和气象。② 其实，中国古代典籍里关于君子的论述不计其数，历代仁人志士崇尚和践行君子人格的佳话趣闻也车载斗量，我们很容易从某些方面攫取某些要点形成对君子人格内涵的归纳和总结。这类提要性的梳理和概述，对于了解和掌握君子人格的丰富蕴涵，无疑十分有意义、有价值，但有时也会有巨细难究、举不胜举的遗珠之憾，以及因观察视角和层面的不同导致所见内涵并不一致的参差之异。这里，我们尝试在总体把握上对君子人格的整体形貌做一个轮廓性速写，作为上述学者对君子人格要点概括和重点刻画的背景与衬托，以供参照互补，深化认识。

从总体把握看，君子人格的内涵可以简单概括为"修己安人"四字。此语源自孔子与子路的一段对话：

> 子路问君子。子曰："修己以敬。"曰："如斯而已乎？"曰："修己以安人。"曰："如斯而已乎？"曰："修己以安百姓。修己以安百姓，尧、舜其犹病诸！"（《论语·宪问》）

子路求教怎样成为君子，孔子给出的回答是"修己以敬"、"修己以安人"、"修己以安百姓"。这层层递进的答案实际就两个关键词，表达两层意思：一是"修己"，一是"安人"。此处的"安百姓"其实也是"安人"，不过扩大"安人"的范围罢了。这也告诫我们，要想成为君子，绝非只是提高自身修养，以严肃恭敬的态度独善其身即大功告成，而是要通过自己的努力和作为，不仅使家族及周边的人安居乐业，还要给天下百姓带来安宁和快乐。

---

① 参见牟钟鉴《君子人格六讲》，中华书局 2020 年版。
② 参见涂可国《儒家君子理想人格的八大社会气象解读》，见《立德树人与君子文化——第六届君子文化论坛论文集》（2020 年），第 100—108 页。

儒家学术乃至整个中国传统文化，主要包括人的内在伦理修养论和外在治世政治论两个紧密联系的组成部分。前者强调不断地"反求诸己"，严于修身，即人们常说的"内圣"之学；后者则突出"推己及人"，匡救天下，即后世所说的"外王"之学。正如余英时《儒家"君子"的理想》所言："儒学有此'内转'和'外推'两重过程，这也是后世所说的'内圣外王'之道。简单地说，这是以自我为中心而展开的一往一复的循环圈。一部中国儒学史大体即是在此循环圈中活动。"①

这种通过不断内省提升自我修养，使自身具有圣人之德，从而对外实施王者之政，使天下百姓安居乐业的人生导向和价值追求，孔学后人在《大学》里做了更为具体、明晰的阐述：

> 古之欲明明德于天下者，先治其国；欲治其国者，先齐其家；欲齐其家者，先修其身；欲修其身者，先正其心；欲正其心者，先诚其意；欲诚其意者，先致其知。致知在格物。物格而后知至，知至而后意诚，意诚而后心正，心正而后身修，身修而后家齐，家齐而后国治，国治而后天下平。自天子以至于庶人，壹是皆以修身为本。

这里提出的格物、致知、诚意、正心、修身、齐家、治国、平天下"八条目"，如果说前五项侧重以"修己"为核心的内圣之学，那么后三项则偏向以"治平"为重点的外王之学。在主要反映孔子思想的儒学原典《论语》里，"修己"与"治平"两个方面尚浑然统一并融合于一个体系之内，但在后续发展过程中，这两个方面则有所割裂和分离。孔子之后儒家学术分化，主要是孟轲、荀况两派。相对而言，孟子更多发展儒学原典中以"修己"为核心的内圣之学，而荀子

---

① 余英时：《儒家"君子"的理想》，见《中国思想传统的现代诠释》，江苏人民出版社1989年版，第167页。

则多半发展儒学原典中以"治平"为重点的外王之学。

孟子胸怀豪情，颇有治世雄心，曾高调宣称："如欲平治天下，当今之世，舍我其谁也！"（《孟子·公孙丑下》）他"平治天下"的方策，主要通过"正人心"、"施仁政"的办法来实现。他指出："仁义礼智，非由外铄我也，我固有之也，弗思耳矣。故曰'求则得之，舍则失之'。"（《孟子·告子上》）他认为实施"仁政"的关键，就是要把人内心固有的仁义礼智"四端"激发出来，由此便"足以保四海"（《孟子·公孙丑上》）。孟子这种以个人修养为出发点而达到治国平天下目标的治世方略，自然得出"人有恒言，皆曰'天下国家'。天下之本在国，国之本在家，家之本在身"（《孟子·离娄上》）的结论。孟子这种由内而外、由己而天下，"自天子以至于庶人，壹是皆以修身为本"的治世方略，既针对普通大众，更针对君王国主。他认为，实施仁政的要点，在于有仁人充任国君，因为"君仁，莫不仁；君义，莫不义；君正，莫不正。一正君而国定矣"（《孟子·离娄上》）。正因如此，孟子谈论"君子"时特别强调："君子所以异于人者，以其存心也。君子以仁存心，以礼存心。仁者爱人，有礼者敬人。爱人者，人恒爱之；敬人者，人恒敬之。"（《孟子·离娄下》）

与孟子侧重以"仁"为核心的内圣之学勾勒君子人格的形象不同，荀子则显然偏向以"礼"为重点的外王之学，即注重外在道德规范对君子人格的陶冶和塑造作用。这当然与他"人之性恶，其善者伪也"（《荀子·性恶》）的基本观点有关。荀子站在"性恶论"的立足点上，认为"人之生固小人，无师无法则唯利之见耳"。他指出："材性知能，君子小人一也。好荣恶辱，好利恶害，是君子小人之所同也；若其所以求之之道，则异矣。""尧禹者，非生而具者也，夫起于变故，成乎修为，待尽而后备者也。"（《荀子·荣辱》）在荀子看来，"人之生固小人"，因而"君子之与小人，其性一也"，之所以后来产生高下优劣的分野和变化，主要缘于学习和修为。《荀子·劝学》云：

学恶乎始？恶乎终？曰：其数则始乎诵经，终乎读《礼》；其义则始乎为士，终乎为圣人。真积力久则入，学至乎没而后止也。故学数有终，若其义则不可须臾舍也。为之，人也；舍之，禽兽也。故《书》者，政事之纪也；《诗》者，中声之所止也；《礼》者，法之大分，类之纲纪也。故学至乎《礼》而止矣。夫是之谓道德之极。

　　余英时认为："此段所言，即是荀子的'君子之学'。"① 因为"始乎为士，终乎为圣人"者，中间全是成为"君子"的阶段。王先谦《荀子集解》注"终乎为圣人"曰："荀书以士、君子、圣人为三等，修身、非相、儒效、哀公篇可证。故云始士终圣人。"由于"圣人"是难以企及的最高境界，荀子所谓"始乎为士，终乎为圣人"，实际上是指出如何成为"君子"的路径。所以他紧接着说："君子之学也，入乎耳，著乎心，布乎四体，形乎动静。端而言，蠕而动，一可以为法则。"② 荀子给出成为君子的通道是："始乎诵经，终乎读《礼》"，并说"学至乎《礼》而止矣。夫是之谓道德之极"，其对礼的重要性的突出和强调一目了然。当然，荀子虽看重隆礼崇法的一面，也并不排斥修身养性的作用，其《劝学》篇申述"君子博学而日参省乎己，则知明而行无过矣"，即是明证。

　　如果说，孟子和荀子的君子论分别从不同侧面发掘"修己"与"安人"、"内圣"与"外王"的义理，那么，《中庸》则综合两者的思想对君子人格做了诸多精彩描述。《中庸》作为《礼记》中的一篇成书甚晚，大抵为汉代辑佚修订而成，因而其中可以明显看出兼有孟、荀的影响。"故君子尊德性而道问学，致广大而尽精微，极高明而道中庸。温故而知新，敦厚以崇礼。是故居上不骄，为下不倍。国有

---

① 余英时：《儒家"君子"的理想》，见《中国思想传统的现代诠释》，江苏人民出版社1989年版，第172页。
② 梁启雄：《荀子简释》，中华书局1983年版，第8页。

道,其言足以兴;国无道,其默足以容。《诗》曰:'既明且哲,以保其身。'其此之谓与!"这是《中庸》探讨君子人格最具代表性的一段话,也是吸收孔、孟、荀诸家思想对君子人格做出的极富魅力的描述,在一定意义上不妨看作前期儒家对君子人格勾画的一个总体性轮廓。至于君子人格需要具备仁、义、礼、智、信及忠、孝、廉、悌等不可或缺的要素,自是不言自明之理,且学界多有阐述,此不复赘。

四、历久弥新:君子人格的时代价值

君子人格是中华民族千锤百炼的人格基因,是历代中华儿女"立己达人"① 共同的价值追求,是中华民族文化特点和精神标识的集中体现。与西方人执着企求"绝对理性"、"上帝天堂"这种外在的精神超越方式不同,中国人主要立足现实世界,在处理人间事务中追求人生的圆满和价值的实现,走的是一条人生内在自我超越之路。中国传统理想人格,即便是先秦诸子所追捧,乃至有些神化的尧、舜、禹等"圣人",也与古代神话中的女娲、后羿等人格神有着本质的区别,更不同于西方基督教所敬奉的耶稣,而是堪称"人伦之至"、"万世师表"的圣贤。信奉谋事在人、注重经世致用,是中华文化的一种基本倾向。由这种"入世文化"为主导精神而熔炼出的中国传统人生哲学,无意也不屑于构筑彼岸世界的"伊甸园"和"极乐净土",而是讲究和重视在此岸世界"立德、立功、立言",以达到人生"三不朽"的境界②。这种人生哲学和社会风尚的弘扬与普及,使中国得以避免全民族的宗教迷狂,以及极端化民族性格的产生,造就出一种非宗教的、以人伦纲常为中心的伟大文化传统。为什么儒学作为先秦诸子学

---

① 此语源自孔子名句:"夫仁者,己欲立而立人,己欲达而达人。"(《论语·雍也》)
② 《左传·襄公二十四年》:"太上有立德,其次有立功,其次有立言,虽久不废,此之谓不朽。"

说的一种，能够在历史的大浪淘沙中出类拔萃，成为中华传统文化的支柱和主流？为什么君子人格能够在道家隐士人格、墨家侠士人格、佛家悲悯人格等诸多人格模式中脱颖而出，成为中国人普遍崇尚和追求的人格形态？其深层奥秘即掩藏在中华文化积极入世的主导倾向里。

一个民族的人格形态或者说集体人格，既是民族文化精神的凝聚和绽放，又是体现时代变迁的文化符号。秦汉大一统帝国的建立，特别是汉武帝"罢黜百家，独尊儒术"后纲常名教盛行，儒家的君子人格被统治者奉为人格典范加以倡导，成为社会主流人格形态。魏晋以降，经历崇尚虚无、轻蔑礼法、淡泊宦途、雅逸率性的士族文化的涤荡，君子人格中儒家纲常名教伦理的成分，在"魏晋风度"的冲击和掺杂下有所暗淡与衰落。至隋唐新的大一统局面形成，尤其是中唐以后儒家道统的重振和复兴，包括宋明理学对儒学的阐扬发挥，王阳明心学对人生哲学的独到贡献，以及佛学对中华文化的有效渗透，君子人格在漫长历史征途中栉风沐雨，历练提升，内蕴变得更加精微丰富。其突出表现就是，伴随中国文化儒、道、释走向合流，君子人格作为中国人对标看齐的主导性人格，在以儒家思想观念为本的前提下，也在某种程度上认同并形成了"以儒治世、以道修身、以佛养心"的复合型人格形态。

五四新文化运动爆发，中国传统文化的厚土围垒和深宅大院，面对"打倒旧文化、提倡新文化"的狂涛巨澜，很快溃坝决堤，汪洋一片。陈独秀等在《新青年》上呼唤青年锻造现代人格，即"自主的而非奴隶的、进步的而非保守的、进取的而非退隐的、世界的而非锁国的、实利的而非虚文的、科学的而非想象的"[①] 新型人格，以及鲁迅批判和改造"国民性"，唤醒中国人在革故鼎新中，打破一个旧世界，建设一个新世界。这一追求给古老的中国带来翻天覆地的变化，中国共产党引导人民不仅建设一个自立于世界民族之林，并逐步走向繁荣

---

① 陈独秀：《新青年》创刊词《敬告青年》。

富强的新中国,而且在革命、建设、改革的历程中,创造了生机勃勃的革命文化和社会主义先进文化,中华儿女的人生理想追求也踏上培育和塑造现代人格之路。由于中国近百年来的社会发展,始终高扬救亡图存、民族复兴的时代主旋律,中国人的现代人格建构也增强了以爱国主义为核心的民族精神和忧患意识,增强了以改革创新为核心的时代特色和拼搏意志。

与此同时,经历中华人民共和国的成立、拨乱反正后的改革开放,以及全面建成小康社会等沧桑巨变,五四时期汹涌澎湃的反传统潮流,早已在岁月河道的疏浚和校正中悄然隐退。传统文化的庙宇殿堂虽经历史潮汐的冲击、淹没和浸泡,却并没有坍塌、破败和荒芜,而是以坚实的基础和巍峨的雄姿岿然屹立,在新时代阳光的照射下更显气象庄严,熠熠生辉。传统文化浑厚而悠扬的晨钟暮鼓,如朗朗弦歌,潺潺流水,滋润万众心田。正如习近平总书记所说:"中华文化源远流长,积淀着中华民族最深层的精神追求,代表着中华民族独特的精神标识,为中华民族生生不息、发展壮大提供了丰厚滋养。"他还指出:"培育和弘扬社会主义核心价值观必须立足中华优秀传统文化。牢固的核心价值观,都有其固有的根本。抛弃传统、丢掉根本,就等于割断了自己的精神命脉。博大精深的中华优秀传统文化是我们在世界文化激荡中站稳脚跟的根基。"① 这也提醒我们,君子人格作为中华民族数千年推崇和践行的人格范式,在新时代立德树人的宏大工程中具有重要参照价值。

党的十九大报告提出培育"时代新人"的要求,这是新时代中国特色社会主义立德树人的新目标。如何培育"时代新人"?主要涉及五个方面的要求,即有理想、明大德、强本领、勇担当、重实干。其实,这些内容古代先哲谈论君子人格时早已响鼓重槌,反复申论。"君子谋道不谋食"(《论语·卫灵公》)、"君子学以致其道"(《论

---

① 《把培育和弘扬社会主义核心价值观作为凝魂聚气强基固本的基础工程》,载2014年2月26日《人民日报》。

语·子张》），这不是强调君子要有理想有抱负吗？"君子以厚德载物"（《周易·坤卦》）、"君子以见善则迁，有过则改"（《周易·益卦》），这不是把明大德作为成就君子的必备条件吗？"君子博学于文"（《论语·雍也》）、"君子病无能焉，不病人之不己知也"（《论语·卫灵公》），这不是将本领和能力看作君子的基本素质吗？"君子忧道不忧贫"（《论语·卫灵公》）、"君子之守，修其身而天下平"（《孟子·尽心下》），这不是肯定君子要有担当精神和忧患意识吗？"君子以自强不息"（《周易·乾卦》）、"君子欲讷于言而敏于行"（《论语·里仁》），这不是说明君子要有奋发有为的实干精神吗？如此等等，无不表明传统君子人格的基本内涵与当代如何做人做事的观念要求，在许多方面是并行不悖、高度重合的，完全可以一脉相承，融会贯通。

为什么在时代发展疾速前行、社会生活日新月异的当下，传统君子人格能够"苟日新，日日新，又日新"（《礼记·大学》），彰显出生机勃勃的持久活力？其原因就在于：现代由古代延续而来，现代只是历史长河中的一瞬，而漫长的古代不仅在时间上是千百个既往现代的累积，并且在知识文化上拥有无数既往经验和智慧的积淀。人们之所以经常说鉴往知来、借古开今，就在于历史和传统中蕴藏着大量处理今天繁难事务的睿智和启迪。当然，今天新人与传统君子所处时空不同，各自面对不同的生存条件和发展问题，需要以不同思路、不同方法回应和解答不同的时代课题，这是显而易见、无须赘述的。但两者在面对和处理不同时代矛盾乃至云泥之别的时代课题时，具有大致相同的内在精神气质，即孔子所说的"吾道一以贯之"的伟大民族精神，这也是昭明彰著、毋庸置疑的。赤胆忠诚的爱国情怀、坚毅顽强的奋斗意志、精益求精的钻研品格、敢闯敢试的革新追求、爱岗敬业的挚诚奉献、助人为乐的古道热肠等等，这些既是我们当今时代披荆斩棘、开拓前行的价值导向和精神动力，也是对"天行健，君子以自强不息"、"地势坤，君子以厚德载物"为标志的君子人格内蕴的时代诠释和生动实践。

　　君子人格是中华传统文化大熔炉数千年熔炼和锻造的人格典范，不仅汇聚和饱蕴着许多中国人立身处世"千古不易"的基本理念及原则，而且具有与时俱进、开拓创新的精神和品格，如宋代理学家程颐所说："君子之学必日新，日新者日进也。"（《二程集·河南程氏遗书》）作为中华民族坚韧性格和美好品德的象征，君子人格从遥远的古代健步走来，一路跋山涉水，不畏困难，饱经磨砺而不断开拓新境，展现了历久弥新的时空超越性和古为今用的时代价值。君子人格及君子文化是我们践行社会主义核心价值观、培育时代新人能够活态嫁接的老树新枝，必将在新时代犁铧翻垦的神州大地上生机勃勃，郁郁葱葱，呈现蔚为壮观的繁茂景象。

2020年11月20日于书香苑

（原刊《学术界》2020年第12期。）

从君子人格到君子文化
——中华民族的人格坐标和文化标识

君子人格和君子文化,作为中华民族历久弥新的人格基因和文化精髓,既在高雅文化中居于中心地位,又在大众文化里占据重要位置;既是上层社会构造主流价值观的核心内容和鲜明标识,又是下层民众共识度较高的信仰原则和为人处世之道。本文在已有君子文化研究成果的基础上,进一步梳理君子概念的由来和内涵,考察它如何衍生出君子人格、进而演化为君子文化,以及文化与人格双向互动的历史进程,探讨君子文化作为中华文化老树新枝的历史价值和现实意义。

一、从商周起步的君子:以位而名,孕德而生

"君子"一词在中国出现得相当早。中华文明旭日初升的商周时期,已知最早成体系的殷墟出土文字甲骨文里,已分别有"君"和"子"的单字。① 现存早期先秦传世文献尽管文辞古奥简约,但"君子"概念已频繁使用,星罗棋布。"君子"在《尚书》中8见、《周易》中20见、《诗经》中183见、《左传》中185见、《国语》中47见、《论语》中107见、《孟子》中82见、《易传》中107见、《荀子》

---

① 参见刘钊等编纂《新甲骨文编》(增订本),福建人民出版社2014年版。

中 304 见。这些先秦典籍里出现的"君子"概念,内涵和外延虽然远非一致,彼此互有差异及衍化变迁,但并非互不关涉、杂乱无章,大体亦有轨迹可循。

学界多认为,君子一词的内涵经历了从"位"到"德"的拓展和转变。它最初主要指君王和贵族等"有位者",是孔子在《论语》中反复论述和重新界定,赋予君子更多"有德者"的内涵,才使该词成为一个具有褒扬人品道德意蕴的词汇。俞樾的《群经平议》谈论孔子名言"君子喻于义,小人喻于利"时说:"古书言'君子'、'小人'大都以位而言。上文'君子之于天下,无适也,无莫也,义之与比',《白虎通·号篇》曰:'君之与臣无适、无莫,义之与比',是汉世师说如此。后儒专以人品言'君子'、'小人',非古义矣。"① 钱穆《论语要略》云:"君子小人,古人皆以有位与在野为解,至后世而浸失本义,遂以为有德无德之辨矣。"② 余英时的《儒家"君子"的理想》也说:"'君子'在最初既非'道德之称',更不是'天子至民'的'通称',而是贵族在位者的专称。""孔子以来的儒家是把'君子'尽量从古代专指'位'的旧义中解放了出来,而强调其'德'的新义。……这是古代儒家,特别是孔子对中国文化的伟大贡献之一。"③ 在近年兴起的君子文化研究热中,众多学者均基本沿袭或阐发此看

---

① 俞樾:《群经平议》卷三十,同治十年刊本;又见《春在堂全书》(影印本)第一册,凤凰出版社 2010 年版,第 491 页。
② 钱穆:《论语要略》,商务印书馆 1925 年版,第 133 页。
③ 余英时:《儒家"君子"的理想》,见《中国传统思想的现代诠释》,江苏人民出版社 1989 年版,第 163 页。

法,① 笔者此前撰写的有关君子文化的论文,也多持此观点。②

大体来说,这看法有根有据,并无明显错失。许慎《说文解字》云:"君,尊也。从尹,发号,故从口。"在金文中,"尹"为手执笔或权杖,字形与"父"相近,有父辈掌权治理事务之意;"口"表示发布号令。③ 郑玄注《仪礼·丧服》"君"云:"天子、诸侯及卿大夫有地者,皆曰君。"④ 春秋时代,"子"是对男子的美称,也包括列国卿大夫等地位较低者。汪中《述学·释夫子》云:"古者孤卿大夫皆称子,子者,五等之爵也。……《春秋传》:'列国之卿当小国之君,小国之君,则子男也。'子男同等,不可以并称,故著'子'去'男',从其尊者。"⑤ 由此可知,"君子"在西周和春秋时期,基本是对统治者和贵族男子的通称。《周易·遁卦》象辞云"天下有山,遁。君子以远小人,不恶而严",《尚书·周书·周官》云"凡我有官君子,钦乃攸司,慎乃出令",《诗经·小雅·谷风之什·大东》云"君子所履,小人所视",《国语·鲁语上》云"君子务治而小人务力",等等,也都是在王侯及卿大夫等贵族的意义上使用"君子"概念。

---

① 参见洪修平、孙亦平:《君子、理想人格及儒道君子文化的相异互补》,载《哲学研究》2018年第4期;傅道彬:《中国文学的君子形象与"君子曰"的思想话语》,载《文学评论》2018年第4期;郭萍、黄玉顺:《"君子"人格的政治哲学意涵及其时代转换》,载《社会科学战线》2021年第8期。

② 参见拙文:《君子文化与社会主义核心价值观》,载2014年6月13日《光明日报》,又见《新华文摘》2014年第19期;《君子:中华民族千锤百炼的人格基因》,载《群言》2016年第2期;《君子文化在传统文化中的地位和影响》,载《学术界》2017年第1期;《君子文化的传统魅力与当代张力》,载2018年4月3日《光明日报》;《家国情怀的萌生与君子人格的确立》,载《江淮论坛》2020年第2期;《从中国传统树人体系看君子人格的普遍价值》,载《学术界》2020年第12期;等等。

③ 徐中舒主编:《甲骨文字典》,四川辞书出版社1989年版,第286页。

④ 《仪礼注疏》卷二十九,见《十三经注疏》(上册),阮元校刻,中华书局1980年版,第1100页。

⑤ 汪中:《述学》,戴庆钰、涂小马校点,辽宁教育出版社2000年版,第108—109页。

不过，如深入细究，以上见解又显得有些粗放而不够精当。其偏颇之处在于，从西周到春秋时期有关君子的描述中，或者说孔子之前典籍如《周易》、《尚书》、《诗经》、《春秋》等等有关君子的记载中，"君子"一词虽然常常主要指"有位者"，但并非只具有"位"的意义，而是在许多情况下同时关注并蕴有"德"的内涵。如上引《周易·遯卦》象辞"天下有山"句即是说：天下有岿然不动的大山，象征退避隐逸。君子应效法此道，远离小人，虽未显憎恶之情，却自有威严。该卦还有"好遯，君子吉，小人否"的象辞，也是说喜好退让隐遁，对君子吉祥，而小人却难以做到。这里"遯"（退让）、"吉"（吉祥）、"远小人，不恶而严"等，显然都包含着价值评判，具有一定的道德意蕴。至于上引《尚书·周书·周官》所言"凡我有官君子，钦乃攸司，慎乃出令"等，更是饱含价值评判和道德规劝的意味。由此可以说，君子人格的胚胎含德而孕并带德而生，注重"位"与"德"的结合是君子概念与生俱来的特征，也是中华先民早期开疆拓土，从蛮荒走向文明本能蕴有向上向善追求的客观反映。

古老的中国步入商周时代，已经形成比较稳固的氏族血缘宗法制度。这种以血亲关系为纽带确立嫡长子继承权和主事权的父系家长制，决定当时的邦、国及"八百里诸侯"等等，实际多半由以血缘宗法遗风为基础的氏族—部落—部族国家构成。以氏族血缘关系为支撑的父系家长首领，作为家族或邦国的"共主"，要比一般人具备更多优良才干和德行，在立德、立功、立言上有所建树，才能在本家族、本部落及邦国中得到承认和拥护，其树立权威和声誉后，才能进一步联络和团结其他氏族和部落，逐步拓展邦国的疆域以"一统天下"。①所以《孟子·离娄上》云："天下之本在国，国之本在家，家之本在

---

① 李泽厚即说："在远古，氏族首领必须以身作则，智勇谦让超出一般，才能被选，并且他还必须对氏族命运负责，遇有灾难，他必须首先'检讨'，或者下台。文献中种种关于汤祷于桑林的传说甚至后世皇帝下罪己诏之类，亦均可说乃此风之遗。"（见李泽厚《中国古代思想史论》，人民出版社1985年版，第26页。）

身。"殷周和春秋时期的"家",并非指后代的个体家庭或家族,而是与"邦"、"国"交叠的氏族和部落。如章太炎所言,"古代的家和后世的家大不相同。古代的家,并不只包含父子夫妻兄弟这等人,差不多和小国一样,所以孟子说'千乘之家百乘之家'",故不齐家者不能治国。①

值得注意的是,氏族宗法制讲究血亲关系的"亲亲尊尊",也注重"大道之行,天下为公",讲究"选贤与能"。② 氏族宗法体制中早就有"举贤才"的历史传统,它与"亲亲尊尊"互补而行,是维护氏族宗法制度的有力保障。所以《论语·颜渊》篇称赞:"舜有天下,选于众,举皋陶,不仁者远矣。汤有天下,选于众,举伊尹,不仁者远矣。"《左传》载襄公二十九年,吴国公子季札对鲁国叔孙穆子说:"子其不得死乎,好善而不能择人。吾闻'君子务在择人'。吾子为鲁宗卿,而任其大政,不慎举,何以堪之?祸必及子。"③ 此两例从一正一反两面证明,自上古至春秋时期,即便是在氏族血缘世袭制的体制下,重视为政者和贵族子弟的贤德与才干,乃是社会有识者的共同认知。因此,孔子以前的元典文献谈论"君子"时,常常在指称王侯臣僚等贵族身份的同时,也兼有甚至看重对其德行贤能的确认和评价。

《尚书》作为一部汇集上古及夏商周三代政事公务和函札的文献,其中所言"君子"多指有职位的官员或君王,同时多半被赋予增强品德修养和个人约束的要求。《尚书·周书·无逸》:"周公曰:'呜呼!君子所,其无逸。先知稼穑之艰难,乃逸,则知小人之依。'"这是周公告诫为官的君子,不能只顾贪图享乐,而要体察和了解耕种及收割的艰辛,然后享受安逸,这才能知晓百姓的辛劳疾苦。《尚书·周

---

① 章太炎讲演,曹聚仁整理:《国学概论》,上海古籍出版社1997年版,第14页。
② 《礼记·礼运》:"大道之行也,天下为公,选贤与能,讲信修睦。故人不独亲其亲,不独子其子……"见《礼记正义》卷二十一,《十三经注疏》(下册),阮元校刻,中华书局1980年版,第1414页。
③ 王伯祥选注:《春秋左传读本》,中华书局1957年版,第476页。

书·周官》:"王曰:'呜呼!凡我有官君子,钦乃攸司,慎乃出令。令出惟行,弗惟反。以公灭私,民其允怀。'"这是周成王教导各级君子官员,要恪尽职守,慎重发号施令,号令一旦发出,必须贯彻执行,不得违反。用公心和公正消除私心和私欲,才能得到老百姓的信任和拥护。《尚书》其他篇章所涉"君子",也常常与德行和修养相联系。如《尚书·虞书·大禹谟》说大禹讨伐三苗的原因,就是"蠢兹有苗,昏迷不恭,侮慢自贤,反道败德。君子在野,小人在位,民弃不保,天降之咎"。《尚书·周书·酒诰》说"庶士有正,越庶伯、君子,其尔典听朕教",也是强调官员君子不能随意饮酒,"越庶国,饮惟祀,德将无醉",即便在祭祀时喝酒,也要以道德加以约束,不能醉酒误事。

　　《周易》作为上古时期的占筮之书,许多爻辞和象辞都提到"君子",可说是为君子修身、明德、立教、解惑之作。如张载《正蒙·大易篇第十四》所言:"易为君子谋,不为小人谋。故撰德于卦,虽爻有大小,及系辞其爻,必谕之以君子之义。"[1]《周易》有关君子的论述,最著名的当然是乾卦和坤卦的象传"天行健,君子以自强不息","地势坤,君子以厚德载物"。这里的"君子",孔颖达注疏云:"谓君临上位,子爱下民,通天子诸侯兼公卿大夫有地者。"[2] 但值得注意的是,这两句名言并非着意君子的地位,而是突出强调其具有"自强不息,厚德载物"的品格。又《乾卦·九三》曰"君子终日乾乾,夕惕若厉,无咎",就是肯定君子白天勤奋努力,夜晚戒惧反省,才能没有悔恨。《谦卦》象辞曰"地中有山,谦。君子以裒多益寡,称物平施",是说平地负载高山,象征谦逊,君子应效法此德,删减多余而增益不足,权衡事物而公平施予。孔颖达注疏谦卦"谦:亨。君子有终"卦辞云:"'谦'者,屈躬下物,先人后己,以此待物,则

---

[1] 林乐昌:《正蒙合校集释》(下),中华书局 2012 年版,第 688 页。
[2] 《周易正义》卷一,见《十三经注疏》(上册),阮元校刻,中华书局 1980 年版,第 14 页。

所在皆通，故曰'亨'也。小人行谦则不能长久，唯'君子有终'也。"① 如此等等，有关君子的描述和评议，在《周易》的经部和传部均俯拾即是，无不透显出"君子"虽主要指称"有位者"，却同时也寓含"有德者"的内蕴。

  《诗经》作为中国历史上第一部诗歌总集，搜集西周初年至春秋中叶古诗三百余篇，其中"君子"一词使用频率较高，指称范围较广，既主要指君王、诸侯、士大夫等文官武将，也包括德行高尚之人及丈夫、男子等。② "君子"概念在指社会地位较高的王侯贵族时，同样常常带有道德判断和价值肯定。如《大雅·泂酌》诗句"岂弟君子，民之父母"，"岂弟君子，民之攸归"，"岂弟君子，民之攸塈"，清人方玉润《诗经原始》解读说："此等诗总是欲在上之人，当以父母斯民为心，盖必在上者有慈祥岂弟之念，而后在下者有亲附来归之诚。曰'攸归'者，为民所归往也；曰'攸塈'者，为民所安息也。"③ 由此可见，此处君子虽代指君王，却颇有仁德之心和爱民之意。再如《小雅·湛露》之句"显允君子，莫不令德"，"岂弟君子，莫不令仪"，这是直接赞赏诸侯贵族等接受周天子宴请时，所表现出来的庄重诚恳、和蔼谦恭的修养及态度，刻画出周代礼乐文化塑造的君子礼仪风范。至于《卫风·淇奥》吟唱"有匪君子，如切如磋，如琢如磨"，"有匪君子，如金如锡，如圭如璧"，其所歌咏贵族男子积学进修、砥砺修养，才学精如金锡、品德洁如圭璧的形象，无不映射出当时社会对君子内在品格的褒扬和期许。

  以上种种表明，君子作为中华民族代表性的人格种苗，在悠远的商周及春秋莽原上破土而出之时，虽然主要身份是基于血缘世袭和处

---

① 《周易正义》卷二，见《十三经注疏》（上册），阮元校刻，中华书局 1980 年版，第 30 页。
② 参见过常宝《原史文化及文献研究》（修订本），中国社会科学出版社 2016 年版，第 201 页。
③ 方玉润：《诗经原始》卷十六，上海泰东书局民国十三年石印本。

于社会上层的"有位者"及"尊贵者",但也注入和携带了"有德者"和"贤明者"的基因。当然,有位者之"德"之"贤",更多出于维护其江山永固的考量,更多涉及恪尽职守、身先士卒、公而忘私、体恤民瘼等治国理政之官德,但这些不仅与普遍伦理要求并不矛盾,而且在许多情况下其本身就是普遍道德规范的重要内容。这就是说,西周至春秋时期的"君子",既多半是对"劳心者"社会政治经济地位的身份定位,也常常作为一种德行修养和文化品格而被认定,包含着某种人生理想和社会价值的寄托与倡扬。中国早期君子形象所呈露的这种倾向和品质,为后世君子形象的成长和丰满奠定了基本格调,也深刻影响了孔子对君子形象的重塑和改造。

二、孔子精心改造的君子:以德而立,为民树标

"君子"一词在《论语》中出现百次以上,意义宽泛而视角多变,每次谈论的对象不同,内涵颇有差异并难以简单归纳统一。这既给后人从不同方面解读提供了广阔阐释空间,也给人们清晰把握其蕴涵设置了难度和障碍。突出"君子无所争"与突出"其争也君子"(《论语·八佾》),侧重"君子质而已矣,何以文为"(《论语·颜渊》)与侧重"文质彬彬,然后君子"(《论语·雍也》),便可以做出互不相同甚至彼此对立的解说。因此,观察和理解孔子在《论语》中塑造的君子形象,与其执着于诠释某些论述而覆盖其余结论,不如从根本上透视孔子究竟为什么不厌其烦地反复修改和完善君子形象及其所饱蕴的丰富蕴涵。也许,从孔子殚精竭虑构造其儒家思想体系及其改造和重塑君子人格的目的出发,更易看清和掌握君子人格的实质内容。

孔子生活于高山为渊、深谷为陵、邦无定交、士无定主的春秋末期,面对"礼崩乐坏"的社会现实,深感拨乱反正、恢复和建构以"周礼"为核心的礼义秩序,乃迫在眉睫的重大要务。他一再申说自己"述而不作"(《论语·述而》)、"吾从周"(《论语·八佾》)、"梦

见周公"(《论语·述而》)等等,就是要维护和重构周公的一套礼义制度。如章学诚所指出:"孔子虽大,不过天地,独不可以一言尽乎?或问何以一言尽之,则曰:学周公而已矣。……斯一言也,足以蔽孔子之全体矣。"① 所谓"周礼",一般认为是在周初确定的一整套的典章轨制、规矩仪节等,其基本特征是以血缘氏族宗法制为基础,在整个氏族或曰邦国成员之间保持和构筑一种人道关系,即既有上下左右、尊卑长幼之间的严明等级秩序,又有彼此关心、团结协调的良好"仁爱"氛围。② 孔子强调"爱人"(《论语·颜渊》)、"其养民也惠"(《论语·公冶长》)、"百姓足,君孰与不足?百姓不足,君孰与足"(《论语·颜渊》)、"老者安之,朋友信之,少者怀之"(《论语·公冶长》)等等,都清楚表明他一方面要竭力维护社会治理系统上下尊卑的等级秩序,一方面又要保留以至提升"仁民爱物"的原始人道传统。

如何实现这个目标?孔子反对运用强制残酷的刑罚措施,而推崇和依靠礼仪规范,如《礼记·祭统》所言:"凡治人之道,莫急于礼。"③ 孔子解答"刑"、"政"与"礼"、"德"的关系说:"礼乐不兴,则刑罚不中;刑罚不中,则民无所措手足。"(《论语·子路》)"道之以政,齐之以刑,民免而无耻;道之以德,齐之以礼,有耻且格。"(《论语·为政》)在孔子看来,过于仰仗刑罚维持社会秩序,容易伤害民众的人格尊严而使之失去羞耻感,最终会导致刑罚本身的效能降低以至失效。因此,他对晋国铸刑鼎给予猛烈抨击,说其"乱制";对于鲁国季氏"乱礼",怒曰"八佾舞于庭,是可忍也,孰不可忍也"(《论语·八佾》),这都表明他对"礼治"的维护和推崇。

不过,孔子的贡献不只在于阐发"礼"对社会治理的作用,更在

---

① 章学诚著,叶瑛校注:《文史通义校注》,中华书局1985年版,第122页。
② 参见李泽厚《孔子再评价》,见《中国古代思想史论》,人民出版社1985年版,第7—33页。
③ 《礼记正义》卷四十九,见《十三经注疏》(下册),阮元校刻,中华书局1980年版,第1602页。

于他并非将"礼"仅仅看作一种外在的条款束缚,而是把"礼"由外在形式化的约束转化成内在自觉性的要求。《论语·阳货》云:"子曰:'礼云礼云,玉帛云乎哉?乐云乐云,钟鼓云乎哉?'"这是孔子批评礼乐不应只是外表形式,而应有更重要的内在情感。《论语·八佾》云:"林放问'礼之本'。子曰:'大哉问!礼,与其奢也,宁俭;丧,与其易也,宁戚。'"这是孔子强调礼仪与其铺陈奢华,不如朴实节俭;丧事与其仪式隆重,不如内心真正悲伤。在孔子看来,缺乏真情实感和主体自觉的礼仪规范及活动,是没有内在动力和生机的,只有"诚于中而形于外",礼乐文化才能兴盛,礼治才能真正实现。

由此,孔子发掘和提出其思想体系的另一重要概念"仁",并将"仁"作为"礼"的心理动因和内在依据。"人而不仁,如何礼?人而不仁,如何乐?"(《论语·八佾》)朱熹《四书章句集注》解释曰:"人而不仁,则人心亡矣,其如礼乐何哉?"这是说,"仁"是"礼"之本,失去"仁"便如釜底抽薪,"礼"就失去存在和实施的基础。所以,《论语·学而》云:"其为人也孝弟,而好犯上者,鲜矣;不好犯上,而好作乱者,未之有也。君子务本,本立而道生。孝弟也者,其为仁之本与!"① 这里突出"仁之本"在孝悌,强调求"仁"应从孝悌做起,将孝悌之心推而广之,则能达到"礼治"的目的(好犯上者"鲜矣"、好作乱者"未之有也");同时还强调,君子要在治理世道人心的根本上下功夫,人人把孝敬父母、尊爱兄长这件"仁之本"的大事做好,天下自会正道而行。

于是,我们触摸到孔子思想理路的根脉:他用扎根于每个人内心的心理动因"仁"来解说"礼",实际就把复兴"周礼"或者说推行"礼治"的重担与任务,直接交给了社会生活中的个体成员,尤其是处于社会中上层地位的君子。孔子再三强调"为仁由己,而由人乎哉"

---

① 这段话为孔子弟子有子所言。在《论语》里,孔子的弟子一般都称其字,只有曾参、有若称"子"。《礼记·檀弓》便有"有子之言似夫子"之说,一般多将有子此话引作孔子的观点。

(《论语·颜渊》),"仁远乎哉？我欲仁，斯仁至矣"(《论语·述而》),"夫仁者，己欲立而立人，己欲达而达人。能近取譬，可谓仁之方也已"(《论语·雍也》),"君子求诸己，小人求诸人"(《论语·卫灵公》),"当仁，不让于师"(《论语·卫灵公》),等等，无不表明"仁"既崇高美好又切实可行，既有利于推进礼治又属于主体自觉责任。

同时，孔子又着重指出"君子笃于亲，则民兴于仁"(《论语·泰伯》),"君子之德风，小人之德草。草上之风，必偃"(《论语·颜渊》),宰我亦言"君子三年不为礼，礼必坏；三年不为乐，乐必崩"(《论语·阳货》)等等，这就进一步把"求仁兴礼"的职责和使命，更多赋予并交到处于社会管理地位的君子身上。在孔子的思想体系中，很大程度上可说，伦理即政治。"政者，正也。子帅以正，孰敢不正"(《论语·颜渊》),"其身正，不令而行；其身不正，虽令不从"(《论语·子路》),认为政治的治理之要在于为政者自身端正，并断定为政者率先端正自己的品行则会带动社会正气蔚然成风，这是孔子伦理哲学或曰伦理政治学的重要支点。因此，由孔子精心塑造并寄予厚望的君子，理应自觉、主动、积极地高扬个体主观能动性而率先垂范，担负起"求仁兴礼"的历史责任和至上义务。

孔子自己在这方面可谓以身作则："子路曰：'愿闻子之志。'子曰：'老者安之，朋友信之，少者怀之'"(《论语·公冶长》),"天生德于予，桓魋其如予何"(《论语·述而》),"天将降夫子为木铎"(《论语·八佾》),"文王既殁，文不在兹乎"(《论语·宪问》),"鸟兽不可与同群，吾非斯人之徒与而谁与？天下有道，丘不与易也"(《论语·微子》)。凡此种种，加上孔子政治上得位则行，不得位则退而编诗书、正礼乐、修春秋等，都充分表明他对勇于担当历史责任、热心济世的君子人格，不仅热情阐发和推崇，而且自觉践行和追求。

"君子"一词在《论语》里，确乎有相当一部分只是泛指品德优良之人，主要是"有德者"的代称。如"君子坦荡荡，小人长戚戚"（《论语·述而》），"君子和而不同，小人同而不和"（《论语·子路》），"君子周而不比，小人比而不周"（《论语·为政》），"君子不以言举人，不以人废言"（《论语·卫灵公》），"君子成人之美，不成人之恶，小人反是"（《论语·颜渊》），"君子道者三，我无能焉：仁者不忧，知者不惑，勇者不惧"（《论语·宪问》），等等，其"君子"形象灌注的主要是道德养分，并不掺杂多少身份地位的成分。

不过，《论语》中也有不少"君子"概念明显是"有位者"与"有德者"的融合，寓含孔子继承西周礼乐传统，对"有位须有德"道统的强调和期盼。"君子笃于亲，则民兴于仁"（《论语·泰伯》），"君子谋道不谋食。耕也，馁在其中矣；学也，禄在其中矣。君子忧道不忧贫"（《论语·卫灵公》），"君子信而后劳其民；未信，则以为厉己也。信而后谏；未信，则以为谤己也"（《论语·子张》），"君子三年不为礼，礼必坏；三年不为乐，乐必崩"（《论语·阳货》），"君子易事而难说也。说之不以道，不说也；及其使人也，器之。小人难事而易说也。说之虽不以道，说也；及其使人也，求备焉"（《论语·子路》）。如此等等所谈论的"君子"，虽然饱蕴道德含量，却又呈露出社会管理者的身影，是具有一定身份地位和道德修养的贵族官员。

为了更加清晰地勾勒君子形象，或者说为了让世人更好认识和理解君子人格的特征，孔子睿智地运用比较排除法，同时论述了比君子矮小的"小人"和比君子高大的"圣人"。一方面，他通过"君子喻于义，小人喻于利"（《论语·里仁》）、"君子泰而不骄，小人骄而不泰"（《论语·子路》）、"君子固穷，小人穷斯滥矣"（《论语·卫灵公》）等大量君子与小人的对举和比照，在对小人形象的贬责和否定中凸显君子人格的形貌与品格；另一方面，他又在"君子"与"圣人"之间划出界线，对弟子将其奉为圣人的做法表示反对："若圣与仁，则吾岂敢？"并明确强调："圣人，吾不得而见之矣；得见君子者，斯可矣。"（《论语·述而》）这就告诉我们，君子既不是难以见到、难以企及、仰之弥高乃至高不可攀的圣人,也与目光短浅、心胸狭隘、见利忘义、斤斤计较的小人判然有别。君子作为孔子心目中崇德向善之形象,理想而现实、高尚而平凡,是可学、可做,并应学、应做的人格范式。

孔子赋予君子形象更多道德内涵,一方面将君子人格普泛化,使君子成为华夏儿女见贤思齐普遍追寻的人格标杆,一方面又特别强调和鼓励有位者身先士卒,争当君子人格的崇尚者和践行者,推动君子人格成为社会广泛尊崇的价值目标。因此,孔子对君子的论述虽繁复多变,却可以下面一段话为枢纽,贯通和抵达各主要意脉:

> 子路问君子,子曰:"修己以敬。"曰:"如斯而已乎?"曰:"修己以安人。"曰:"如斯而已乎?"曰:"修己以安百姓。修己以安百姓,尧、舜其犹病诸!"(《论语·宪问》)

面对子路不断追问"如何成为君子"的问题,孔子层层递进,以"修己以敬"、"修己以安人"、"修己以安百姓"来回答,可说勾勒和铸就了儒家"修身齐家治国平天下"信条的雏形。这里的关键词是两个:"修己"与"安人"。①

"修己"即修身,是每个人对自己个体人格完善的期望和追求,是孔子思想也是儒家学术的"内圣"之道。从认识论上看,修身首先要重视学习和教育,以获取历史和现实的知识。孔子在这方面贡献了许多有价值的观点:"君子食无求饱,居无求安,敏于事而慎于言,就有道而正焉,可谓好学也已"(《论语·学而》),"君子博学于文,约之以礼,亦可以弗畔矣夫"(《论语·雍也》),"学而不思则罔,思

---

① 朱熹《四书章句集注》注"修己以安人"与"修己以安百姓"的区别说:"人者,对己而言;百姓,则尽乎人矣。"这就是说,"修己以安人"的"人"是狭义的,主要指君子周围的家人、亲友、乡党等,而"百姓"则泛指社会各类人。此处的"人"取广义,指包括家族亲友在内的社会广大百姓。

而不学则殆"（《论语·为政》），"毋意、毋必、毋固、毋我"（《论语·子罕》）等。这不仅强调学习的重要和作用，还挖掘发现了可贵的学习心理规律。从品德意志上看，孔子认识到君子仅有学习的愿望和丰富的知识尚不够，还需要严格约束和历练自己，使自己具备坚强意志和高风亮节。"克己复礼为仁。一日克己复礼，天下归仁焉"（《论语·颜渊》），"刚、毅、木、讷，近仁"（《论语·子路》），以及"可以托六尺之孤，可以寄百里之命，临大节而不可夺也，君子人与？君子人也"（《论语·泰伯》）等等，既将维护社会礼仪、倡行仁道，具有刚毅气概和朴实作风看作君子修身不可或缺的要点，又将可以托孤受命、堪当大任作为君子理应担当的责任。这就涉及"安人"的内容了。

所谓"安人"，简单说就是让百姓安居乐业，即《大学》所言"治国平天下"。如果说，"修己"多半指君子个人学道、闻道、悟道、修道的"内圣"的功夫，那么，"安人"则主要指君子将自己所掌握的内圣之道推而广之，察人观物、以仁释礼、匡救时弊，以成天下大治。孔子尽管对管仲在礼仪上的"僭越"行为颇为不满，多次斥责他不知"礼"，但对"管仲相桓公，霸诸侯，一匡天下，民到如今受其赐"的功业却充分肯定，称赞他"如其仁，如其仁"（《论语·宪问》）。这种忽略和超越管仲个人品德瑕疵，而主要从治国平天下大局出发予以褒扬的做法①，突出说明孔子心目中的君子，绝不只是"修己"以独善其身，而更要"安人"以兼济天下。所以，孔子鼓励弟子从政，并提出从政要"尊五美"："君子惠而不费，劳而不怨，欲而不贪，泰而不骄，威而不猛。"（《论语·尧曰》）他还对郑国贤相子产赞赏有加，说其"有君子之道四焉：其行己也恭，其事上也敬，其养民也惠，其使民也义"（《论语·公冶长》）。这些都表明在孔子看来，君子"修己"与"安人"，或曰"修身"与"治国"，虽分为两

---

① 拙文《家国情怀的萌生与君子人格的确立》对此有论述，见《江淮论坛》2020年第2期。

事,又混融一体。恰如余英时所说:"儒学具有修己与治人的两个方面,而这两方面又是无法截然分开的。但无论是修己还是治人,儒学都以'君子的理想'为其枢纽的观念:修己即成为君子;治人则必须先成为君子。从这一角度说,儒学事实上便是'君子之学'。"①

孔子在《论语》中反复打磨、精心镂刻的君子形象,② 虽然在此后的历史长河中屡遭涂抹和修改,但从未撼动其基本骨架和精神气质。君子作为一种人格标杆受到历代中华儿女的广泛认同和推崇,成为中国人上至帝王将相、下至平民百姓效行相宜的集体人格,并由此伴生和滋养出绵延数千年长盛不衰的君子文化。

三、从君子人格到君子文化:观乎人文,化成天下

人与其他物种如动物的最大区别,在于人有文化。动物只是按照它所属物种的尺度和需要来生存和繁衍,而人却懂得超越物种的自然尺度和需求来进行生产和建设,如马克思所说,"人也按照美的规律来塑造物体"③。这种"按照美的规律"来建构自己生活和未来的努力,实际上就是人类不断演化发展、开拓前行的奋斗史——是人创造文化、同时又以文化塑造人的螺旋式循环渐进,是一种饱含精神价值和生活方式不断积累、更新和攀升的历史进程。君子文化是一种以君子人格精神为核心内涵,通过大量传统文字典籍和图案形象的阐发与演绎,形成浸润中国人思维定式、价值取向、生活态度乃至经验习惯的文化现象。千百年来,君子文化一直指引和激励中华儿女"做人做君子",对中国人的思想情感、行为方式和中华民族不畏困难、砥砺奋进等品格起着难以估量的引导和推动作用。

---

① 余英时:《儒家"君子"的理想》,见《中国思想传统的现代诠释》,江苏人民出版社 1989 年版,第 160 页。
② 钱穆即认为:"君子者,盖孔子理想中一圆满人格之表现也。"见钱穆《论语要略》,商务印书馆 1925 年版,第 126 页。
③ 马克思:《1844 年经济学—哲学手稿》,人民出版社 1979 年版,第 50—51 页。

从君子人格到君子文化——中华民族的人格坐标和文化标识

如果说,作为凸显中华民族心理面貌和精神品格的君子人格,早在春秋末期已经基本定型而巍然屹立,①那么,君子文化作为如影随形的伴生物,则几乎同时在先秦百家争鸣的思想沃土中发芽出苗并绽放蓓蕾。孔子作为儒家学派的开创者,不仅对君子形象及其人格特征做出许多直接的论述和阐发,而且运用"托物言志"的比兴手法,通过对器物、植物、自然山水等客观物象固有特色的发掘和提炼,从多方面形象化地比拟君子人格的内蕴和特质。这不仅使人们在观物会意、格物致知中更好地领悟君子人格的丰赡蕴涵,而且有力扩大和提升了君子形象的感召力和影响力,对于君子人格衍化和扩展为君子文化发挥了重大作用。

中国有着悠久的爱玉、佩玉、赏玉的传统,至今仍然兴盛不衰。为什么?从《礼记·聘义》载录的孔子与其学生子贡的一段对话,可以窥见端倪。子贡问孔子:"敢问君子贵玉而贱珉者何也?为玉之寡而珉之多与?"孔子答道:"非为珉之多故贱之也,玉之寡故贵之也。夫昔者,君子比德于玉焉,温润而泽,仁也;缜密以栗,知也;廉而不刿,义也;垂之如队,礼也;叩之其声清越以长,其终诎然,乐也;瑕不掩瑜,瑜不掩瑕,忠也;孚尹傍达,信也;气如白虹,天也;精神见于山川,地也;圭璋特达,德也;天下莫不贵者,道也。诗云:'言念君子,温其如玉',故君子贵之也。"② 孔子解答"君子贵玉而贱珉"的原因,并非玉少珉(像玉的石头)多,而是玉的诸多品质是君子仁、智、义、礼、乐、忠、信、天、地、德、道等德行的象征。《礼记·玉藻》云:"古之君子必佩玉。""君子无故,玉不去身。君子于玉比德焉。"③ 古人以玉为饰,并非只是为了炫耀财富,也是借玉

---

① 何向阳的《人格论》对人格定义及中国人格类型有较多探讨,该书由中华书局于2011年出版,可参见。
② 《礼记正义》卷六十三,见《十三经注疏》(下册),阮元校刻,中华书局1980年版,第1694页。
③ 《礼记正义》卷三十,见《十三经注疏》(下册),阮元校刻,中华书局1980年版,第1482页。

来显示自己崇尚美德。玉不仅被寄寓诸多君子品格，其雕琢成器的过程也被比作君子进德修业必做的功课。"玉不琢，不成器；人不学，不知道。"出自《礼记·学记》中的这句话，与其说是强调美玉待琢，只有经过细心雕琢打磨才能成为国之宝器，不如说这是通过比喻，强调学习对人增长知识、提升境界的重要。这里表面谈的是玉，实质在赋予玉诸多美好品德的同时，也提醒君子时刻以美玉的品性要求自己，洋溢着一种崇高的道德情感和伦理精神。

孔子不仅在器物层面以玉比喻君子，还在植物层面以兰自况并以兰比喻君子之德。《孔子家语·在厄》云，孔子周游列国而不见用，返回鲁国途中看到兰花独开山谷，发出感叹说："夫兰当为王者香，今乃独茂，与众草为伍，譬犹贤者不逢时，与鄙夫为伦也。"但他强调不因"贤者不逢时"而改变自己的志向："芝兰生于深林，不以无人而不芳；君子修道立德，不为穷困而改节。"① 孔子还说："与善人居，如入芝兰之室，久而不闻其香，即与之化矣；与不善人居，如入鲍鱼之肆，久而不闻其臭，亦与之化矣。丹之所藏者赤，漆之所藏者黑。是以君子必慎其所与处者焉。"② 这里以兰喻人，既表达君子"不因穷困而改节"的情操和气节，又说明君子要谨慎交友而决不沾染社会污浊势力。如此等等，加上孔子"岁寒，然后知松柏之后凋也"（《论语·子罕》）之类的比喻，无不表明早在中华文化方兴未艾的春秋战国之时，就已形成以自然植物比拟人品操守的"比德"传统。这一传统延续发展，从屈原、陶渊明咏菊，王微子、苏东坡爱竹，到王安石、梅尧臣赏梅等，直到明代将梅兰竹菊视作"四君

---

① 高尚举、张滨郑、张燕校注：《孔子家语校注》，中华书局2021年版，第299页。
② 这段话见《孔子家语·六本》，见《孔子家语校注》，高尚举、张滨郑、张燕校注，中华书局2021年版，第235－236页；另，刘向《说苑·杂言》亦有载录，文字大体相同。

子"①，以及宋代周敦颐在《爱莲说》中称誉"莲，花之君子者也"②，正是君子文化普及传扬、深入人心的突出表现。梅、兰、竹、菊以及松树、荷花等等，成为古今历代诗人、画家反复吟咏和描绘的对象，主要原因即在于，其形象饱蕴和体现着君子人格及君子文化的高洁品性。

孔子还用人们生活中看似平常却无法离开的必需品水比拟君子，以水的诸多美好特性映照君子品格。《荀子·宥坐》载，孔子观于东流之水，子贡向他问道："君子之所以见大水必观焉者，是何？"孔子曰："夫水，遍与诸生而无为也，似德。其流也埤下，裾拘必循其理，似义。其洸洸乎不淈尽，似道。若有决行之，其应佚若声响，其赴百仞之谷不惧，似勇。主量必平，似法。盈不求概，似正。淖约微达，似察。以出以入以就鲜洁，似善化。其万折也必东，似志。是故君子见大水必观焉。"③ 这里列举水在不同情形下所呈现的似德、似义、似道、似勇、似法、似正、似察、似善化、似志等种种意象，回答"君子见大水必观"的缘由，实际是以水来比照君子之德，借以称赞君子拥有的嘉德懿行。老子对水有"上善若水。水善利万物而不争，处众人之所恶，故几于道。居善地，心善渊，与善仁，言善信，正善治，事善能，动善时。夫唯不争，故无忧"（《道德经》第八章）的至高褒奖。孔子有"知者乐水，仁者乐山；知者动，仁者静；知者乐，仁者寿"（《论语·雍也》）的至理名言。孟子也有"流水之为物也，不盈科不行；君子之志于道也，不成章不达"（《孟子·尽心上》）的精彩论说。这些都提醒人们，大自然常常可以充当人类行为的楷范，

---

① 明代天启年间，黄凤池刊刻《集雅斋·梅竹兰菊四谱》，陈继儒为其作序《题梅竹兰菊四谱小引》，其中说道："文房清供，独取梅、竹、兰、菊四君者无他，则以其幽芳逸致，偏能涤人之秽肠而澄莹其神骨。"受此处"梅、竹、兰、菊四君者"启发，后人多把梅、兰、竹、菊称为"四君子"。
② 周敦颐《爱莲说》云："予独爱莲之出淤泥而不染，濯清涟而不妖，中通外直，不蔓不枝，香远益清，亭亭净植，可远观而不可亵玩焉。予谓菊，花之隐逸者也；牡丹，花之富贵者也；莲，花之君子者也。"
③ 梁启雄：《荀子简释》，中华书局1983年版，第390—391页。

可以从中获得"做人做君子"的启示和力量。正如《周易》乾卦和坤卦象传所言:"天行健,君子以自强不息","地势坤,君子以厚德载物"。

与君子人格相伴而生的君子文化,不仅在器物、植物、山水及动物①等客观自然物上渗入和氤有斑斓色彩,更在人自身的主体活动中谱写和演奏出绕梁千年的优美旋律。这弥漫和显现于中国人的日常生活及民情风俗等诸多方面,略举书院陈设、家风家训、民谚俗语三端,以斑窥豹。

学习是人掌握知识,提高本领,成为君子的不二法门。有关君子勤学励志的论说和箴言比比皆是,无须罗列堆砌。②这里简述历代书院重视君子人格培育,并将其落实到书院的位置选择、设施命名、教学实践等方面,足见君子文化对中国古代教育之影响。从书院选址看,古人相信优美的自然山川能够陶冶性灵、涤除俗尘,涵养君子之风,因而书院选址如孟母择邻,多挑选环境优雅僻静有益学习之处。明人胡俨《重建书院记》云:"白鹿洞在南康庐山之阳、五老峰之下。山川环合,林谷幽邃,远人事而绝尘氛,足以怡情、适兴、养性、读书,宜乎君子之所栖托,士大夫之所讲学焉。"③ 从设施命名看,一些书院如贵州的阳明书就将院内一亭阁名之为"君子亭",王守仁撰《君子亭记》说:"夫子之居是亭也,持敬以直内,静虚而若愚,非君子之德乎?"④ 仰慕君子人格之意溢于言表。还有不少书院为表示对君子人格的崇尚,多在书院设立"君子祠",如南宋江万里兴建的白

---

① 在动物层面,鸡作为家禽的一种,被赋予"五德君子"的美名,此说源于汉代《韩诗外传》。拙文《君子文化浸润中国人的日常生活》已有论及,此不复述,请参见《光明日报》2018年11月20日第16版整版,《学习活页文选》2018年第53期全文转载。
② 参见笔者选编《君子格言选释》"砺学修身"部分,黄山书社2016年版,第195—246页;又见笔者主编的"君子与时代新人"丛书《君子名言》一册(史哲文编著)"君子之智"部分,福建教育出版社2019年版,第148—206页。
③ 参见盛元纂修《南康府志》,查勇云、陈林点校,江西高校出版社2016年版,第198页。
④ 王守仁:《王阳明全集》,第3卷,陈恕编校,中国书店2014年版,第157页。

鹭洲书院就专建"六君子祠",以祭祀程颢、程颐、周敦颐、张载、邵雍、朱熹六位大儒。其他如湖南岳麓书院,在明嘉靖年间设立"六君子堂",万历年间扩增为"七君子堂";江西友教书院前堂为书院,后堂立先贤祠名"君子堂",等等,都是君子理念深入传统立德树人教育的反映。从教学实践看,培养君子人格,倡扬君子之风贯穿于历代书院的教学理念和实践之中。南宋淳熙八年(1181年),朱熹邀请陆九渊围绕"君子喻于义,小人喻于利"主题,在白鹿洞书院作专场讲学并展开论辩,是中国思想史上的重要事件,也是君子人格和君子文化作为书院教学内容并对传统教育产生浃髓沦肌影响的有力明证。①

君子文化还潜入家训家谱等家族文化之中,润泽每个家庭成员的人生信仰和道德品性,使"做人做君子"成为家族共识和社会风尚。三国时期诸葛亮的《诫子书》云:"夫君子之行,静以修身,俭以养德,非淡泊无以明志,非宁静无以致远",是我国历代家喻户晓的名言。南北朝教育家颜之推的《颜氏家训》"慕贤篇",开篇就呼吁家族成员要学习和追慕明达君子:"倘遭不世,明达君子,安可不攀附景仰之乎?"② 南宋爱国大臣叶梦得撰《石林家训》教谕儿孙:"君子贫穷而志广,隆仁也;富贵而体恭,杀势也;安燕而气血不惰,循理也;劳倦而容貌不枯,好交也;怒不过夺,喜不过与,法胜私也。此数者,修身之切要也。汝曹以吾言书诸绅而铭之心,以修身焉,虽非至善,而亦不失于不善。汝曹其无怠诸!"③ 清代宰相张廷玉作《王氏族谱序》也说:"故君子之用心,必将使人知族人之咸本于一气,则孝弟亲睦之意油然自生,而婚姻洽比之风,因之可以渐及,由一家以推于一乡,由一乡以推于天下,风俗之美,教化之成,未尝不由于

---

① 参见史哲文《书院教育中的君子之风》,载 2021 年 7 月 16 日《学习时报》。
② 颜之推:《颜氏家训·慕贤第七》,见包东波选注《中国历代名人家训精萃》,安徽文艺出版社 1991 年版,第 52 页。
③ 陆林主编:《中华家训大观》,安徽人民出版社 1994 年版,第 326 页。

是。此谱牒之设所为深有功于世道,而君子详慎之不敢忽也。"①这里不仅强调从"孝弟亲睦"做起的君子人格对家族成员成长的重要意义,而且指出"君子之用心",更在于"族人之咸本于一气",使风俗之美,教化之成,"由一家以推于一乡,由一乡以推于天下"。考之历代著名家训家谱,其所秉持的励志勉学、入孝出悌、勤俭持家、精忠报国等优良家教家风,实际就是君子修身、齐家、治国、平天下理念的具体细化,不仅堪称个人和家族成长兴旺的座右铭与传家宝,也是君子文化深入千家万户的具体实践和生动展现。

君子文化繁盛的另一表现是,在中文古汉语和现今日常用语中,均有大量关于君子及君子文化的俗语民谚,这既体现君子文化对中国人文化心理结构和价值追求的影响,也充分反映人民群众对君子文化的高度认同和由衷拥护。譬如,在义利气节方面,"君子爱财,取之有道"这句出自《增广贤文》里的俗语,向来被人们奉为人生警句而津津乐道。与此意义相近的俗语民谚较多,如"君子盼得天下富,小人发得一人财","君子不怕明算账,小人贪恋不义财","君子争礼,小人争利","义动君子,利动小人","君子务本,小人逐末","君子重名节,小人重名号","知足称君子,贪婪是小人","君子谋道不谋食","君子忧道不忧贫",②"君子安贫,达人知命"③,等等,如繁星闪烁,不胜枚举。在诚实守信方面,人们常说的"君子一言,驷马难追"④,"君子一言,快马一鞭",意在强调说话算数,不能食言。此类俗语民谚同样俯拾即是:"君子之言,信而有征"⑤,"明人不做暗

---

① 张廷玉:《张廷玉全集》(上册),江小角、杨怀志点校,安徽大学出版社2015年版,第160页。
② "君子谋道不谋食"、"君子忧道不忧贫"两句,出自《论语·卫灵公》。
③ "君子安贫,达人知命"出自王勃《滕王阁序》:"所赖君子安贫,达人知命",指君子以平和心态面对贫穷,达观的人服从命运的安排。上海辞书出版社出版的《谚语10000条》将其收入,见该书2012年版第122页。
④ 《论语·颜渊》:"夫子之说君子也,驷不及舌。"
⑤ "君子之言,信而有征"出自《左传·昭公八年》。

事,君子不说假话","君子当面骂人,小人背地说话","有事但逢君子说,是非休听小人言","直率坦白真君子,笑里藏刀是歹人","君子用嘴说,牛马用脚踢","君子不欺暗室","君子无戏言","宁做真小人,不做伪君子","君子耻其言而过其行","君子讷于言而敏于行"①,等等。有关君子诚信的俗语民谚如此之多,既表明诚信是社会有序运转须臾不能离开的基石,也说明君子文化重视诚信原则得到人们的充分拥戴和尊崇。有关君子的俗语民谚,除了上面所谈义利气节、诚实守信以外,起码在仁义济世、砺学修身、处世交友、怡情养性等层面,相关俗语民谚同样百卉争妍,让人目不暇接。②

语言是人类交流思想的工具,也是文化赓续发展的结晶。作为人们认识和改造客观世界与主观世界的一种记录,在特定语言系统内,某一种文化演绎越充分、积淀越丰厚,其相关词汇必然积累越多,用语及表达形式也必然丰富多彩并绚丽夺目。古往今来,有关君子文化的词汇不仅数量极多,遍及中国人的人生信仰、价值追求及社会生活的各个方面,而且词语形式多样,除一般词汇外,遍涉成语典故、俗语民谚及格言警句等多种语言形态。这种语言现象本身说明,君子文化早已融入中国人的文化血脉之中,以习用而不察、日用而不觉的方式,对人们的价值定位、情感取向、生活态度乃至民情风俗等,产生无法低估的导向和引领作用。

观乎此,面对当今一些人信仰缺失、价值迷失、道德失范等诸病连发的状况,能不感慨君子文化曾经蔚成风尚,而今还应继续倡导传扬,在社会生活各方面大兴君子文化、大倡君子之风、大行君子之道,以化成天下乎!

2021年8月22日初稿,2022年3月24日改毕于合肥书香苑

---

① "君子耻其言而过其行"、"君子讷于言而敏于行"两句,分别出自《论语》宪问、里仁篇。
② 笔者曾搜集有关君子的民谚俗语多达百余条,请参见钱念孙等选编《君子格言选释》,黄山书社2016年版,第352—355页。

君子文化的传统魅力与当代张力

任何一个社会的核心价值观,包括其精神追求和道德精髓,说到底都以提升人的素质,塑造理想人格或者说集体人格为旨归。源远流长、博大精深的中国传统文化,在数千年漫长发展中不断塑造和培育的正面人格,或者说集体人格,就是被历代中国人广泛接受并尊崇的君子人格。

作为中国传统文化的主干,儒学实质就是君子之学

"君子"一词早在西周时期已经流行,主要是贵族和执政者的代称。到了春秋末期,孔子在构思和传布儒家学说时,对"君子"概念的内涵进行改造,赋予其许多优秀道德的意蕴,使其基本骨架、内在气质和俊彦风貌,在《论语》多视角的反复刻画中脱颖而出并惊艳四方。"君子喻于义,小人喻于利"(《论语·里仁》),"君子坦荡荡,小人长戚戚"(《论语·述而》),"君子和而不同,小人同而不和"(《论语·子路》),如此等等。"君子"一词在《论语》里出现一百零七次,是使用频率很高的一个核心概念,由此足见孔子对君子人格的百般钟爱和悉心打造。冯友兰曾说,孔子一辈子思考的问题很广泛,其中最根本最突出的就是对如何"做人"的反思,就是为人的生存寻

求精神上的"安身立命之地"。如果说，孔子思想的核心是探求如何立身处世即如何"做人"的道理，那么他苦苦求索的结果，或者说最终给出的答案，就是做人要做君子。

为了让世人认识和理解他所设计的君子人格，孔子睿智地在《论语》里采取比较排除法，同时论述了比君子高大的"圣人"和比君子矮小的"小人"。关于圣人，他对弟子把他奉为"圣人"的做法表示不满和反对："若圣与仁，则吾岂敢。"（《论语·述而》）他还明确说："圣人，吾不得而见之矣，得见君子者，斯可矣。"（《论语·述而》）关于小人，他在与君子一系列对举和比照中予以贬责和否定，如"君子泰而不骄，小人骄而不泰"（《论语·子路》），"君子求诸己，小人求诸人"（《论语·卫灵公》），"君子成人之美，不成人之恶。小人反是"（《论语·颜渊》），等等。这就告诉我们：君子一方面不是难以见到、难以企及、仰之弥高乃至高不可攀的圣人，另一方面也与目光短浅、心胸狭隘、见利忘义、斤斤计较的小人判然有别。君子作为孔子心目中的崇德向善之人格，既理想又现实，既尊贵又亲切，既高尚又平凡，是可见、可感，又可学、可做，并应学、应做的人格范式。

孔子一生最大的成就，就是创立了影响中华文明数千年发展轨迹的儒家学派。什么是儒学？有一种观点回答得很干脆：儒学就是君子之学。如余英时《儒家"君子"的理想》开宗明义："儒学具有修己和治人的两个方面，而这两方面又是无法截然分开的。但无论是修己还是治人，儒学都以'君子的理想'为其枢纽的观念：修己即所以成为'君子'；治人则必须先成为'君子'。从这一角度说，儒学事实上便是'君子之学'。"[①] 20 世纪初，担任北京大学教授的辜鸿铭还断

[①] 余英时：《儒家"君子"的理想》，见《中国思想传统的现代诠释》，江苏人民出版社 1989 年版，第 160 页。

言:"孔子全部的哲学体系和道德教诲可以归纳为一句,即'君子之道'。"①

这种观点并非简单地仅从语言逻辑归类上定义儒学,如说儒学是尊崇孔子思想的一个重要学派,或说儒学是相对于道家、法家、墨家的一种学说等等,而是从儒学的目标追求和功能作用上说明儒学的特点,无疑更接近事物的本质。孔子作为伟大的思想家与教育家,确信文化教养能够提升人的品质、改善社会风气。儒学的鹄的和价值就是培育具有这种文化教养的人,即君子,再通过君子的言行与修为引领社会风尚。儒学是君子之学的观点,对于我们如何理解儒学乃至整个中华传统文化的特质,如何在今天继承和弘扬以儒学为主干的中华优秀传统文化,都具有不可忽视的积极意义。

君子文化是培育和践行社会主义核心价值观的传统良方

孔子塑造的君子人格,伴随《论语》的流传而走入人们的心灵,可谓登高一呼,八方响应。儒家学派的后继者孟子、荀子等,对君子人格张扬申说并竭力推许自不待言。与儒家学派颇多论争的墨家学派和法家学派,对君子人格也欣赏有加,如墨子说"君子之道也,贫则见廉,富则见义,生则见爱,死则见哀,四行者,不可虚假,反之身者也"(《墨子·修身》),韩非子说"君子不蔽人之美,不言人之恶"(《韩非子·内储说上》),等等,都是对君子人格的高度肯定。影响深远的道家学派,虽然诸多思想观念与儒家学派迥然相异,但在如何看待君子人格这一点上,两者却颇为一致。老子说:"兵者不祥之器,非君子之器,不得已而用之,恬淡为上,胜而不美。"(《道德经·三十一章》)庄子说:"君子之交淡如水,小人之交甘若醴,君子淡以亲,小人甘以绝。"(《庄子·山木》)"以仁为恩,以义为理,以礼为

---

① 辜鸿铭:《中国人的精神》,黄兴涛、宋小庆译,海南出版社1996年版,第50页。

行,以乐为和,薰然慈仁,谓之君子。"(《庄子·天下》)凡此种种,无不表明道家学派对君子人格的认同和称许。至于被誉为"群经之首"的《周易》,更是对君子人格推崇备至。其中广为人知的名句"天行健,君子以自强不息","地势坤,君子以厚德载物",是对君子形象的生动描绘,也被张岱年等哲学家认为是对中华民族精神的最佳概括。

  儒家学说乃至整个中华传统文化,很重要的内容是阐扬仁、义、礼、智、信,以及忠、孝、廉、悌等众多为人处世的伦理和规范。这些伦理规范或者说美好品德,最终都聚集、沉淀、融入和升华到一个理想人格即"君子"身上。孔子被尊为"万世师表",被誉为高于历代帝王之上的"素王",最能体现其思想情怀和超迈气质的人格形象,或者说真正让他自觉内化于心、外化于行的人格模式,就是君子人格。由孔子孕育培养、诸子百家呵护成长的君子人格,在此后中华文化奔腾不息的历史长河中,受到上至政治家、思想家及文人士大夫,下至社会各阶层人士包括普通百姓的广泛认同和景从。

  从先秦至清末,有关君子和君子文化的描述不仅在汪洋浩瀚的历代典籍中星罗棋布,数不胜数,而且在传统戏剧、民间说唱、民俗礼仪、家规家训、乡约里范中俯拾即是。君子文化及君子形象还渗透和融入我们日常生活及器物之中,如中国人自古就有爱玉的传统,实缘于"君子比德于玉焉,温润而泽,仁也"(《礼记·聘义》),"言念君子,温其如玉"(《诗经·国风·小戎》)的观念。我们的先贤崇尚君子品格,甚至把象征高洁、清雅、虚心和气节的梅兰竹菊四种植物人格化,称为"四君子"。宋代以来,以梅兰竹菊表现君子品格的中国书画数不胜数,至今仍然方兴未艾,其繁盛景象让人叹为观止。周敦颐的名篇《爱莲说》,所以称颂"莲,花之君子者也",也缘于他欣赏莲花"出淤泥而不染,濯清涟而不妖"的君子风仪。

  儒学乃至整个中国传统文化,更多是一种面向现实人生的伦理学说,其生命力和重要影响主要在于日常应用。儒学及中国传统义化的这一特点，与西方哲学及文化明显大相径庭。西方从柏拉图、亚里士多德，到康德、黑格尔、海德格尔等，都热衷于构造一个能够解释思维与存在、精神与物质关系的严密理论系统，热衷于探寻认识论、方法论、辩证法等问题。中国从孔孟、老庄，到程朱、陆王、颜李等，其学说虽然也包括对认识论、方法论和辩证法的思考，却并不抽丝剥茧，层层追问"是什么、为什么"，而只是直截了当地告诉你"做什么、怎么做"，并且其所探寻的问题多半集中在社会人生方面，主要涉猎生活方式、人生态度、价值取向，以及个人与群体、个人与社会（国家）的关系等。

这种不仅讲究"学"更看重"用"，不仅讲究"知"更看重"行"的理念，也就是"知行合一"的思想，在有关君子及君子文化的论述中尤为显突。"君子食无求饱，居无求安，敏于事而慎于言，就有道而正焉，可谓好学也已"（《论语·学而》），"君子欲讷于言而敏于行"（《论语·里仁》），"君子耻其言而过其行"（《论语·宪问》），"君子以行言，小人以舌言"（《孔子家语·颜回》），等等，无不鲜明体现出儒家乃至整个中华传统文化洋溢的"实用理性"精神。这种重行动、轻言词，重实践、轻思辨的观念，使历代士大夫知识分子都不是把仁、义、礼、智、信及忠、孝、廉、悌等仅作为一种理论或学术来探讨，而是作为一种值得遵循并应该遵循的伦理规范推向社会、推向大众。其目的，就是要在全社会尽可能多地培育和塑造君子人格，并以其为引导带动各阶层大兴君子文化、大倡君子之风、大行君子之道，使整个社会演进步入有序前进的良性发展轨道。

以儒学为主干的中华传统文化，其出发点和落脚点都是让更多的人成为君子。"做人做君子"，这是中华民族世代相传的祖训，像血液一样涌动在每个中华儿女的内心。"君子一言，驷马难追"，"君子爱财，取之有道"，"君子成人之美"，"君子不夺人所好"，"君子动口不动手"，"近君子远小人"，"防得了君子，防不了小人"，"明人不做暗事，君子不说假话"，"量小非君子，德高乃丈夫"，"有事但逢君子说,是非休听小人言",等等,这些至今活在人们口头的君子格言,已不同程度地成为中华儿女的人生信条乃至处世习惯。每一个中华儿女身上都传承着君子人格的干细胞,它以一种习用而不察、日用而不觉的方式,规范和调整着我们观察事物、思考问题、行为处事的视野、心态、作风与格调,影响着人们做人做事的价值判断和行为准则。

我们培育和践行社会主义核心价值观,关键是要激活、焕发和培植人们内心由传统文化长期熏陶而形成的价值理念或者说世道人心,简而言之,就是对以"自强不息,厚德载物"为典型特征的君子人格的尊崇和追求。通过挖掘、整理、阐发和弘扬,让君子文化这颗最能体现中华优秀传统文化"精气神"的种子在新时代春风吹拂下生根发芽、开花结果。这样才能如习近平总书记所说,"使中华民族最基本的文化基因与当代文化相适应、与现代社会相协调,以人们喜闻乐见、具有广泛参与性的方式推广开来"[1]。

2018 年 3 月 28 日于书香苑

(原刊《光明日报》2018 年 4 月 3 日。)

---

[1]《建设社会主义文化强国 着力提高国家文化软实力》,载 2014 年 1 月 1 日《人民日报》。

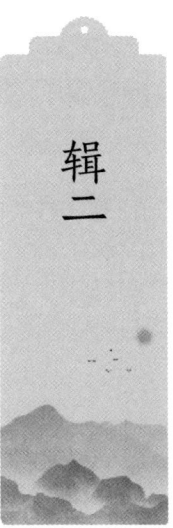

辑二

时代新人与传统君子漫议

一

培养担当民族复兴大任的时代新人，是党的十九大报告对培养什么样的人提出的新要求，是新时代中国特色社会主义塑造人才的新目标。君子作为中华民族千锤百炼的主导人格，是博大精深中华文化树立的做人标杆，是数千年中国人推崇的正面人格形象。表面看，时代新人与传统君子似乎相隔遥远、差距较大，实质上，两者的基本精神和内在要求是高度契合、颇为一致的。

何为"时代新人"？综合时下权威解释，主要涉及五条标准，即有理想、明大德、强本领、勇担当、重实干。其实，这五个方面要求，古代先哲谈论君子人格特点时早有涉猎，并且不是浅尝辄止、泛泛而谈，而是响鼓重槌、反复申论。"君子谋道不谋食"（《论语·卫灵公》），"君子学以致其道"（《论语·子张》），"君子之志于道也"（《孟子·尽心下》），这几句中所说的"道"，就是指理想信念，这个不是强调君子要有理想有抱负吗？"君子以厚德载物"（《周易·坤卦》），"君子怀德"（《论语·里仁》），"君子以见善则迁，有过则改"（《周易·益卦》），这不是把明大德作为成就君子的必备条件吗？"君子博学于文"（《论语·雍也》），"君子病无能焉，不病人之不己知也"(《论语·卫灵公》),"君子深造之以道,欲其自得之也"(《孟子·离娄下》),这不是将本领和能力看作君子的基本素质吗?"君子忧道不忧贫"(《论语·卫灵公》),"君子安而不忘危"(《周易·系辞传下》),"君子之守,修其身而天下平"(《孟子·尽心下》),这不是肯定君子要有担当精神和忧患意识吗?"君子以自强不息"(《周易·乾卦》),"君子耻其言而过其行"(《论语·宪问》),"君子讷于言而敏于行"(《论语·里仁》),这不是推崇君子要有奋发有为的实干精神吗?

当今日新月异、气象万千的中国,是古老悠久、历史厚重的中国的延续和发展。中华人民共和国成立七十年来产生广泛而积极影响的"时代精神",也是对中华民族数千年形成的伟大民族精神的继承和弘扬。从20世纪50年代的"时传祥精神"、"铁人精神",60年代的"雷锋精神"、"焦裕禄精神",70年代的"红旗渠精神"、"小岗精神",80年代的"改革精神"、"女排精神",90年代的"孔繁森精神"、"抗洪精神"等,到新世纪以来众多"时代楷模"、"道德模范"、"中国好人"所张扬的精神——尽管这些精神光耀于不同时期不同发展阶段、闪烁在不同行业不同职业的人身上,但许多部分在精神实质上却是一脉相承、彼此重合的。赤胆忠诚的爱国情怀、坚毅顽强的奋斗意志、精益求精的钻研品格、敢闯敢试的革新追求、爱岗敬业的挚诚奉献、助人为乐的古道热肠等等,既是我们的时代披荆斩棘、开拓前行的价值导向和精神动力,也是对"天行健,君子以自强不息"、"地势坤,君子以厚德载物"民族精神的时代诠释和生动实践。

当然,今天新人与古代君子所处时空不同,各自面对不同的生存条件和发展问题,需要以不同思路、不同方法回应和解答不同的时代课题,这是显而易见无须赘述的。但两者在面对和处理不同时代矛盾乃至云泥之别的时代课题时,具有大致相同的内在精神气质,即孔子所说的"吾道一以贯之"的伟大民族精神,这也是昭明彰著毋庸置疑的。

二

　　如此突出时代新人与传统君子的内在联系，自然涉及对人文思想和文学艺术领域里继承与创新关系的认识及解读。"周虽旧邦，其命维新"，这句出自《诗经·大雅·文王》中的名句，多被解释为"周虽旧的邦国，其使命在革新"。其实，作为"四书"之一的《大学》早就指出：此句意义与汤之《盘铭》"苟日新，日日新，又日新"，与《尚书·康诰》"作新民"相联系。"苟日新，日日新，又日新"镂刻于商朝开国君主成汤的浴盆之上，意为每天沐浴洗澡去除污垢，才能保持洁净清新，引申意为每日以德净心、以德润身，才能保持思想、言行、人生的纯洁、健康。"作新民"是指教育感化使人不断自新。因此，"周虽旧邦，其命维新"，并非说周朝脱胎换骨，革故鼎新，变成一个新的邦国，而是指"周朝虽为旧邦，命运却呈现新的气象"。宋代理学家程颐曾说："君子之学必日新，日新者日进也。"（《二程集·河南程氏遗书卷第二十五》）这里所说的"新"，并不是对原有学问的抛弃和否定，而是指在旧有学术基础上不断进步，有所拓展和深化。

　　纵观中国学术史，人文社会科学里谈论治国理政和思想道德的许多概念，虽然在不同时代有不同表述，并且每个时代常常强调和宣扬自己与既往不同及相异的一面，但实质上，不同词汇和说法不仅意蕴一脉相承，而且内涵大同小异，并行不悖。譬如，我们今天所说的"以人民为中心"执政理念，就有着源远流长的深厚传统。它与古代"民惟邦本，本固邦宁"（《尚书·五子之歌》），"民为贵，社稷次之，君为轻"（《孟子·尽心下》），"天下之治乱，不在一姓之兴亡，而在万民之忧乐"（黄宗羲《明夷待访录》）等民本思想，不仅意脉相互贯通，精神也高度吻合。其他如崇尚清廉为政、勤勉奉公，倡导严于修身、俭约自守等等，莫不如是。为什么唐太宗怀念魏征时说"夫以铜为镜，可以正衣冠；以古为镜，可以知兴替；以人为镜，可以明得失"（《旧唐书·魏征传》）？为什么在社会生活疾速演进、今非昔比乃至发生沧海桑田之变的当下，我们仍强调继承传扬中华优秀传统文化的重要性？其原因就在于：现代由古代延伸而来，现代只是历史长河中的一瞬，而漫长的古代不仅在时间上是千百个既往现代的累积，并且在知识文化上拥有无数既往经验和智慧的积淀。

人类社会发展，除自然科学及工程技术领域会发生彻底否定和颠覆既往理论及产品的状况外，文学艺术和社会科学领域许多反映社会人生基本规律的理念及思想，往往并不会随着时代变迁或朝代更迭而失去意义，反而会伴随时间推移和历史检验绽放出更加夺目的光彩。我们之所以能够从"四书五经"及唐诗宋词等古代经典中获得怡情明智、温润心灵的审美感受，原因正在于此。人们之所以经常说鉴往知来、借古开今，也在于历史和传统中饱蕴着大量处理今天繁难事务的睿智和启示。《论语》的开篇之语是："学而时习之，不亦说乎？有朋自远方来，不亦乐乎？人不知而不愠，不亦君子乎？"这虽然是孔子说于两千多年前的话，但至今仍给予我们以深刻的教益和启迪。

三

在中国文化里，孔子被誉为"万世师表"，被看作高于历代帝王之上的"素王"。集中反映孔子思想和情怀的《论语》，总共不到16000字，"君子"一词竟出现107次，堪称使用频率相当高的核心概念。翻开《论语》，从开篇《学而》里的"君子务本，本立而道生。孝弟也者，其为仁之本与"，到末篇《尧曰》里的"君子惠而不费，劳而不怨，欲而不贪，泰而不骄，威而不猛"，从头至尾二十篇，每一篇章都以若干段落从不同方面对君子人格不断雕塑、反复刻画。冯友兰曾说，孔子一辈子思考的问题很广泛，其中最根本最突出的就是对如何"做人"的反思，就是为人的生存寻求精神上的"安身立命之地"。如果说，孔子思想的核心是探求如何立身处世即如何"做人"的道理，那么他苦苦求索的结果，或者说最终给出的答案，就是做人要做君子。

为了让世人认识和理解自己悉心设计的"君子"，孔子睿智地在《论语》里采取比较排除法，同时论述了比君子高大的"圣人"和比君子矮小的"小人"。关于圣人，他对弟子把他奉为"圣人"的做法表示反对："若圣与仁，则吾岂敢。"（《论语·述而》）他还明确说："圣人，吾不得而见之矣，得见君子者，斯可矣。"（《论语·述而》）关于小人，在与君子的一系列对举和比照中他予以贬责和否定，如"君子喻于义，小人喻于利"（《论语·里仁》），"君子坦荡荡，小人长戚戚"（《论语·述而》），"君子泰而不骄，小人骄而不泰"（《论语·子路》），"君子求诸己，小人求诸人"（《论语·卫灵公》），"君子和而不同，小人同而不和"（《论语·子路》），"君子成人之美，不成人之恶。小人反是"（《论语·颜渊》），等等。这就告诉我们，君子既不是难以见到、难以企及、仰之弥高乃至高不可攀的圣人，也与目光短浅、心胸狭隘、见利忘义、斤斤计较的小人判然有别。君子作为孔子心目中的崇德向善之人格，理想而现实、尊贵而亲切、高尚而平凡，是可见、可感，可学、可做，并应学、应做的人格范式。

习近平总书记指出："培育和弘扬社会主义核心价值观必须立足中华优秀传统文化。"① 他强调："中华文明绵延数千年，有其独特的价值体系。中华优秀传统文化已经成为中华民族的基因，植根在中国人内心，潜移默化影响着中国人的思想方式和行为方式。今天，我们提倡和弘扬社会主义核心价值观，必须从中汲取丰富营养，否则就不会有生命力和影响力。"② 我们今天从优秀传统文化里获取做人做事

---

① 《把培育和弘扬社会主义核心价值观作为凝魂聚气强基固本的基础工程》，载 2014 年 2 月 26 日《人民日报》。
② 习近平：《青年要自觉践行社会主义核心价值观》，载 2014 年 5 月 5 日《人民日报》。

的启示和滋养，尤其需要重视在中华文化历次整合中出类拔萃的君子文化，在全社会大兴君子之风、大行君子之道，倡导做人做君子。换言之，时代新人也可以说就是现代君子。

习近平总书记对领导干部曾提出"三严三实"的箴言："严以修身、严以用权、严以律己，谋事要实、创业要实、做人要实"。这既是塑造时代新人所应遵循的基本原则，也与传统君子人格的要求不谋而合。以儒学为主干的中国传统文化认为，人生在世要有所作为，首先必须"正心、诚意、修身、齐家"，然后才能"治国、平天下"。《论语·学而》曰"吾日三省吾身"，《礼记·中庸》曰"君子慎其独也"，《荀子·劝学》曰"君子博学而日参省乎己，则知明而行无过矣"，《汉书·刘向传》曰"君子独处守正，不桡众枉"，等等，所言都是君子应严格要求自己，不断提升自身修养。这与严以修身、严以律己，包括对在位者严以用权的要求，可谓不约而同，异曲同工。《论语·为政》载"子贡问君子。子曰：'先行其言而后从之'"，《论语·子路》曰"言必信，行必果"，《孔子家语·颜回》曰"君子以行言，小人以舌言"，王符《潜夫论》曰"大人不华，君子务实"，等等，无不提醒和告诫人们谋事要实、创业要实、做人要实，这对今天时代新人立身处世同样具有积极借鉴意义。

人是社会实践的主体，也是历史文化的产物，既能推动现实社会的前行进步，又被社会历史文化塑造而提升发展。时代新人作为担当民族复兴大任的生力军，其人格力量既孕育于新时代中国特色社会主义的生动实践中，又伏源于近百年中国革命和建设艰苦卓绝的峥嵘岁月里，更扎根于中华民族悠久历史和厚重文化肥沃土壤的深处。培育时代新人，要在我们伟大祖国高歌猛进的火热生活中锤炼思想和意志，也要从中华民族历经磨难而跋涉向前的辉煌历史文化里淬炼精神和品格，使时代新人不仅激扬新时代的豪情和风采，而且饱含君子人格的底蕴和情怀。

正因如此，福建教育出版社策划出版这套"君子与时代新人"丛书，可谓别具只眼，很有意义。这套丛书不是简单教条地阐述"时代新人"的内涵和意义，而是把"培养担当民族复兴大任的时代新人"的宏伟任务，放在数千年中华民族探索如何做人、做什么样人的历史中进行考察，放在中华民族历来推崇的可学可做并应学应做的理想人格，即君子人格形成与发展的过程中进行讨论，追本溯源，温故知新，探幽穷赜，钩深致远。丛书既有《君子名言》这样从历代浩瀚典籍中精选和解读前贤有关君子论述的箴言录，也有《君子故事》这样从漫长历史中搜集和展示君子感人事迹的掌故集；既有《何为君子》这样从理论上思考和探讨君子内涵及外延的学术札记，又有《从君子到时代新人》这样琢磨和寻觅中华民族集体人格塑造及培育路径的思辨随笔。拜读丛书书稿，虽通过编辑或直接向作者提过一些修改意见，但总体看，丛书的几位作者均学有根底、写作态度认真、表达富有个性特色。《君子名言》的匠心选择和准确译评，《君子故事》的生动讲述和绝句开篇，《何为君子》的娓娓道来和条分缕析，《从君子到时代新人》的犀利文风和锐意己见，尤其是其通过培养君子公民造就时代新人的观点及分析，都给人留下深刻印象并使人深受教益。

因在倡导和开展君子文化研究及实践方面尽了一点绵薄之力，承蒙福建教育出版社孙汉生总编辑的肯定和抬举，约我担任丛书主编并嘱序。这使我有机会较早接触到丛书的选题策划，先睹为快阅读了诸位学者的书稿，产生一些粗浅感想及看法。这里和盘托出，鱼目混珠，权充为序。

2019年3月24日于书香苑

（原刊《群言》2019年第6期，本文原系为"君子与时代新人"丛书写的序言，该丛书2019年由福建教育出版社出版。）

培育君子人格，提升城市品质

　　文化的重要功能是文以化人，其最深层的积淀和影响是对人格的培养。源远流长、博大精深的中国文化，在数千年漫长发展中不断塑造和培育的正面人格，或者说理想人格、集体人格，就是被历代中国人广泛接受并尊崇的君子人格。

　　君子人格的胚胎孕育于商周时期，形成于孔子生活的春秋战国年代，其基本骨架、内在气质和俊彦风貌在《论语》多视角的反复琢磨和刻画中脱颖而出，惊艳四方。在《论语》里，"君子"一词出现一百零七次，是使用频率最高的一个核心概念，由此足见孔子对君子人格的百般钟爱和悉心打造。如果说，孔子在构思和传布儒家学说时，思考的轴心问题是探求如何立身处世，即如何做人的道理，那么他苦苦追寻的结果，或者说最终给出的答案，就是做人要做君子。

　　儒家学说乃至整个中华传统文化，其中很重要的内容是阐扬仁、义、礼、智、信，以及忠、孝、廉、悌等众多为人处世的伦理和规范。这些伦理规范或者说美好品德，最终都聚集、沉淀、融入和升华到一个理想人格即"君子"身上。孔子被尊为"万世师表"，被誉为高于历代帝王之上的"素王"，最能体现其思想情怀和超迈气质的人格形象，或者说真正让他自觉内化于心、外化于行的人格模式，就是君子人格。君子一方面不是难以见到、难以企及、仰之弥高乃至高不可攀的圣人，另一方面也与目光短浅、心胸狭隘、见利忘义、斤斤计较的小人判然有别。君子作为孔子心目中的崇德向善之人格，既理想又现实，既尊贵又亲切，既高尚又平凡，是可见、可感，又可学、可做，并应学、应做的人格范式。

由孔子精心哺育和托举而起的君子人格，仿佛绚丽彩霞中冉冉升起的一轮朝阳，让蜿蜒起伏、峰峦迭出、绵延数千年的中华历史文化巨大山脉，都染上它富有魅力的朝晖。汉代以降，君子人格受到上至历代政治家、思想家及文人士大夫，下至社会各阶层人士包括普通百姓的广泛认同和景从。浩若烟海的中华传统文化，对君子形象的描述、解析和阐发灿若星汉，数不胜数。正是因为这种众星捧月般的跨时代解读和赓续弘扬，君子人格不仅在中华历代典籍的书写中俯拾即是，还从古到今一代又一代地传承下来，传得家喻户晓、众所周知、深入人心——只要是中国人，不论居庙堂之高，抑或处江湖之远，哪怕是目不识丁的山村老农，也乐于被人看作君子，而绝不愿意被人视为小人。

今天我们口头还经常说"君子一言，驷马难追"，"君子爱财，取之有道"，"君子动口不动手"，"君子成人之美"，"君子不夺人所好"，"以小人之心，度君子之腹"，等等。每一个中华儿女身上都传承着君子人格的干细胞，它以我们习用而不察、日用而不觉，润物细无声的方式，规范和调整着我们观察事物、思考问题、为人处事的视角、心态、作风与格调。

做人做君子！这是中华民族代代相传的祖训，也是今天每个中国人应有和乐于做出的选择。作为中华文化富饶宝矿熔炼出的结晶，君子人格承载着中华民族最基本的文化基因，代表着中华民族深层的精神追求，是凸显中华文化精气神的典范人格标志。

君子人格的内涵异常丰富，涉及如何做人、如何完善人格这一根本问题的方方面面。享有得天独厚美好自然环境的威海市，以物质文明和精神文明建设双丰收的优异成就荣获"全国文明城市"佳誉后，进一步提出"君子之风，美德威海"的响亮口号，深入实施文明市民培育工程，提升市民文明素质，升华城市文明品质，推动社会主义核心价值观在威海落地生根，开花结果。

我以为，扎根中华传统文化的肥沃土壤，以最能体现中华优秀文化精气神的君子人格为标杆，通过大力弘扬君子之风，鼓励广大市民人人争当仁爱君子、谦谦君子、信义君子、忠勇君子，推动形成崇尚君子品格、大兴君子之道的良好风尚，必将为"全国文明城市"的金字招牌增光添彩。威海市还扎实开展"爱文明家园，做文明市民"主题实践活动，引导市民从日常小事做起，从"排队上下车、礼让斑马线、不乱扔杂物"等文明细节做起，日积月累，不断丰富内容，不断提高市民自我管理、自我教育、自我提升的素养，形成自觉遵守文明秩序的良好习惯。这些，必将使威海市作为东海之滨的邹鲁之地，彰显"君子之城，美德之都"的风采。

2015 年 9 月 7 日于合肥

（原刊 2015 年 9 月 29 日《光明日报》。此文依据 2015 年 8 月在山东威海市举行的"君子之风·美德威海与社会主义核心价值观建设研讨会"发言整理。）

开垦君子文化沃土，收获精神文明硕果

安徽蒙城是先秦大思想家和文学家庄子的故里，桐城是激荡清朝文坛两百余年桐城派的故乡。在培育和践行社会主义核心价值观的过程中，这两座历史文化名城植根地域文化特色，积极开垦传统君子文化的沃土，通过兴君子之风、倡君子之道、树君子德行、立君子标兵等举措和活动，推进社会主义核心价值观落地生根，取得了引人瞩目的成果。

十八大以来，习近平总书记反复申论继承和弘扬中华优秀传统文化的重要性，强调"培育和弘扬社会主义核心价值观必须立足中华优秀传统文化"①，强调"要使中华民族最基本的文化基因与当代文化相适应、与现代社会相协调，以人们喜闻乐见、具有广泛参与性的方式推广开来"②。如何贯彻落实习总书记重要讲话精神？许多专家学者提出有价值的观点和思路，各地各部门也积极探索取得不少有益的经验。蒙城和桐城的做法之所以值得重视，主要是在如何用传统文化涵养和培育社会主义核心价值观方面，找到了"君子文化"这一别开

---

① 《把培育和弘扬社会主义核心价值观作为凝魂聚气强基固本的基础工程》，载2014年2月26日《人民日报》。
② 《建设社会主义文化强国　着力提高国家文化软实力》，载2014年1月1日《人民日报》。

生面的路径。

"君子"是中华民族千锤百炼的人格基因,是数千年中华优秀传统文化塑造和推崇的人格模式。在汪洋浩瀚的中华传统文化中,君子文化最能代表中华民族的深层精神追求和独特精神标识,是我们培育和践行社会主义核心价值观能够直接嫁接并开花结果的老树新枝。君子文化作为涵盖传统与当代、贯通古代与今天的文化航标,明显呈现三大特质。

其一,拎得起,放得下。所谓"拎得起",是指君子文化汇聚、容纳和概括了中华优秀传统文化的精要部分,能够把传统文化的精华提纲挈领地拎起来。所谓"放得下",是指君子文化在中国家喻户晓,人们耳熟能详,易于为广大老百姓所接受和认同。

文化的重要功能是文以化人,其最深层的积淀和影响是对人格的培养。博大精深的中国传统文化在数千年漫长发展中,精心培育和反复塑造的正面人格或者说集体人格,就是被历代中国人广泛尊崇的君子人格。孔子被尊为"万世师表",被誉为高于历代帝王之上的"素王",他在构思和传布儒家学说时,思考的轴心问题是探求如何立身处世,即如何做人的道理。他苦苦追寻的结果,或者说最终给出的答案,就是做人要做君子。儒家学说乃至整个中华传统文化,其中很重要的内容是阐扬仁、义、礼、智、信及忠、孝、廉、悌等众多为人处世的伦理和规范。这些伦理规范或者说美好品德,最终都沉淀、融入和升华到一个理想人格即"君子"身上。君子文化历久而弥新、古老而鲜活,至今仍保存着旺盛的生命力。尽管当今社会发展迅速,文化多样,但只要是中国人,不论居庙堂之高,抑或处江湖之远,哪怕是目不识丁的山村老农,也乐于被人看作君子,而绝不愿意被人视为小人。君子人格是中华文化在每个中国人身上留下的文化基因。做人做君子!这是数千年中华优秀传统文化的选择,也是今天每个中国人应有和乐于做出的选择。

其二,传得远,推得开。所谓"传得远",是指君子文化源远流长,贯穿中华民族自春秋以来的发展史,绵延数千年,一代又一代地遗传下来。所谓"推得开",是指君子文化作为中国传统文化的精要所在,具有广泛而深厚的民族心理积淀,为广大老百姓所喜闻乐见并乐于奉行。

君子文化在中华民族奔腾不息的历史长河中,受到上至历代政治家、思想家及文人士大夫,下至社会各阶层人士包括普通百姓的广泛认同和景从。从先秦至清末,有关君子和君子文化的描述不仅在浩如烟海的历代典籍中星罗棋布,而且在戏曲舞台和民间说唱中俯拾即是。君子文化及君子形象还渗透和融入我们日常生活及器物之中,如中国人自古就有爱玉的传统,实缘于"君子比德于玉焉,温润而泽"(《礼记·聘义》)的观念,中国画自宋代以来画得最多的题材是梅兰竹菊,也缘于人们把梅兰竹菊看作"四君子"。苏东坡所以说"宁可食无肉,不可居无竹。无肉令人瘦,无竹令人俗",原因正在于他推崇竹子劲节虚心、清雅脱俗的君子品格。我们日常为人处世时经常说"君子一言,驷马难追","君子爱财,取之有道","君子动口不动手","君子成人之美","君子不夺人所好","以小人之心,度君子之腹",等等。这些至今活在人们口头的君子格言,已不同程度地成为中华儿女做人做事的人生信条,以我们习用而不察、日用而不觉、润物细无声的方式,规范和调整着我们观察事物、思考问题、为人处事的价值判断和行为格调。

其三,低标准,高目标。所谓"低标准",是指君子文化雅俗共赏,具有易学易做、易于认同和践行的特征。所谓"高目标",是指完善君子人格是终身的课程,需要一辈子不断地修身养性,才能成为名副其实的正人君子。

人格是复杂的,具有多面性。每一个人身上既有君子人格的成分,也有小人人格的因素。唐太宗在《贞观政要·教戒太子诸王》中说:"君子、小人本无常,行善事则为君子,行恶事则为小人。"这再清楚不过地表明:做君子还是做小人,既与身份、地位无关,又是一个变化的、动态的过程。这其中的关键和要害，在于你为人处事时的一次次选择——选择"行善事则为君子"，选择"行恶事则为小人"。因之，我们需要"吾日三省吾身"，需要将修身作为终身课程，需要不断地集小善为大善，这样才能称得上真君子。就此而言，君子既是一个做人的低标准，又是一个做人的高目标：你为人处事中的每一次崇德向善的选择，哪怕是尽绵薄之力做了一点助人为乐或孝老爱亲的好事，都是在行君子之风和君子之道；但你必须在人生长途中坚持不懈地修身，做出许许多多崇德向善的选择，将勇于担当和乐于奉献作为人生信条和习惯，才堪称真君子。习近平总书记向党员领导干部提出"三严三实"要求时，将"严于修身"列于首位，确为抓住了问题的要害。

正因为君子文化具有上述特质，2014 年 6 月 13 日《光明日报》头版头条发表拙文《君子文化与社会主义核心价值观》后，在各界引起热烈反响。除《人民日报》、《光明日报》、《新华文摘》等重点报刊陆续刊发众多论述君子文化的文章外，浙江大学、江苏省社科院等单位分别成立了君子文化研究中心，举办君子文化论坛和研讨会。荣获"全国文明城市"称号的山东省威海市将"君子之风，美德威海"定为城市名片，通过大力弘扬君子之风，培育君子人格，不断提升城市文明的境界和品格。安徽省委宣传部更是着力"建设君子文化的研究高地、宣传高地和实践高地"，不仅在全国率先成立了省社科院君子文化研究中心，以及安徽省君子文化研究会，还将蒙城和桐城两座文化古城定为君子文化推广试点县市。

我们培育和践行社会主义核心价值观，需要下文件发号召，需要广宣传造声势，需要编读本做讲解，需要评模范树标杆，关键是要激活和焕发人们内心由传统文化长期熏陶而形成的价值理念，简单说就是对千百年来中国人所崇尚的君子之风、君子之道、君子人格的遵从和追求。蒙城和桐城通过弘扬君子文化，打造美德城市，具有接传统、连人心、易推广、受欢迎的特点，已经获得良好的效果。相信两地进一步探索,在立足中华优秀传统文化培育和践行社会主义核心价值观方面一定会开拓出新的天地。

2016 年 4 月 4 日于合肥书香苑

(原刊 2016 年 4 月 11 日《光明日报》。)

君子文化是文化强国的源头活水

一

文化强国是一个庞大的系统工程,① 既包括"道"的层面的软实力,又囊括"器"的层面的硬实力。前者主要是理想信念、价值观念及道德风尚的建设,后者更多是文化产业、文化设施及公共文化服务体系的建构等。这两个方面虽然处于思想观念与实际操作的不同领域,可以分开把握和研究,但在实践中它们多半是相辅相成的关系。理想信念和价值观念等软实力,需要众多文化产品和文化设施来呈现与传播;而文化产业发展和文化设施完善等硬实力,则离不开理想信念和价值观念的内涵支撑与思想引导。

文化的软实力与硬实力虽然相互依存,但就我国目前现状来看,加强文化软实力的建设显得尤为迫切和重要。这些年来,伴随我国经济的快速增长和科技的迅猛发展,包括图书出版、影视剧制作、网络视听及电子竞技赛事在内的各类文化产业,包括图书馆、博物馆、文化馆、乡镇综合文化服务站、广电网络村村通在内的各种文化设施及

---

① 党的十九届五中全会提出:到2035年建成社会主义文化强国。《中华人民共和国国民经济和社会发展第十四个五年规划和2035年远景目标纲要》对"十四五"时期推进社会主义文化强国建设做了具体战略部署。

公共文化服务体系等，已经初步建成并在逐步升级和完备之中。这些标准型、普惠性、公共性，以及能够创造经济效益的文化产品和服务体系等，具有可定指标、可考核检查、可评比评奖、可一票否决，以及可市场竞争等特点，在政府有形之手和市场无形之手的推动与调节下，相对容易抓落实、抓成效，因而完成度相对较高。

比较而言，文化软实力即理想信念、价值观念和道德风尚建设等，虽然多年来我们也一直花力气常抓不懈并取得一定成效，但整体效果并不理想，可说完成度并不如预期。这些年来，我们在弘扬和践行社会主义核心价值观、深化群众性精神文明创建活动、加强各级学校思想政治课建设等方面，采取多种举措广泛宣传、深化教育、强力推进，但社会各阶层信仰缺失、价值迷失、道德失范等问题依然存在，有些甚至较为严重和严峻。因此，文化强国不可忽视的重点或者说当务之急，就是强化理想信念、价值观念和道德风尚的建设。这不仅在于理想信念和价值观念本身是文化的灵魂，是决定文化性质和方向的最深层次的核心要素，而且在于理想信念和价值观念是一个国家和民族凝聚广泛社会共识的精神纽带和导向，是有效整合社会意识，使社会系统得以有序运转的有力保障，也是国家治理体系和治理能力的重要体现。

有鉴于此，本文侧重从数千年中华文化演变规律的视角，讨论文化强国核心观念或曰民族精神内在构成的若干问题，提出君子文化是文化强国的源头活水的观点，以就教方家。

二

学界谈论我国当下主流文化的构成，一般都采纳和遵循习近平总书记在党的十九大报告中的观点："中国特色社会主义文化，源自于中华民族五千多年文明历史所孕育的中华优秀传统文化，熔铸于党领导人民在革命、建设、改革中创造的革命文化和社会主义先进文化，植根于中国特色社会主义伟大实践。"这就是说,当代中国文化主要包括中华优秀传统文化、革命文化和社会主义先进文化三大组成部分。2020年9月22日,为编制"十四五"规划,习总书记在教育、文化、卫生、体育领域专家代表座谈会上还指出:"我多次强调,要坚定文化自信,推动中华优秀传统文化创造性转化、创新性发展,继承革命文化,发展社会主义先进文化,不断铸就中华文化新辉煌,建设社会主义文化强国。"① 这里也明确:铸就中华文化新辉煌,建设文化强国,需要通过对优秀传统文化、革命文化、社会主义先进文化的转化、继承和发展来实现。

中华优秀传统文化、革命文化、社会主义先进文化,三者所对应的社会发展阶段不同,所包含的内容也各有侧重并互有差别,但内在精神上又一脉相承,彼此贯通。不论是革命文化中的红船精神、井冈山精神、长征精神、抗战精神、延安精神、西柏坡精神等,还是社会主义先进文化中的雷锋精神、铁人精神、焦裕禄精神、小岗精神、女排精神、抗洪精神、抗疫精神等,它们都植根于中华优秀传统文化的深厚沃土之中,是历经数千年熏染、锤炼、锻造而成的伟大民族精神在社会主义革命和建设中的时代表现。譬如抗战精神,我们现在多概括为"天下兴亡、匹夫有责的爱国情怀","视死如归、宁死不屈的民族气节","不畏强暴、血战到底的英雄气概","百折不挠、坚忍不拔的必胜信念"。② 这实际上是精忠报国、顽强拼搏、无所畏惧、共御外侮的古老民族精神,在抗战特定时期的迸发与升腾。其他革命文化和社会主义先进文化里的各种精神大体相似,也都能在优秀传统文化中找到母本前身,至少是雪泥鸿爪。

正因如此,习总书记深刻指出:"中华文化源远流长,积淀着中

---

① 习近平:《在教育文化卫生体育领域专家代表座谈会上的讲话》,载2020年9月23日《人民日报》。
② 中共中央宣传部理论局:《纪念中国人民抗日战争暨世界反法西斯战争胜利70周年理论文章选》,学习出版社2015年版,第468页。

华民族最深层的精神追求，代表着中华民族独特的精神标识，为中华民族生生不息、发展壮大提供了丰厚滋养。"他还说："培育和弘扬社会主义核心价值观必须立足中华优秀传统文化。牢固的核心价值观，都有其固有的根本。抛弃传统、丢掉根本，就等于割断了自己的精神命脉。对我们来说，博大精深的中华优秀传统文化是我们在世界文化激荡中站稳脚跟的根基"。①

可以说，优秀传统文化、革命文化和社会主义先进文化，三者虽各有自己的时代内涵，但在精神根脉上又彼此贯通、紧密联系。三者并非完全是并列关系，而是串联关系，是由中华文化这个母蚌，或者说中华文化这根主线，孕育和串连起传统文化、革命文化、先进文化这串珍珠。三者都是中华文化精神洪流沿着历史河道奔腾而下，在不同河段掀起的滚滚浪潮，并且革命文化、先进文化等离我们较近浪涛的澎湃激扬，源于传统文化的暗流涌动和磅礴伟力，也源于中华传统文化本身具有的开放包容精神和与时俱进品格。

放在整个中华文明演进的历史长河中看，革命文化、社会主义先进文化可说是中华优秀传统文化在现当代的传承和拓展，是中国共产党人在近百年奋斗历程中，立足中华大地，吸收西方营养，对中华传统文化进行批判改造，即创造性转化和创新性发展的重大成果。我们今天建设文化强国，关键也在于结合中华民族伟大复兴的当代实践，对中华优秀传统文化进行创造性转化和创新性发展。

三

如何对传统文化进行创造性转化和创新性发展？中华传统文化渊博精深，内容浩瀚，做好"双创"的要点首先在于爬罗剔抉，找到最能体现中华优秀传统文化基本精神、最能代表中华优秀传统文化鲜明

---

① 习近平：《把培育和弘扬社会主义核心价值观作为凝魂聚气、强基固本的基础工程》，见《论党的宣传思想工作》，中央文献出版社2020年版，第54—55页。

标识的核心内涵，然后刮垢磨光，通过对其丰富意蕴的发掘和阐释，激活其旺盛生命力，并按照时代的新进步和新要求，对其内涵加以补充和完善，使其成为当代社会既有深厚传统底蕴又饱含时代精神、具有感召力和影响力的一面文化旗帜。

在中华传统文化蜿蜒起伏的巨大山脉中，充分体现中华优秀传统文化特色，并为当今民众喜闻乐见的君子文化胜景，堪当此任。

君子文化是由君子人格衍生而来的。君子人格早在西周时期已具雏形，主要指统治者和贵族男子，但其人格形象已有明确价值导向。《尚书》卷十三云："君子勤道，不作无益害有益，功乃成。"《周易》象传云："天行健，君子以自强不息"，"地势坤，君子以厚德载物"。《国语·晋语》言："人之有学也，犹木之有枝叶也。木有枝叶，犹庇荫人，而况君子之学乎？"这里倡导"不作无益害有益"、"自强不息"、"厚德载物"、"崇文向学"等，既为君子人格的形成植入了胚胎基因，也为君子人格和君子文化的发展奠定了品质基础。

到了春秋战国时期，孔子继承西周以来《尚书》、《周易》、《国语》、《左传》、《诗经》等典籍中有关君子论述的思想资料，认为崇德向善、崇文向学等不应只是对少数权贵的要求，也应是多数人普遍追寻的目标。因而《论语》每一篇章都从不同方面对"君子"人格反复论述："君子喻于义，小人喻于利"（《论语·里仁》），"君子坦荡荡，小人长戚戚"（《论语·述而》），"君子和而不同，小人同而不和"（《论语·子路》），"君子成人之美，不成人之恶，小人反是"（《论语·颜渊》）……孔子一方面在君子与小人的对举和比较中，勾勒和塑造君子的形貌与品格；另一方面又指出君子并非高不可攀的圣人，强调"圣人，吾不得而见之矣；得见君子者，斯可矣"（《论语·述而》），从而使君子又与圣人拉开距离，成为一种可望可及、可学可做的正面人格形象。

孔子悉心打造的君子形象，作为理想又现实、尊贵又亲切、高尚又平凡的人格范式，在中华民族数千年跋涉前行的历史进程中，受到上至历代统治者、思想家及文人士大夫，下至社会各阶层人士包括普通百姓的广泛认同和推崇。以儒家思想为主干的中华传统文化，历来倡导的仁、义、礼、智、信及忠、孝、廉、悌等为人处世的伦理规范，这些美好品德都注入、融化、汇聚到一个人格形象即君子人格身上。所以清末民初思想家辜鸿铭说："孔子全部的哲学体系和道德教诲可以归纳为一句，即'君子之道'。"① 海外学者余英时也说："儒学事实上便是'君子之学'"②。

四

如果说，以儒家思想为主干的中国传统文化关注焦点偏向如何为人处世的伦理哲学，那么，从孔子开始的历代思想家及文人士大夫所探讨的结果或曰所取得的最大共识，就是做人做君子。这是数千年中华优秀传统文化的选择，也是历代中华儿女应有和乐于做出的选择。③ 关于君子及君子文化的解说和阐发，不仅在浩如烟海的历代典籍里俯拾即是，数不胜数，而且数千年来一直以托物言志的方式浸润和渗透中国人的日常生活。

为什么中国有着悠久的爱玉、佩玉传统？除了玉作为一种"美石"具有欣赏价值和经济价值外，主要原因在于自殷周时期起我们祖先就将玉的特质与君子的品格相类比，赋予玉石诸多君子品格的寓意。《诗经·国风·小戎》："言念君子，温其如玉"；《礼记·聘义》："君子比德于玉焉，温润而泽，仁也"；《礼记·玉藻》："君子无故，玉不离身，君子于玉比德焉"。家喻户晓的《三字经》云："玉不琢，

---

① 辜鸿铭：《中国人的精神》，黄兴涛、宋小庆译，海南出版社1996年版，第50页。
② 余英时：《儒家"君子"的理想》，见《中国思想传统的现代诠释》，江苏人民出版社1989年版，第160页。
③ 参见拙文《君子文化在传统文化中的地位和影响》的相关论述，该文载《学术界》2017年第1期。

不成器；人不学，不知道。"这句出自《礼记·学记》里的话，与其说是在强调只有经过细心雕琢打磨，玉石才能成为国之宝器，不如说是通过比喻说明学习对人增长知识、明白事理的重要性。中国作为爱玉之国、崇玉之邦，源于古代先贤观物析理，化以人文，既看到玉的自然之美，又在玉中寄寓丰厚的文化意蕴，形成"君子比德于玉"的深厚传统。在中华文化传统里，玉一直是纯洁、美好、善良、高雅、华贵的象征。带"玉"的词多为褒义词，如赞美人的有玉女、玉人、玉容、面如冠玉等，称赞住处的有玉府、玉堂、玉房、玉楼等，夸赞衣食的有玉衣、玉帛、玉食等。这也从一个侧面表明，君子文化对中国人的思想和行为影响最为深远。

为什么中国画自宋代以来画得最多的题材是梅兰竹菊？因为梅兰竹菊在古代就被称作"四君子"。以花草树木比喻君子人格的做法，早在先秦时期典籍《诗经》、《离骚》里已屡见不鲜。《孔子家语·在厄》云："芝兰生于深林，不以无人而不芳；君子修道立德，不为穷困而改节。"这里以兰喻人，表达对君子情怀和节操的推崇，说明早在春秋战国之时已形成以物喻人的"比德"传统。梅兰竹菊被称作"四君子"，正是这一传统延续发展的丰硕成果，也是君子文化深入人心的突出表现。梅兰竹菊成为历代诗人、画家反复吟咏和描绘的对象，正缘于其形象饱蕴着君子人格的高贵品性。

君子文化不仅在器物、植物以及动物、饮食等方面均有充分的表现，①而且作为一种深厚的文化积淀，绵延数千年地传承下来，传得众所周知、传得影响深远、传得深入人心，直至今天仍活在老百姓的口头和心中。"君子一言，驷马难追"，"君子爱财，取之有道"，"君子成人之美"，"君子不夺人所好"，"君子之交淡如水"，"君子绝交无恶言"，"君子动口不动手"，"量小非君子，德高乃丈夫"，"有事但逢君子说，是非休听小人言"，等等，类似这样至今活跃于人们口头的

---

① 笔者撰有专文《君子文化浸润中国人的日常生活》，载 2018 年 11 月 20 日《光明日报》。

民谚俗语起码有一百多句,涉及做人做事的方方面面。① 此外,在传统家风家训里,有关君子和君子文化的论述也是星罗棋布。如南北朝教育家颜之推《颜氏家训·慕贤篇》,开篇就呼吁家族成员要学习和追慕明达君子:"倘遭不世,明达君子,安可不攀附景仰之乎?"② 凡此种种,足以说明君子文化常常以"习用而不察、日用而不觉"的方式,润物无声地熏陶和浸染着我们的日常生活。

五

君子文化作为中华优秀传统文化的思想精髓和鲜明标识,其内涵和特质不管人们自觉或不自觉、意识到或没有意识到,都早已成为民族文化心理结构的核心部分,千百年来对中国人的思想、情感、行为、生活等发挥着不可低估的引导和规范作用。这种制约和影响,随着天长日久的岁月积累,逐渐成为某种思维定式、情感取向、生活态度乃至经验习惯,培植和润泽了中华民族的精神气质。

自春秋战国以来,中国历朝历代多将值得推崇和效法的仁人志士称作君子,从"战国四君子"到"戊戌变法六君子"、"抗日七君子"等等,举不胜举。考察历代杰出君子的所作所为,明显体现出三大特质:一是以天下兴亡、匹夫有责为重点的担当精神和家国情怀;二是以仁义共济、立己达人为重点的互助理念和社会关爱思想;三是以正心笃志、崇德弘毅为重点的修身要求和向善追求。这三大特质,与社会主义核心价值观倡导"富强、民主、文明、和谐"国家层面的价值目标,倡导"自由、平等、公正、法治"社会层面的价值取向,倡导"爱国、敬业、诚信、友善"个人层面的价值准则等,完全是一脉相

---

① 笔者编有《君子格言选释》,其后附有"君子俗语",收录有关君子的民谚俗语近百条,请参见。该书由黄山书社 2016 年出版。
② 颜之推:《颜氏家训·慕贤第七》,见包东波编注《中国历代名人家训精粹》,安徽文艺出版社 1991 年版,第 52 页。

传、心心相印，乃至可以对接贯通的。正如习近平总书记今年（2021年）3月在福建考察朱熹园谈论文化自信时所说："没有中华五千年文明，哪有我们今天的成功道路。"①

培养担当民族复兴大任的时代新人，这是党的十九大报告对培养什么样的人提出的新要求，是新时代中国特色社会主义塑造人才的新目标。君子作为中华民族千锤百炼的人格基因，是博大精深中华文化树立的做人标杆，是数千年中国人推崇的正面人格形象。从表面看，时代新人与传统君子似乎相隔遥远、差距较大，实质上，两者的基本精神和内在要求是高度契合、颇为一致的。

何为"时代新人"？目前权威解释主要涉及五条标准，即有理想、明大德、强本领、勇担当、重实干。其实，这五个方面要求，古代先哲谈论君子人格特点时早有涉猎，并且不是浅尝辄止，泛泛而谈，而是响鼓重槌，反复申论。"君子谋道不谋食"（《论语·卫灵公》），"君子学以致其道"（《论语·子张》），此处所说的"道"，就是指理想信念，这不是强调君子要有理想有抱负吗？"君子以厚德载物"（《周易·坤卦》），"君子怀德"（《论语·里仁》），"君子以见善则迁，有过则改"（《周易·益卦》），这不是把明大德作为成就君子的必备条件吗？"君子博学于文"（《论语·雍也》），"君子病无能焉，不病人之不己知也"（《论语·卫灵公》），这不是将本领和能力看作君子的基本素质吗？"君子忧道不忧贫"（《论语·卫灵公》），"君子安而不忘危"（《周易·系辞传下》），"君子之守，修其身而天下平"（《孟子·尽心下》），这不是肯定君子要有担当精神和忧患意识吗？"君子以自强不息"（《周易·乾卦》），"君子耻其言而过其行"（《论语·宪问》），"君子欲讷于言而敏于行"（《论语·里仁》），这不是推崇君子要有奋发有为的实干精神吗？

当然，今天新人与古代君子所处时空不同，各自面对不同的生存

---

① 《习近平：没有中华五千年文明，哪有我们今天的成功道路》，载2021年3月23日人民日报客户端。

条件和发展问题，需要以不同思路、不同方法回应和解答不同的时代课题，这是显而易见无须赘述的。但两者在面对和处理不同时代矛盾乃至云泥之别的时代课题时，具有大致相同的内在精神气质，即孔子所说的"吾道一以贯之"的伟大民族精神，这也是昭明彰著毋庸置疑的。赤胆忠诚的爱国情怀、坚毅顽强的奋斗意志、助人为乐的古道热肠、敢闯敢试的革新追求等等，这些既是我们时代披荆斩棘、开拓前行的价值导向和精神动力，也是对君子文化自强不息、厚德载物等核心内容的时代诠释和生动实践。

在莽莽苍苍、绵延数千年的中华传统文化浩瀚森林里，许多灌木杂树因不适应时代气候的变化而枯萎消亡了，君子文化这株参天大树却吮吸和凝聚中华文化精华而长得枝繁叶茂，生机勃勃。作为传统文化广袤林海里最为郁郁葱葱的千年古木，君子文化不仅是中华儿女历经坎坷而跋涉向前的人格标杆和心理支撑，也是我们今天培育时代新人，弘扬社会主义核心价值观能够直接嫁接并开花结果的老树新枝。正因如此，我们坚守中华文化立场，实施文化强国战略，君子文化是古老而又甘洌、久远而又新鲜的重要的源头活水。

2021年3月17日初稿，3月31日修改于书香苑

（原刊《中原文化研究》2022年第1期。）

江南地理文化与才子型君子人格

江南的区域定位和历史意蕴

江南作为一个区域概念，究竟包括哪些地区？从古至今，并无定论，但约定俗成，似有大体范围。

顾名思义，所谓江南，是以长江为分界线，在与江北的对举和比照中而得名。但历史上属于江南的城市并非严格如此，如扬州位于长江北岸，自古就被看作江南重镇。成书于战国至两汉时期的《尔雅·释地》云："江南曰扬州。"① 谢灵运诗《道路忆山中》曰："采菱调易急，江南歌不缓。"吕延济注："采菱、江南皆楚越歌曲也。"此处的"楚"当然指荆楚之地，而"越"（越国）则以扬州为核心区域。

江南在历史上又称"江左"。《宋书·谢灵运传论》曰："遗风余烈，事极江右。"李周翰注："江右即西晋。"那么"江左"自然指东晋。杜甫《偶题》云："永怀江左逸，多病邺中奇。"此处江左亦指东晋和南朝。李白《五松山送殷淑》云："秀色发江左，风流奈若何。"王琦辑注云："江左，江南也。"白居易词《忆江南》三首，直接描述

---

① 《尔雅·释地》释"九州"："两河间曰冀州，河南曰豫州，河西曰雍州，汉南曰荆州，江南曰扬州，济河间曰兖州，济东曰徐州，燕曰幽州，齐曰营州。"

杭州、钱塘潮、吴宫等名胜古迹，江南指江浙一带无疑。① 孔尚任《桃花扇·修札》中的"从来名士夸江左，挥麈今登拜将台"，则是直接以江左指称江南的名句。

朱元璋创大明王朝，欲围绕南京建世界最大都城，设南直隶，把今天整个江苏省和安徽省，包括上海市及区县的全部地盘都划入南直隶的版图。清兵入关后，清统治者眼见"南直隶"、"南京"这些名号，无疑感到特别刺眼，仿佛前朝的阴魂不散，于是强令改名：顺治初年（1644年）将"南直隶"更名为"江南省"、"南京"改名为"江宁"；康熙六年（1667年）又把江南省一分为二，划成为现在的江苏省、安徽省。当时上海县含青浦、奉贤、金山、南汇、川沙等地，归江苏的松江府管辖。此后的行政区划，除上海开埠后单独设市外，基本没有大的变动。

通过上述简略梳理可知，"江南"在不同时期的指代虽有差异，但也有大体范围，即主要指长江中下游一带，包括上海市、江苏省、浙江省、安徽省等地区，与今天"长江三角洲一体化发展规划纲要"所划定的"三省一市"区域大体重合。而同处于长江以南的其他地区，如福建、江西、广东、湖南及湖北的部分地区等，除先秦至魏晋南北朝时期将其广阔区域统称为江南，唐朝贞观年间曾设"江南道"将江西及两湖（湖南、湖北）等地区划入管辖范围外，宋代以后数百年很少被视为或归入严格意义上的江南版图，因而当今从全国大的区域划分角度，也不将其纳入江南（长三角）范畴。

在中国历史上，江南不仅是一个地理概念，还蕴含一定的政治意味，这主要源于两次时段较长的南北政权分治。一次是西晋覆灭，皇室与贵族南渡，在建康（今南京）建立东晋政权。东晋灭亡后，宋、

---

① 白居易《忆江南》：江南好，风景旧曾谙。日出江花红胜火，春来江水绿如蓝。能不忆江南？（其一）江南忆，最忆是杭州。山寺月中寻桂子，郡亭枕上看潮头。何日更重游？（其二）江南忆，其次忆吴宫。吴酒一杯春竹叶，吴娃双舞醉芙蓉。早晚复相逢。（其三）

齐、梁、陈等几个朝廷持续统治半壁江山，江南政权维系达二百七十余年之久。另一次是北宋沦亡，宋朝皇族从汴梁（开封）南迁，最终在临安（今杭州）落脚，建立较为稳固的南宋政权，前后也存在一百五十余年。晋、宋本为国土基本完整的朝代，但后半段事实上却豆剖瓜分，只是统辖长江或淮河以南的部分地区。如此两段山河破碎的历史，使"江南"一词在某种程度上成为南方政权的代名词。这种状况，一方面给"江南"概念注入沉郁悲愤、忠义报国的家国情怀和激昂格调，正如陆游临终《示儿》诗沉吟"死去元知万事空，但悲不见九州同"一样；另一方面其中也寓含着怯懦苟安、沉湎声色的萎靡之音和"偏安江左"的负面心态，如辛弃疾《水龙吟·登建康赏心亭》所感叹："把吴钩看了，栏杆拍遍，无人会，登临意。"

我们的先人早就认识到，自然地理环境对区域文化和民情风尚的形成具有不可小觑的作用。《史记·货殖列传》曾历数各地不同自然环境对民风民俗的影响，如谈到郑卫之风时说："郑、卫俗与赵相类，然近梁、鲁，微重而矜节。濮上之邑徙野王，野王好气任侠，卫之风也。"《汉书·地理志》更是提出"域分"的概念，并指出："凡民函五常之性，而其刚柔缓急，音声不同，系水土之风气，故谓之风。"梁启超在《近代学风之地理的分布》中进一步发挥说："气候山川之特征，影响于住民之性质，性质累代之蓄积发挥，衍为遗传，此特征又影响于对外交通及其他一切物质上生活。物质上生活，还直接间接影响于习惯及思想。"① 正因地理环境和历史传统对地域文化具有重要影响，故我们谈论地域文化，时常沿用春秋战国时期诸侯国别的名称，诸如鲁文化、齐文化、晋文化、楚文化、秦文化、吴文化、越文化等。当然，为了与当代的表达习惯相适应，人们谈论地域文化更多直接以区域名称相区分，如塞北文化、中原文化、三晋文化、湖湘文化、巴蜀文化、岭南文化等。江南文化概念，既是今天书面和口头频

---

① 梁启超：《近代学风之地理的分布》，见《梁启超全集》第7册，北京出版社1999年版，第4259页。

繁使用的鲜活词语，又积淀着深厚的历史文化底蕴。

本文无法全面探讨江南文化的丰富内涵和深刻意蕴，只是从文化地理学的角度，简略描述江南水文化和码头文化的内在特征，考察江南文化对形成江南才子型君子人格的影响和价值。

水文化及码头文化的特征和意义

长三角或曰江南地区，是著名的鱼米之乡，不仅农业发达，人口稠密，而且城市林立，经济繁荣。这一方水土繁盛的重要原因，离不开水资源丰盈的"江山之助"。长三角不仅面朝东海，拥有广阔的海岸线，而且域内江河纵横，湖泊星散，是中国河网密度最高的地区。除长江、淮河、钱塘江、京杭大运河等浩荡奔流的江河外，上海的黄浦江、吴淞江，江苏的秦淮河、新沭河、苏北灌溉总渠，浙江的瓯江、灵江、曹娥江、浙东运河，安徽的青弋江、新安江、水阳江、秋浦河等众多水系交叉密布，四通八达；还有江苏的太湖、洪泽湖、金牛湖、高邮湖，浙江的西湖、东湖、南湖、千岛湖，安徽的巢湖、太平湖、花亭湖、升金湖、天井湖等湖泊星罗棋布，不胜枚举。长三角地区属亚热带季风气候，年均降雨量在1200毫米左右，比起北京、天津等地年均降雨量不足600毫米，福建、广东等省年均降雨量超过1700毫米，堪称雨水充沛而又较少泛滥的风水宝地。

水为生命之源、生产之要、生态之基，不仅是人类生存须臾不可或缺的自然资源，而且饱孕着深厚的文化内涵。众所周知，道家学术的核心观点是"无为而治"，是深刻的"无为而无不为"的辩证思想。老子发现水是自然界最能体现"无为而治"特性的物质，并做了独到的论述："上善若水。水善利万物而不争，处众人之所恶，故几于道。居善地，心善渊，与善仁，言善信，政善治，事善能，动善时。夫唯不争，故无尤。"（《老子·第八章》）在老子看来，高尚善良的人，仿佛水一样具有多种美德：它滋润万物有利其生长，却不与它们相争；甘心处于众人鄙夷的低洼之地，所以也最接近于"道"。上善之人处世像水那样安于卑下，心胸如水一般沉静幽深，待人像水一样随和友善，说话如水一般从容守信，从政像水一样有序治理，做事如水一般善用才能，行动像水一样因势而动。由于他和水一样具有与世无争的美德，因而没有过失。这里所谓"不争"，并非虚弱、沉沦或颓废的表现，而是"善利万物"不与之争功，是大智慧的"夫唯不争，故天下莫能与之争"。老子抓住水可以"随物赋形"、"润物无声"、"以柔克刚"、"水滴石穿"等特性，阐发"水"与"道"的关系，即体现万物运行之理的道，其物化形态就是水；而作为生命本原的水，其文化精义即是道。简言之，水是道的物理原型，道是水的哲学升华。

如果说，《老子》有关"上善若水"的论述是对水之人文内涵的总体性、概括性揭示，那么，《论语》里关于水的议论则从某些重要方面透视了水的文化特征。孔子面对川流不息的河水，曾发出深深喟叹："逝者如斯夫，不舍昼夜。"（《论语·子罕》）这是他感慨光阴荏苒，韶华易逝，仿佛河水日夜奔流不停，意在提醒和勉励人们"天行健，君子以自强不息"。孔子还说："知（智）者乐水，仁者乐山；知者动，仁者静；知者乐，仁者寿。"（《论语·雍也》）一个"智"字，既反映孔子作为圣哲先师对"水"的认知，又破译出"水"所蕴藏的丰富文化底蕴。如果说，宽厚的仁者像山一样稳固、厚重、可靠、安如磐石，那么，聪明的智者则如水一般灵敏、流动、快捷、因势而动。南宋朱熹《四书集注》云："智者达于事理而周流无滞，有似于水，故乐水；仁者安于义理而厚重不迁，有似于山，故乐山。"水和山作为人的对象物，历来浸透着古今"智者"、"仁者"博大精深的人文情怀和精神。

智者何以乐水？《韩诗外传》卷三第二十五章曾进一步解释说："夫水者缘理而行，不遗小间，似有智者。动而之下，似有礼者。蹈深不疑，似有勇者。障防而清，似知命者。历险致远，卒成不毁，似有德者。天地以成,群物以生,国家以平,品物以正。此智者所以乐于水也。"① 这是说:水随地势流动,即便很小缝隙都不遗漏,就像智者洞察事物严密细致一样;水始终流向低处,仿佛有礼貌者对人谦卑恭敬一般;水临渊不惧而飞流直下,如勇敢者赴汤蹈火在所不辞;水遇阻拦而流动缓慢水质澄清,就像人经历坎坷才懂得自己命运;水流历经艰险从不半途而废,终归百川归海,与德行高尚者认定目标决不轻言放弃、不达目的誓不罢休一样。由于有了水,天地得以形成,万物得以生长,国家得以安宁,万事得以平顺,物质得以洁净,所以有智慧者皆喜欢水的特性。

不论是江河湖海,还是支流塘汊,有水的地方往往就有码头。作为人类利用水的伴生物,码头种类多种多样,大小形态千差万别。海岸线、大江大河边多半为大码头或曰港口,既是水陆交通的集结点和转运站,又是人流、物流的集散地和枢纽,是市场交易的场所和城市汇聚的区域。支流水道及河塘港汊沿岸一般为小码头或曰渡口,既是水陆运输衔接和停泊的平台,又往往是村庄和集市聚合的宝地,在许多河汊如网、湖泽如星的水乡,溪流从每个村口甚至每家每户门前经过,是村民淘米洗衣乃至嬉戏玩耍的场所。

码头作为人流物流的聚集地和转运站,其功能主要是集散与流通,不仅具有明显的商业色彩,又常常是时尚流行的先行区,自然形成富有特色的码头文化。这种码头文化的核心理念主要是开放思想、吸纳意识、合作共赢观念、逐利重义的心态等;表现形态则常常是雅与俗的共存交融、新与旧的调和平衡、激进与保守的冲突包容、即时性与超时性的辩证统一等等。上海北外滩永不落幕的露天博物馆"上海码头文化博物馆"、浙江宁波规模宏大的"国字号"专题博物馆"中国港口博物馆"、安徽芜湖的"老海关遗址"及博物馆中的"芜湖开埠历史展"等等,都以翔实史料和生动事例诠释了码头文化的丰富内涵。上海市提炼的十六字城市精神——"海纳百川,追求卓越,开

---

① 曹大中译注:《白话韩诗外传》,岳麓书社1994年版,第256页。

明睿智,大气谦和",可说较为充分地揭示与反映了码头文化的正面价值和积极意义。

江南文化孕育才子型君子人格

一方水土养一方人。以水和码头为重要地理特征的江南文化,也在长期发展中化育和培养出富有地域特色的人格模式,即江南才子型君子人格。当然,社会生活丰富多彩,人格形态也绝非单调划一,而是各色人等,多样杂陈。但多种人格形态并不排斥会有一种体现地域文化心理结构的主导人格脱颖而出。正如君子作为中华民族千锤百炼的人格基因,是中国人广泛认同和推崇的人格模式一样,才子型君子人格也是江南文化在漫长历史演进和文化整合中,逐步形成的出类拔萃的人格模式。

就君子的一般特质而言,孔子曾以水为喻发表过精彩高论:"子贡问曰:'君子见大水必观焉,何也?'孔子曰:'夫水者,君子比德焉。遍予而无私,似德;所及者生,似仁;其流卑下句倨,皆循其理,似义;浅者流行,深者不测,似智;其赴百仞之谷不疑,似勇;绵弱而微达,似察;受恶不让,似包蒙;清冷以入,鲜洁以出,似善化;至量必平,似正;盈不求概,似度;其万折必东,似意。是以君子见大水观焉尔也。'"① 君子为什么遇大水而驻足观看?孔子认为原因就在于水能够启发君子修养德行。它润泽万物而无偏私,堪称品德高尚;所到之处遍布生机,堪称仁爱无疆;其流向下随物曲折流转,堪称谦虚高义;浅处流动不息,深处莫测高深,堪称聪明智慧;奔赴峡谷深渊毫不犹疑,堪称果敢勇毅;渗入缝隙无微不达,堪称明察秋毫;蒙受恶名而不申辩,堪称包容豁达;洗涤污垢使脏物洁净一新,堪称善化万物;衡量事物必定平等,堪称处事正直;遇满则止绝

---

① 见刘向《说苑·杂言》。孔子与子贡这段"君子比德于水"的对话流传颇广,《荀子·宥坐》、《孔子家语·三恕》等均有相同或相近的记载。

不贪多务得,堪称节用有度;百折千回始终奔向东海,堪称意志坚定。孔子在这里"以水比德",解说水具有君子崇尚的"德、仁、义、智、勇、察、包、善化、正、度、意"等品格,既揭橥了水博大深邃的人文意蕴,又对君子的人格特征作了独到阐发。

如果说,君子是数千年中华儿女共同尊崇的正面人格形象,那么,受江南这方水土和风俗的沾溉,这一具有普遍性的人格形象又显现出哪些差异性特征呢?梁启超的《中国地理大势论》曾有"北人气概"与"南人情怀"的对比:"燕赵多慷慨悲歌之士,吴楚多放诞纤丽之文,自古然矣。自唐以前,于诗于文于赋,皆南北各为家数。长城饮马,河梁携手,北人之气概也;江南草长,洞庭始波,南人之情怀也。散文之长江大河,一泻千里者,北人为优;骈文之镂云刻月,善移我情者,南人为优。"① 与此观点相联系,宋词早有"豪放"、"婉约"之区分:说苏轼的词洋溢豪放之气,"必得关西大汉,执铜琵琶,击铁绰板,唱'大江东去'";而柳永的词充盈婉约之声,"只合十八岁女孩儿,拿红牙响板,轻敲慢打,唱'杨柳岸,晓风残月'"。② 如果说,北方文化更多凸显"骏马秋风塞北"的气象,以雄放阳刚之美见长,那么,江南文化则更多呈现"杏花春雨江南"的情调,以温婉阴柔之美取胜。撇开这些一般性的泛泛之论,若再追问江南才子型君子人格的特征,似有两点尤其值得注意。

其一,聪明智慧。君子的人格特征当然包括诸多内容,如仁、义、礼、智、信、忠、孝、廉、悌等等。③ 才子型君子在不同程度具备这些品质时,"智"即聪明智慧往往是比较突出的方面。"江南才

---

① 梁启超:《中国地理大势论》,见《饮冰室文集点校》,第三集,吴松、卢云昆、王文光、段炳昌点校,云南教育出版社2001年版,第1807页。
② 参见《说郛》卷二十四引宋俞文豹《吹剑续录》。
③ 关于君子人格及君子文化问题,笔者曾有系列文章讨论,参见《君子文化与社会主义核心价值观》,载2014年6月13日《光明日报》,《新华文摘》2014年第19期全文转载;《君子文化在传统文化中的地位和影响》,载《学术界》2017年第1期;等等。

子"一词,从明清到当今一直相当流行,这本身就是江南士子文人聪慧明达的一种符号化表现。能够符号化,说明拥有大量反复出现的现象可以印证和支撑,也表明存在某些共同性的特征可以摄取和归纳。江南才子的具体形象,不仅在历代戏曲小说塑造的众多才子佳人角色上[1]、在无数诗文名篇表现的江南文人志趣里、在书画艺苑流传的名人佳话中如群星闪耀,让人目不暇接,更在明清两朝科举考试蟾宫折桂的数量上大放异彩,让人惊诧。商衍鎏《清代科举考试述录》记载,从顺治丙戌(1646年)至光绪甲辰(1904年)近二百六十年间,共取头名状元114人,其中江苏省占49人,浙江省占20人,安徽省占9人;三省头名状元数相加为78人,占总数近70%,是直隶(4人)、江西(3人)、河南(1人)三省相加数8人的近十倍。这个数字的背后,是经济、文化等多种力量的对比,尤其是高素质人口数量和质量的争锋。在苏、浙、皖三省,不仅状元县、状元村举不胜举,"连科三殿撰"、"十里四翰林"、"父子宰相"、"同胞翰林"、"四世一品"等科举奇观也屡见不鲜。[2] 为什么能够如此? 最重要、最基本的原因就是崇文重教。"崇文重教"是江南才子型君子层出不穷、蔚为大观的奥秘所在,也是江南文化五彩缤纷、厚重灿烂的根脉所系。

其二,刚柔相济。提起江南,人们往往想到的是春花秋月,诗情画意;说到江南才子型君子,也不免给人文质彬彬、内敛儒雅的印象。其实,江南的湿润气候和灵山秀水,在赋予这方家园温柔富贵和智慧才情的同时,并没有消磨人们的意志、弱化人们的风骨。纵观历史,每当国家和民族发展需要持守大节、担当责任的严峻时刻,江南历来不乏刚直坚毅人士拍案而起,或视死如归勇赴沙场,或临危不惧坚守道义,谱写出一曲曲"粉身碎骨浑不怕,要留清白在人间"的浩

---

[1] 参见黄胜江《论中国古代文人剧作中的君子形象》,载《上海师范大学学报》(哲学社会科学版)2014年第5期。
[2] 明清两朝,安徽桐城一县科举应试,除去为数众多的秀才不算,中进士者235人、中举人者793人,担任七品以上官职者高达786人,其中尚书9人;而徽州地区中进士者多达542人,中举人者1513人。

然正气之歌。从扬州十日、嘉定三屠，到东林党、复社等一系列长达数十年坚韧顽强的反清复明斗争，从顾宪成、高攀龙、杨涟、左光斗、吴应箕、陈子龙，到顾炎武、黄宗羲、方以智、戴名世等众多大儒义士坚贞不屈的悲壮人生，我们在聪慧灵秀、高雅淡泊之外，看到的是为道义呐喊、为信念拼搏的英勇身影，以及赴汤蹈火在所不辞的大无畏精神。之所以能够如此，乃在于江南本是中国之江南，它在中原数次大规模移民与迁徙中逐步走向繁荣，也受到发端于中原的中华文化传统沦肌浃髓的深刻影响。江南文化心中跳荡和体内涌动的，仍是以儒家思想为主干的中华文化的血脉。江南的水暖风和、温文尔雅，与中原的干裂秋风、豪情侠义，绝非相互排斥对抗，而是相容互补的关系，因而江南文化具有刚柔相济、能柔能刚的品格。这是我们讨论江南文化不应忽略的关节点。

《论语》有一百零七处使用"君子"一词，对君子的素质修养从多角度做了立体透视和阐释。孔子所说"君子道者三，我无能焉：仁者不忧，知（智）者不惑，勇者不惧"（《论语·宪问》），从仁、智、勇三个方面界定君子人格的主要标准，也颇能概括江南才子型君子的人格要义。

2019 年 10 月 8 日完稿于合肥书香苑

（原刊《群言》2020 年第 12 期。此文据 2019 年 11 月在上海"长三角文化论坛"上的发言整理，又见《长三角文化与区域一体化——2019 年"长三角文化论坛"论文集》，上海人民出版社 2020 年版，第 222—230 页。）

君子之德风

2020年1月8日,习近平总书记在"不忘初心、牢记使命"主题教育总结大会上的讲话强调:"不忘初心、牢记使命,必须坚持领导机关和领导干部带头。领导机关是国家治理体系中的重要机关,领导干部是党和国家事业发展的'关键少数',对全党全社会都具有风向标作用。'君子之德风,小人之德草,草上之风必偃。'在上面要求人、在后面推动人,都不如在前面带动人管用。不忘初心、牢记使命,领导机关和领导干部必须做表率、打头阵。"①

这段话所引"君子之德风,小人之德草,草上之风必偃",语出《论语·颜渊》。其原文为:"季康子问政于孔子曰:'如杀无道,以就有道,何如?'孔子对曰:'子为政,焉用杀?子欲善而民善矣。君子之德风,小人之德草,草上之风必偃。'"这是《论语》里一段闻名遐迩的对话。鲁国权臣季康子问孔子如何治理政事:"如果杀掉无道的坏人,来亲近和成全有道的好人,怎么样?"孔子回答说:"你治理政事,哪里需要用杀戮的办法呢?你只要想做好人,老百姓也会跟着做好人。君子的道德好比风,民众的道德好比草,风向草吹去,草必定会随风倾伏。"孔子这段话的核心要义,是说明君子的品行对民众

---

① 习近平:《在"不忘初心、牢记使命"主题教育总结大会上的讲话》,载2020年1月9日《人民日报》;全文见《求是》2020年第13期。

能够产生重要影响。

"君子"一词早在西周时期已经流行,主要是执政者和贵族的专称。春秋末期,孔子在构思和传布儒家学说时,做出一个重大调整和贡献,就是在"有位者"旧义的基础上,赋予君子"有德者"的新义,如"君子喻于义,小人喻于利","君子坦荡荡,小人长戚戚","君子成人之美,不成人之恶。小人反是",等等。"君子"一词在《论语》里共出现一百零七次,多半是对"有德者"内涵和外延的界定与描述,但有些语境下仍然专指"有位者"。上面对话中的"君子",就主要指有位者和执政者;而其中所说的"小人",则是指社会一般民众,并非包含道德贬损的意义。古代文献和今天口语里,人们时常把普通民众百姓称作"小民"或"草民",与孔子的上述说法不无关系。

突出执政者以身作则对社会风尚的引领作用,是孔子及儒家学派的一贯主张,也是中国数千年历史发展长期形成的优良传统。《论语·为政》云:"为政以德,譬如北辰,居其所而众星共之。"这是说用德行来治理国家,就会像北斗星一样受到群星的环抱和拥戴。《论语·颜渊》曰:"政者,正也。子帅以正,孰敢不正?"这是说为政的关键是端正自身,你身体力行走正道,谁还敢偏离正道呢?至于《大学》"八条目"所勾画的人生进步阶梯和追求目标,即格物、致知、正心、诚意、修身、齐家、治国、平天下等,实际上也是以"正己"为"正人"的前提和基础。我们伟大民族之所以能够创造灿烂辉煌的古代文明,并以矫健身影傲步当今世界民族之林,其重要原因即在于,历朝历代都有众多像范仲淹一样"先天下之忧而忧,后天下之乐而乐"的仁人志士身先士卒,率先垂范,带领人民群众历经艰难曲折而奋力开拓前行。

人非圣贤,孰能无过;过而能改,善莫大焉。习近平总书记在讲话中还指出:"不忘初心、牢记使命,必须以正视问题的勇气和刀刃向内的自觉不断推进党的自我革命。'君子之过也,如日月之食焉:

过也，人皆见之；更也，人皆仰之。'敢于直面问题、勇于修正错误，是我们党的显著特点和优势。"这段话中所引用古语源自《论语·子张》，《孟子·公孙丑下》亦加以复述，意为君子的过失如日蚀月蚀一般，犯错误，人都看得见；改正错误，人更敬仰。钱穆《论语新解》说："君子有过，本出无心，亦不加文饰，故人皆见之。或说，以君子之德位，为瞻望所集，故苟有过，不得掩。如日月之蚀，人皆仰望，盼其即复光明，亦无害其本有之尊崇。"①

不论是个人或组织，长期生存发展中不可能不遇到新情况和新问题，不可能不出现精神衰退之时和闪失过错之事，关键是要"吾日三省吾身"，不断改正缺点，修正错误，保持向上向善的崇高理想和砥砺前行的旺盛活力。回顾中华人民共和国的历史，我们从一穷二白的落后之邦，一跃而成为世界第二大经济体，并不是从来没有犯过错误，而是在推动社会发展的同时，勇于自我革命，不断反省问题，敢于刮骨疗伤，去腐生肌。这才能在危难之际重获新生、失误之后拨乱反正，在实现中华民族伟大复兴的征程上不断取得新成就。

当前少数党员干部或革命精神淡化，安于现状，得过且过；或直面问题勇气退化，患得患失，讳疾忌医；或批评能力弱化，明哲保身，装聋作哑；或骄奢堕落腐化，阳奉阴违，顶风违纪。习近平总书记在"不忘初心、牢记使命"主题教育总结大会的讲话中引用两段关于君子德风的古训，就是告诫和勉励广大党员干部强化宗旨意识和为民情怀，紧盯自身问题，抓好精准整改，切实发挥以上率下、示范引领的作用，团结带动亿万人民汇聚起迈向美好生活的澎湃激情和奋进力量。

2020 年 1 月 10 日

（原刊 2020 年 1 月 15 日《光明日报》。）

---

① 钱穆：《论语新解》，生活·读书·新知三联书店 2005 年版，第 487 页。

让中华优秀传统文化入心入脑

最近中共中央办公厅和国务院办公厅联合印发《关于实施中华优秀传统文化传承发展工程的意见》。这是第一次以中央文件的形式专题阐述中华优秀传统文化传承发展工作,并做出全面系统的规划和部署。这里我就如何传承发展中华优秀传统文化,促进文化大发展大繁荣谈一点认识,提一个建议。

对传承发展中华优秀传统文化的一点认识

十八大以来,习近平总书记高度重视弘扬中华优秀传统文化,发表了一系列重要讲话。这次中央文件把传承发展优秀传统文化,提升到建设社会主义文化强国重大战略任务的高度,是我国思想文化建设历程中一件具有里程碑意义的大事。

中国共产党是在五四新文化运动的时代氛围里,在"打倒孔家店"、否定传统文化的思潮中诞生的。为了推翻压在中国人民头上的三座大山,我们党主要以马克思主义无产阶级革命理论及阶级斗争学说,完成了新民主主义革命的伟大任务。中华人民共和国成立后,我们在较长一段时间内奉行"以阶级斗争为纲"的斗争哲学,走了一段教训极其深刻的历史弯路。改革开放以来,我们党英明决策,拨乱反正,把工作中心转移到经济建设上来,各项事业取得举世瞩目的成就。然而我们在物质财富迅速增加的同时,一方面各种西方文化包括一些颓废思潮涌入中国,另一方面滋生了"金钱至上"、"一切向钱看"的错误思想,出现了诸多坑蒙拐骗、见利忘义的社会问题。

当今中国社会快速发展,经济、政治、文化等欣欣向荣,迫切需要规范、有序、稳定、和谐演进。而以儒家思想为核心的中国优秀传统文化作为一种伦理哲学,其主要思想是讲究长幼尊卑、礼仪规范和社会秩序,注重"以德治国"和"依法治国"的结合,维护社会稳定、有序、和谐发展。可以说,以"讲仁爱、重民本、守诚信、崇正义、尚和合、求大同"为核心思想的中华传统文化,和以"正心、诚意、修齐、治平"为特点的传统文化培育塑造的中国人集体人格——君子人格,不是中国革命夺取政权的思想武器和人格范式,却是我们今天治国理政可取的为政之要和修身之道。

正因如此,习总书记反复强调弘扬优秀传统文化,以及这次"两办"文件的下发,不仅具有传承中华文脉、提升民众素养、维护国家文化安全、提升国家文化软实力、增强文化自信等大家所谈的多项意义,我觉得还包含着以习近平同志为核心的党中央对思想文化建设和文化强国思路的调整,是党中央治国理政新理念新思想的重要体现,对引导培育国民思想和国家长治久安具有深远的战略意义。

对传承发展中华优秀传统文化的一个建议

弘扬中华优秀传统文化,关键是要融入生产生活,做到传承有抓手、发展有路径、工作有实效。为此,中央文件总结各地探索经验,提出深入阐发精髓、编教材进课堂、保护文化遗产,以及经典诵读、家风家训、传统节日教育等种种行之有效的办法。我的建议是补充一个抓手或者说一条路径,即通过激活和倡导君子文化,来使中华优秀传统文化精神实质入心入脑,落地生根。

文化的重要功能是文以化人，其最深层的积淀和影响是对人格的培养。博大精深的中国传统文化在数千年漫长发展中，精心培育和反复塑造的正面人格或者说集体人格，就是被历代中国人广泛尊崇的君子人格。"君子"是中华民族千锤百炼的人格基因，是数千年中华优秀传统文化塑造和推崇的人格模式。在汪洋浩瀚的中华传统文化中，君子文化最能代表中华民族的深层精神追求和独特精神标识，是我们培育和践行社会主义核心价值观能够直接嫁接并开花结果的老树新枝。君子文化作为涵盖传统与当代、贯通古代与今天的文化航标，明显呈现三大特质。

其一，拎得起，放得下。所谓"拎得起"，是指君子文化汇聚、容纳和概括了中华优秀传统文化的精要部分，能够把传统文化的精华提纲挈领地拎起来。所谓"放得下"，是指君子文化在中国家喻户晓耳熟能详，能够为广大老百姓所接受。

孔子被尊为"万世师表"，他在构思和传布儒家学说时，思考的轴心问题是探求如何立身处世，即如何做人的道理。他苦苦追寻的结果，或者说最终给出的答案，就是做人要做君子。"君子喻于义，小人喻于利"，"君子坦荡荡，小人长戚戚"，"君子和而不同，小人同而不和"，"君子求诸己，小人求诸人"，如此等等。"君子"一词在《论语》里出现一百零七次，是使用频率很高的一个核心概念。儒家学说乃至整个中华传统文化，其中很重要的内容是阐扬仁、义、礼、智、信及忠、孝、廉、悌等众多为人处世的伦理和规范。这些伦理规范或者说美好品德，最终都沉淀、融入和升华到一个理想人格即"君子"身上。君子文化历久而弥新、古老而鲜活，至今仍保存着旺盛的生命力。做人做君子！这是数千年中华优秀传统文化的选择，也是今天每个中国人应有和乐于做出的选择。

其二，传得远，推得开。所谓"传得远"，是指君子文化源远流长，贯穿中华民族自春秋以来的发展史，绵延数千年，一代又一代地遗传下来。所谓"推得开"，是指君子文化作为中国传统文化的精要所在，具有广泛而深厚的民族心理积淀，为广大老百姓所喜闻乐见并乐于奉行。

君子文化在中华民族奔腾不息的历史长河中，受到上至历代政治家、思想家及文人士大夫，下至社会各阶层人士包括普通百姓的广泛认同和景从。从先秦至清末，有关君子和君子文化的描述不仅在浩如烟海的历代典籍中星罗棋布，而且在戏曲舞台和民间说唱中俯拾即是。君子文化及君子形象还渗透和融入我们日常生活及器物之中，如中国人自古就有爱玉的传统，实缘于"君子比德于玉焉，温润而泽"（《礼记·聘义》）的观念；中国画自宋代以来画得最多的题材是梅兰竹菊，也缘于人们把梅兰竹菊看作"四君子"。苏东坡之所以说"宁可食无肉，不可居无竹。无肉令人瘦，无竹令人俗"，原因正在于他推崇竹子劲节虚心、清雅脱俗的君子品格。

今天的中国人，不论居庙堂之高，抑或处江湖之远，哪怕是目不识丁的山村老农，也乐于被人看作君子，而绝不愿意被人视为小人。人们在日常为人处世时经常说"君子一言，驷马难追"、"君子爱财，取之有道"、"君子动口不动手"、"君子成人之美"、"君子不夺人所好"、"君子坦荡荡"、"以小人之心，度君子之腹"，等等。这些至今活在人们口头的君子格言，已不同程度地成为中华儿女做人做事的人生信条，以我们习用而不察、日用而不觉、润物细无声的方式，规范和调整着我们观察事物、思考问题、为人处事的价值判断和行为格调。

其三，低标准，高目标。所谓"低标准"，是指君子文化雅俗共赏，具有易学易做、易于认同和践行的特征。所谓"高目标"，是指完善君子人格是终身的课程，需要一辈子不断地修身养性，才能成为名副其实的正人君子。

人格是复杂的，具有多面性。每一个人身上既有君子人格的成分，也有小人人格的因素，并且君子人格与小人人格不是凝固不变的，而常常是可以互相转化的。唐太宗在《贞观政要·教戒太子诸王》中说："君子、小人本无常，行善事则为君子，行恶事则为小人。"这再清楚不过地表明：做君子还是做小人，既与身份、地位无关，又是一个变化的、动态的过程。这其中的关键和要害，在于你为人处事时的一次次选择——选择"行善事则为君子"，选择"行恶事则为小人"。因之，我们需要"吾日三省吾身"，需要将修身作为终身课程，需要不断地集小善为大善，这样才能称得上真君子。就此而言，君子既是一个做人的低标准，又是一个做人的高目标：你为人处事中的每一次崇德向善的选择，哪怕是尽绵薄之力做了一点助人为乐或孝老爱亲的好事，都是在行君子之风和君子之道；但你必须在人生长途中坚持不懈地修身，做出许许多多崇德向善的选择，将勇于担当和乐于奉献作为人生信条和习惯，才堪称真君子。习总书记向党员领导干部提出"三严三实"要求时，将"严于修身"列于首位，确为抓住了问题的要害。

我们培育和践行社会主义核心价值观，需要下文件发号召、需要广宣传造声势、需要编读本做讲解、需要评模范树标杆，关键是要激活和焕发人们内心由传统文化长期熏陶而形成的价值理念，简单说就是对千百年来中国人所崇尚的君子之风、君子之道、君子人格的遵从和追求。在推动全民阅读、建设书香社会的过程中，我们可以抓住君子文化接传统、连人心、易推广、受欢迎的特点，通过阅读历代经典有关做人做君子，以及如何修身养性培育君子人格的论述，在全社会广泛开展兴君子之风、倡君子之道、树君子德行、立君子标兵等举措和活动。这样，不仅可以使阅读在改善社会风气、提升人格境界方面发挥更加积极的作用，同时可以让君子文化这剂传统良方在立足中华优秀传统文化培育和践行社会主义核心价值观方面，取得固本培元、扶正祛邪的特殊效果。

（原刊2017年3月14日《文艺报》，此文为在十二届全国人大五次会议安徽代表团的发言。）

汲古开新推动文化创新

一

习近平同志《论党的宣传思想工作》一书,立意高远、视野宏阔、内涵丰富、思想深刻,是新时代宣传思想文化工作担负举旗帜、聚民心、育新人、兴文化、展形象使命任务的根本遵循。该书的一系列精辟论述,发前人所未发,体现了共产党人对中国特色社会主义的道路自信、理论自信、制度自信和文化自信,同时也向宣传思想文化领域的专家学者,尤其是社会科学工作者提出了许多有待深入研究和回应的重大问题。

譬如,总书记说:"培育和弘扬社会主义核心价值观必须立足中华优秀传统文化"。"中华文化源远流长,积淀着中华民族最深层的精神追求,代表着中华民族独特的精神标识,为中华民族生生不息、发展壮大提供了丰厚滋养。"① 这段十分经典、广为传播的话,起码寓含两个有待回答的问题:一、为什么培育和弘扬社会主义核心价值观必须立足中华优秀传统文化?二、在源远流长的中华文化中,什么是中华民族最深层的精神追求,代表着中华民族独特的精神标识?

---

① 习近平:《把培育和弘扬社会主义核心价值观作为凝魂聚气、强基固本的基础工程》,见《论党的宣传思想工作》,中央文献出版社2020年版,第54—55页。

再譬如，总书记说："在五千多年文明发展进程中，中华民族创造了博大精深的灿烂文化，要使中华民族最基本的文化基因与当代文化相适应、与现代社会相协调，以人们喜闻乐见、具有广泛参与性的方式推广开来"①。这段话总书记在哲学社会科学工作座谈会上重申："要加强对中华优秀传统文化的挖掘和阐发，使中华民族最基本的文化基因与当代文化相适应、与现代社会相协调，把跨越时空、超越国界、富有永恒魅力、具有当代价值的文化精神弘扬起来。"② 这里又起码包含两个需要解答的问题：一、究竟什么是中华民族最基本的文化基因？或者说，我们能否把中华民族最基本的文化基因提炼出来，以彰显中华民族跨越时空、超越国界、富有永恒魅力、具有当代价值的文化精神？二、怎样使中华民族最基本的文化基因与当代文化相适应、与现代社会相协调，并以人们喜闻乐见、具有广泛参与性的方式推广开来？

二

作为一名社会科学工作者，我带着对这些问题的思考，写出《君子文化与社会主义核心价值观》一文，于 2014 年 6 月 13 日在《光明日报》头版头条刊发。文章尝试对中华传统文化的整体结构和核心理念做出新的阐释，认为君子人格是中华民族千锤百炼的人格形象，是数千年中华优秀传统文化塑造和推崇的人格模式。在汪洋浩瀚的中华传统文化中，君子文化是中华民族最基本的文化基因，最能代表中华民族深层精神追求和独特精神标识，是我们培育和践行社会主义核心价值观能够直接嫁接并开花结果的老树新枝。激活和倡行君子文化有

---

① 习近平：《提高国家文化软实力》，见《论党的宣传思想工作》，中央文献出版社 2020 年版，第 49—50 页。
② 习近平：《在哲学社会科学工作座谈会上的讲话》，见《论党的宣传思想工作》，中央文献出版社 2020 年版，第 228 页。

助于对社会各阶层人士进行思想文化上的因势利导，从而在全社会形成广泛价值共识，使社会主义核心价值观更好地内化于心，外化于行。君子文化既是传统学术研究的薄弱环节，又具有古为今用的重大现实意义和价值，亟待采取有效举措激活君子文化，在社会上形成大兴君子之风、倡行君子之道、崇尚君子品格、争做正人君子的风尚。

　　提出和研究君子文化的理论意义和实践价值在于：为如何立足中华优秀传统文化，培育和弘扬社会主义核心价值观，找到打通和连接传统与当代的通道接口，探寻别开生面而又切实可行的路径和办法，在当代社会树起一面具有深厚传统底蕴和时代精神的文化旗帜。从先秦至清末，有关君子和君子文化的论述不仅在历代典籍中星罗棋布，而且在戏曲舞台和民间说唱中俯拾即是。君子文化作为涵盖传统与当代、贯通古代与今天的文化航标，还在我们今天的生活中熠熠生辉。"君子一言，驷马难追"，"君子爱财，取之有道"，"君子动口不动手"，"君子成人之美"，"君子不夺人所好"，"君子之交淡如水"，"以小人之心，度君子之腹"，等等，这些至今活跃在人们口头的君子格言，已不同程度地成为中华儿女做人做事的人生信条，以一种习用而不察、日用而不觉的方式，规范和调整着我们为人处事的价值判断和行为格调。我们培育和践行社会主义核心价值观，就是要激活和焕发人们内心由传统文化长期熏陶而形成的优良价值理念，正如习总书记所说，"使中华民族最基本的文化基因与当代文化相适应、与现代社会相协调，以人们喜闻乐见、具有广泛参与性的方式推广开来"。

三

　　《君子文化与社会主义核心价值观》发表后，《新华文摘》、《群言》等权威杂志全文转载，人民网、新华网、央视网、共产党员网等各主流网站，以及腾讯、搜狐、百度、凤凰等商业网站均置顶推介。包括楼宇烈、牟钟鉴、张岂之、杨国荣等众多专家学者都充分认同、肯定激活和倡行君子文化的理论价值和现实意义，《人民日报》、《光明日报》等报刊连续载文呼应和探讨。主要反响表现在三个方面。

其一，成立了一批君子文化研究机构和社团组织，发表了大量研究成果。目前，全国除安徽省成立君子文化研究会、安徽省社科院成立君子文化研究中心外，浙江大学成立了君子文化研究中心，上海交通大学成立了中华君子文化研究中心，江苏省社科院成立了君子文化研究中心，湖南省成立了省级君子文化研究会，其他如山东、陕西、河南、河北、湖北等地也相继成立君子文化研究机构和社团组织。近年来，全国各主要报刊如《人民日报》、《光明日报》、《哲学研究》、《文学评论》和《新华文摘》等刊发或转载了数量可观的君子文化研究和推广文章，中华书局、中国社会科学出版社等也出版了一些有关君子文化的学术专著。

其二，举办"君子文化论坛"等一系列学术活动，产生较为广泛的影响。2015年以来，由光明日报社领衔，先后与浙江大学（2015年12月）、安徽省委宣传部（2016年11月）、江苏省社会科学院（2017年12月）、湖南大学和湖南省社科联（2018年11月）、上海交通大学（2019年8月）、安徽省社科联和中共铜陵市委（2020年11月）等单位联合，每年举办一次国际性或全国性的君子文化论坛，迄今已成功举办六届，成为影响广泛的中华优秀传统文化创造性转化和创新性发展的重要标志与交流平台。各地举办君子文化研讨活动更多，如2018年12月1日至2日河南省长垣县举办"中国·长垣君子文化高层论坛"，2019年11月16日武汉科技大学举办"君子文化研讨会"，等等。

其三，把君子文化融入城乡精神文明建设、融入学校立德树人工作，取得积极成果。山东省威海市、肥城市，安徽省桐城市、蒙城县，河南省长垣县，河北省遵化市和湖南省多个市县等，上海复旦五浦汇实验学校、深圳黄埔学校中学部、铜陵市铜官区全区中小学等，将传扬君子文化纳入城乡精神文明建设和学校思想道德工作，开展多种形式的实践活动，倡君子之风、行君子之道、做人做君子，逐渐成为新的集体共识和社会风尚。山东省威海市将"君子之风，美德威海"定为城市名片，把弘扬君子之风、培育君子人格，作为全民进德修身、倡扬新风正气、提升区域发展软实力的重要推手，不断丰富和提升全国文明城市的内涵和水准。

光明日报社、山东省社科院等单位曾在威海市联合举办"君子之风·美德威海与社会主义核心价值观建设研讨会"。会上中央民族大学教授牟钟鉴以"重铸君子人格，推动移风易俗"为题，中宣部思想政治工作研究所副所长戴木才以"'君子'是人格追求的航标灯"为题，中国伦理学会副会长王小锡以"弘扬君子文化是传承美德的创新典范"为题，北京大学中国特色社会主义理论体系研究中心副主任郭建宁以"弘扬君子之风是社会主义核心价值观的实践创新"为题等，与来自全国各地一百一十余位专家学者和实务工作者进行研讨。对于此次研讨会，2015 年 9 月 29 日《光明日报》作了整版报道。

四

包括哲学社会科学在内的思想文化领域里的创新创造，不可能一无依傍，凭空独造，而总是在继承和吸取前人思想成果的基础上借古开今，推陈出新，核心是做好创造性转化和创新性发展工作。习总书记就如何做好创造性转化和创新性发展工作深刻指出："创造性转化，就是要按照时代特点和要求，对那些至今仍有借鉴价值的内涵和陈旧的表现形式加以改造，赋予其新的时代内涵和现代表达形式，激活其生命力。创新性发展，就是要按照时代的新进步新进展，对中华优秀传统文化的内涵加以补充、拓展、完善，增强其影响力和感召力。"① 我近年提出并开展君子文化、乡贤文化研究，就是遵照总书记的指

---

① 习近平：《把培育和弘扬社会主义核心价值观作为凝魂聚气、强基固本的基础工程》，见《论党的宣传思想工作》，中央文献出版社 2020 年版，第 57 页。

示,扎根源远流长、博大精深的中华文化沃土,按照新的时代特点和要求,尝试对优秀传统文化的内涵加以补充、拓展,以新的阐释激活其生命力、影响力和感召力。

习总书记 2019 年 3 月 4 日参加全国政协十三届二次会议文化艺术界、社会科学界委员联组会时发表讲话,明确指出:"哲学社会科学研究要立足中国特色社会主义伟大实践,提出具有自主性、独创性的理论观点,构建中国特色学科体系、学术体系、话语体系。"① 作为社会科学工作者,我们应立时代之潮头、通古今之变化、发思想之先声,积极建言立论,为实现总书记对哲学社会科学研究提出的战略目标和崇高要求而尽心竭力。

2020 年 12 月 27 日修改于书香苑

(原刊 2021 年 1 月 5 日《安徽日报》。此文为在中央党校学习时报社和安徽省委宣传部联合举行的"学习习近平同志《论党的宣传思想工作》研讨会"上的发言。)

---

① 习近平:《一个国家、一个民族不能没有灵魂》,见《论党的宣传思想工作》,中央文献出版社 2020 年版,第 369 页。

君子文化是中华文化的鲜明标识

如果说，在物质创造层面最能彰显中华文化显著特点的是长城和故宫，那么，在精神创造层面最能代表中华文化鲜明标识的就是君子文化。

一、君子是中华民族效行相宜的正面人格

"君子"一词早在殷周时期已频繁使用。从词源学的意义看，"君"是一个会意字，在字形上从尹从口，"尹"表示治事，"口"表示发布命令，"君"即指发号施令的人。在西周及春秋时期，"君子"主要是对各级统治者和贵族男子的通称。《尚书》卷十二曰"君子勤道，不作无益害有益，功乃成"，《国语·鲁语上》曰"君子务治，小人务力，先王之制也"，都是在诸侯及卿大夫的意义上使用君子一词。

早期"君子"概念虽然多半专指社会中上层特定人群，但已有明确的价值导向。《周易》乾卦、坤卦象传云："天行健，君子以自强不息"，"地势坤，君子以厚德载物"。《国语·晋语》言："人之有学也，犹木之有枝叶也。木有枝叶，犹庇荫人，而况君子之学乎？"如此倡导自强不息、厚德载物、崇文向学等等，都为此后君子人格和君子文化的形成发展，植入了胚胎基因，奠定了品质基础。

历史演进到春秋战国时代，君子概念的意义发生重大变化，即由原来主要指称"有位者"衍变为更多指代"有德者"。促成这一转变的主要功臣不是别人，正是儒家创始人孔子。记载孔子及其弟子思想和言行的《论语》，全书不到一万六千字，君子一词出现一百零七次，使用频率之高反映了孔子对君子人格的钟爱和悉心打造。

孔子继承西周以来有关君子论述的思想资料，认为崇德向善、崇文向学等不应只是对少数权贵的要求，也应是多数人追寻的目标。《论语》从头至尾二十篇，每一篇章都以若干段落从不同方面对"君子"人格不断刻画、反复雕塑。尽管在有些语境下君子仍然专指"有位者"，但总体倾向却是对"有德者"的描述和界定。

"君子喻于义，小人喻于利"（《论语·里仁》），"君子坦荡荡，小人长戚戚"（《论语·述而》），"君子和而不同，小人同而不和"（《论语·子路》），"君子成人之美，不成人之恶。小人反是"（《论语·颜渊》）……孔子一方面在君子与小人的对举和比较中，捕捉和勾勒君子的形貌与品格；另一方面又指出君子并非高不可攀的圣人，强调"圣人，吾不得而见之矣；得见君子者，斯可矣"（《论语·述而》），从而使君子又与圣人拉开距离，成为一种可望可及、可学可做的正面人格形象。

二、君子文化浸润中国人的日常生活

作为孔子精心塑造的理想又现实、尊贵又亲切、高尚又平凡的人格形象，君子人格在中华民族数千年跋涉前行的历史长河中，受到上至历代统治者、思想家及文人士大夫，下至社会各阶层人士包括普通百姓的广泛认同和推崇。以儒家思想为主干的中华传统文化，历来倡导仁、义、礼、智、信及忠、孝、廉、悌等为人处世的伦理规范，这些美好品德无不注入、融会并集中、汇聚到一个人格形象即君子人格身上。正是如此，清末民初思想家辜鸿铭说："孔子的全部哲学体系和道德教诲可以归纳为一句，即'君子之道'。"① 海外学者余英时也说："儒学事实上便是'君子之学'"②。

关于君子及君子文化的解说和阐发，不仅在浩如烟海的历代典籍里俯拾即是，数不胜数，而且数千年来一直以托物言志的方式浸润和渗透中国人的日常生活。

为什么中国有着悠久的爱玉、佩玉传统？除了玉作为一种"美石"具有欣赏价值和经济价值外，主要原因在于自殷周时期起我们祖先就将玉的特质与君子的品格相类比，赋予玉诸多君子品格的寓意。《诗经·国风·小戎》："言念君子，温其如玉。"《礼记·玉藻》："古之君子必佩玉，君子无故，玉不离身，君子于玉比德焉。"家喻户晓的《三字经》云："玉不琢，不成器；人不学，不知道。"这句出自《礼记·学记》里的话，与其说是强调只有经过细心雕琢打磨，玉石才能成为国之宝器，不如说这更是通过比喻说明学习对人增长知识、明白事理的重要。

为什么中国画自宋代以来画得最多的题材是梅兰竹菊？因为梅兰竹菊在古代就被称作"四君子"。以花草树木比喻君子人格的做法，早在先秦时期典籍《诗经》、《离骚》里已屡见不鲜。《孔子家语》云："芝兰生于深林，不以无人而不芳；君子修道立德，不为穷困而改节。"这里以兰喻人，表达对君子情怀和节操的推崇，说明早在春秋战国之时已形成以物喻人的"比德"传统。梅兰竹菊被称作"四君子"，正是这一传统延续发展的丰硕成果，也是君子文化深入人心的突出表现。梅兰竹菊成为历代诗人、画家反复吟咏和描绘的对象，正缘于其形象饱蕴着君子人格的高贵品性。

君子文化不仅在器物、植物以及动物、饮食等方面均有充分的表

---

① 辜鸿铭：《中国人的精神》，黄兴涛、宋小庆译，海南出版社1996年版，第50页。

② 余英时：《儒家"君子"的理想》，见《中国思想传统的现代诠释》，江苏人民出版社1989年版，第160页。

现（笔者撰有专文《君子文化浸润中国人的日常生活》可参见），而且作为一种深厚的文化积淀，绵延数千年地传承下来，传得众所周知、传得影响深远、传得深入人心，直至今天仍活在老百姓的口头和心中。"君子一言，驷马难追"，"君子爱财，取之有道"，"君子成人之美"，"君子不夺人所好"，"君子之交淡如水"，"君子绝交无恶言"，"君子动口不动手"，"量小非君子，德高乃丈夫"，"有事但逢君子说，是非休听小人言"，等等。类似这样至今活跃于人们口头的民谚俗语起码有一百多句，涉及我们做人做事的方方面面，足以说明君子文化常常以"习用而不察、日用而不觉"的方式，润物无声地熏陶和浸染我们的日常生活。

三、君子文化培植中国人的精神气质

君子文化作为中华优秀传统文化的思想精髓和鲜明标识，其内涵和特质不管人们自觉或不自觉、意识到或没有意识到，都早已成为民族文化心理结构的核心部分，千百年来对中国人的思想、情感、行为、生活等发挥着不可低估的引导和规范作用。这种制约和影响，随着天长日久的岁月积累，逐渐成为某种思维定式、情感取向、生活态度乃至经验习惯，培植和润泽了中华民族的精神气质。恰如习总书记所说："中华文化源远流长，积淀着中华民族最深层的精神追求，代表着中华民族独特的精神标识，为中华民族生生不息、发展壮大提供了丰厚滋养。"[①]

自春秋战国以来，中国历朝历代多将值得推崇和效法的仁人志士称作君子，从"战国四君子"到"戊戌变法六君子"、"抗战七君子"等等，举不胜举。考察历代杰出君子的作为，明显体现出三大特质：一是以天下兴亡、匹夫有责为重点的担当精神和家国情怀；二是以仁

---

① 《把培育和弘扬社会主义核心价值观作为凝魂聚气强基固本的基础工程》，载2014年2月26日《人民日报》。

义共济、立己达人为重点的互助理念和社会关爱思想；三是以正心笃志、崇德弘毅为重点的修身要求和向善追求。这三大特质，与社会主义核心价值观倡导"富强、民主、文明、和谐"国家层面的价值目标，倡导"自由、平等、公正、法治"社会层面的价值取向，倡导"爱国、敬业、诚信、友善"个人层面的价值准则等，完全是一脉相承、心心相印，乃至可以对接贯通的。

习总书记多次强调："培育和弘扬社会主义核心价值观必须立足中华优秀传统文化。"① 如何立足？时下流行的诵读古代经典、组织诗词大赛、传扬非物质文化遗产及传统节日等，当然都是有效的途径。怎样从中华文化的总体精神上把握和弘扬优秀传统，并使之"与当代文化相适应、与现代社会相协调，以人们喜闻乐见、具有广泛参与性的方式推广开来"？我以为研究和倡行君子文化，可说在当代社会树起一面具有深厚传统底蕴和时代精神的文化旗帜，找到打通和连接传统与当代的一个新的通道接口，不失为一条别开生面又切实可行的路径。

君子文化是培育和弘扬社会主义核心价值观能够直接活态嫁接并在新时代开花结果的老树新枝。这种活态嫁接的过程，就是实现中华优秀传统文化创造性转化和创新性发展的过程：一方面，培育和践行社会主义核心价值观获得传统文化这株参天大树庞大根系的丰富滋养；另一方面，君子文化这株昂首向上的千年古木在现代阳光雨露的沐浴和浸润下不断抽出新的枝条，结出新的硕果。

我们培育和践行社会主义核心价值观，需要下文件发号召、需要广宣传造声势、需要编读本做讲解、需要评模范树标杆，关键是要激活、焕发人们内心由传统文化长期熏染而形成的价值理念和道德情怀，简言之，就是对以"自强不息，厚德载物"为典型特征的君子人格的尊崇和追求。通过挖掘、整理、阐发和弘扬，让君子文化这颗最

---

① 《把培育和弘扬社会主义核心价值观作为凝魂聚气强基固本的基础工程》，载2014年2月26日《人民日报》。

能体现中华优秀传统文化"精气神"的种子,在新时代犁铧翻垦的神州大地上茁壮生长,呈现蔚为壮观的繁茂景象。

2021年1月11日于合肥书香苑

(原刊2021年1月22日《学习时报》。)

开拓传统文化的当代生长点

作为人文社会科学学者，不管你是研究文、史、哲或政、经、法哪个学科，不管你是关注中国、外国或古代、现代哪段时空领域，我以为都应与自己所处的时代进行深刻而有效的对话。这种"对话"，既包括你从古今中外的历史传统中寻找可供当今借鉴的经验和教训，也包括你带着时代赋予的视野和问题，发现历史传统中尚未充分显露其意义和价值的潜在意蕴与宝藏。传统并非只是过去的历史，同时也活在当今的现实之中，这不仅因为现实由历史延伸而来，其本身包含着历史的因素，还因为历史总是以无形而在场的睿智眼光，注视和启示着今天的创造。

近五年多来，我把相当一部分精力花在对君子文化的学习、思考和钻研上。我的专业是美学和文艺理论研究，多年来主要在这块园地里犁耙耕耘，虽然有时心猿意马，跑到邻近的文学史、绘画史、书法史，以及收藏文化等田垄上翻土窃食，但基本没有跳出文艺的边界。近几年之所以移情别恋，转而对君子文化研究一往情深，实乃受到社会对传统文化有了新认识和新评价的触动。

2014年2月24日，中共中央政治局就培育和弘扬社会主义核心价值观问题举行第十三次集体学习，习近平总书记强调："培育和弘扬社会主义核心价值观必须立足中华优秀传统文化。""中华文化源远流长，积淀着中华民族最深层的精神追求，代表着中华民族独特的精神标识，为中华民族生生不息、发展壮大提供了丰厚滋养。"① 在中共中央政治局第十二次集体学习谈论提高国家文化软实力时，习近平总书记还指出："要使中华民族最基本的文化基因与当代文化相适应、与现代社会相协调，以人们喜闻乐见、具有广泛参与性的方式推广开来"②。

这些话不仅对传统文化做出重新定位和积极倡导，更提出许多值得深入讨论的新课题和新问题。譬如，为什么培育和弘扬社会主义核心价值观必须立足中华优秀传统文化？在博大精深的优秀传统文化中，究竟哪些部分积淀着中华民族最深层的精神追求，代表着中华民族独特的精神标识？究竟什么是中华民族最基本的文化基因？如何使它与当代文化相适应、与现代社会相协调，以人们喜闻乐见、具有广泛参与性的方式推广开来？

通过思索和分析，我对这些问题形成基本看法，即君子文化是中华优秀传统文化的核心和主干，堪称中华民族最基本的文化基因，积淀着中华民族最深层的精神追求，代表着中华民族最独特的精神标识，是培育和弘扬社会主义核心价值观能够活态嫁接的老树新枝。带着这一想法，在参加 2014 年 3 月举行的全国人大十二届二次会议时，我向大会提交《关于激活和倡行君子文化，为培育和践行社会主义核心价值观提供传统滋养和有益补充的建议》。会后，又写出《铸造中华民族的理想人格——君子文化与社会主义核心价值观》论文，先后在 2014 年第 5 期《群言》和 2014 年 6 月 13 日《光明日报》发表。前者刊载时将题目改为《激活和倡行君子文化——如何汲取传统文化精华培育和践行社会主义核心价值观》，后者刊发时用了原来的副标题

---

① 《把培育和弘扬社会主义核心价值观作为凝魂聚气强基固本的基础工程》，载 2014 年 2 月 26 日《人民日报》。
② 《建设社会主义文化强国　着力提高国家文化软实力》，载 2014 年 1 月 1 日《人民日报》。

《君子文化与社会主义核心价值观》。

本来，涉猎君子文化只是我学术研究的一个临时插曲，不料这一偶然起意的研究却引起各方的重视。除了《光明日报》将拙文放在头版头条位置刊发，《新华文摘》等众多报刊及网站予以转载外，安徽省委宣传部还提出打造"君子文化的研究高地、宣传高地和实践高地"，明确桐城市和蒙城县作为君子文化推广试点地区，成立安徽省君子文化研究会，并设立安徽省社科院君子文化研究中心。在全国范围内，先后有山东省威海市、辽宁省大连市、湖南省长沙市、山东省肥城市、河南省长垣县，以及浙江大学、上海交通大学、中国科学技术大学、中国文联文艺研修院、安徽理工大学、安徽省委党校等许多地市和单位，邀请我就君子文化及其当代价值等问题进行演讲。

在学术交流的过程中，中共威海市委将"君子之风，美德威海"定为城市名片，通过弘扬君子之风，培育君子人格，建设美德威海，提升全国文明城市创建水平，被诸多媒体作为典型报道宣传。河南省长垣县推广君子文化，曾与中国先秦史学会、黄河文化研究会联合举办"中国·长垣君子文化高层论坛"，受到多方积极评价。此外，浙江大学、上海交通大学、江苏社科院、山东社科院等也先后成立了君子文化研究中心，湖南省还成立了全省性的君子文化研究会。由光明日报社参与主办的全国性"君子文化论坛"，自2015年以来已经分别在杭州浙大、安徽合肥、江苏江阴、湖南长沙、上海交大、安徽铜陵等地连续举办六届。相关学术成果除辑集出版十余种论文集、专著和丛书外，《光明日报》、《学术界》、《社会科学战线》等报刊还开专栏探讨君子文化，发表许多高质量的论文，产生广泛影响。

有关君子及君子文化的研究早已有之且成就斐然，但以往的研究往往拘囿在古代哲学及文化的范围内，所探讨的多为"孔子《论语》中'君子'概念内涵"之类的题目。我在吸取前人思想成就的基础上，力求对君子文化在传统文化中的地位和影响进行重新定位，对其在当代思想文化建设中所能发挥的作用等做出自认有依据、有价值的新阐释。就前者言，整个中国传统哲学及文化主要探讨的是如何"成人"、"为人"的问题，其核心实际上就是谈论做人做君子的课题。所谓仁、义、礼、智、信、忠、孝、廉、悌，包括修身、齐家、治国、平天下等等，这些历代统治者和学问家反复申论的人文伦理与人生目标，均是从不同方面、不同阶段对如何成为君子提出的具体要求。就后者言，人是具有文化遗传性的动物，当代培育社会主义核心价值观及加强思想道德建设，除了需要下文件发号召、编读本做讲解以外，关键是要激活人们内心由传统文化世代熏染而形成的道德情怀和价值理念。简单说，就是对"君子以自强不息"、"君子以厚德载物"、"君子一言驷马难追"、"君子爱财取之有道"、"君子成人之美"、"君子不夺人所好"等做人做君子人生信条的遵从和追寻。这种遵从和追寻与当代思想道德建设完全可以打通、对接和互补，使培育和践行社会主义核心价值观更好立足中华优秀传统文化，获得历经传统沃土数千年哺育成长的君子文化这株参天大树庞大根系的丰富滋养。

　　这些念头，诱惑和鞭策我在古代典籍与当代思考间往来穿梭，陆续撰写发表了《君子文化在传统文化中的地位和影响》、《君子文化浸润中国人的日常生活》、《君子文化的传统魅力与当代张力》、《家国情怀的萌生与君子人格的确立》、《从中国传统树人体系看君子人格的普遍价值》、《时代新人与传统君子漫议》等二十余篇文章，主编出版"君子与时代新人"丛书、"君子文化"丛书等多种书籍，可说把不期然而然的临时插曲，变成近几年常常曲不离口的保留节目。这对多年坚守的美学和文艺理论主业虽然有所耽搁，却打开了解和探寻传统文化宝库的另一扇大门，获得开拓传统文化在当代新生长点的另一种收获。此可谓"塞翁失马，焉知非福"乎！

2022年1月4日于合肥书香苑

（原刊《群言》2022年第2期，本文为该刊"一起说说这五年"征文约稿。）

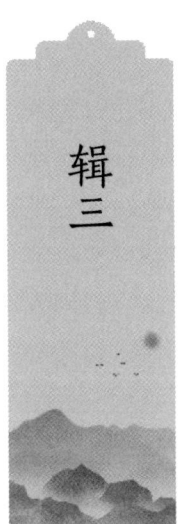

辑三

乡贤文化为什么与我们渐行渐远？

一

乡贤，旧时又称乡绅，是指本乡本土知书达理、才能出众、办事公道、德高望重之人。他们多半耕读传家、上慈下孝、为人正直、热心公益，在民众中享有良好的口碑和威望。在以农业为主体的传统中国，广袤乡村的基层建设、社会秩序和民风教化等，主要由每个村落和地方的乡贤担纲。这些乡贤或以学问文章、或以清明善政、或以道德品行、或以杰出才干，或诸种嘉德懿行不同程度兼而有之，引起乡邑百姓的高度认同和效仿，从而形成植根乡野、兴盛基层的乡贤文化。

乡贤文化大体属于地域文化，虽然在不同地区往往会有不同特色，却仿佛祖国山河的千姿百态，其风雅异韵和各具风貌，共同演绎了中华优秀传统文化的博大精深和绚丽多彩，更是中华优秀传统文化扎根乡野沃土百卉争艳的生动写照。作为中国传统乡村社会的重要文化景观，乡贤文化经过千百年的传承和积累，在乡村治理、文明教化、谋利桑梓等方面形成了丰富的经验和深厚的传统，对中国社会的基层稳定、中华文明的赓续传扬具有举足轻重的意义。乡贤文化既体现乡贤热爱家乡、建设故里、乐于担当的情怀，又饱蕴见贤思齐、助人为乐、崇德向善的正能量，在垂范乡里、化育乡邻，维护乡村秩序、促进基层社会平稳发展等方面曾产生巨大而深远的影响。

乡贤文化内容广泛，简而言之，起码涉猎三个大的层次：其一，乡贤的构成及特质，即乡贤一般由哪些人组成，这些人大体具备什么样的素质和特点；其二，乡贤的作用及影响，指乡贤在乡村建设中扮演怎样的角色，发挥怎样的功能，产生怎样的效果和反应；其三，乡贤治理乡村所创造并传承下来的物质文化遗产与非物质文化遗产，前者如祠堂、学堂、牌坊或功德碑等，后者如乡规民约、乡风民俗及村志谱牒等。在这里，第一层说的是人，第二层谈的是事，第三层讲的是乡贤做人做事所产生的结果。由这三个渐次展开的层次可见，乡贤文化的核心和基础是乡贤——没有乡贤，乡贤文化无法形成；乡贤的流失，必然导致乡贤文化的式微。

然而，半个多世纪以来，恰恰在如何对待乡贤的问题上，我们走过了一段不小的历史弯路，值得认真研讨和反思。

二

传统中国的乡贤或者说乡绅，一般指科举中取得功名而生活在乡村并有较高地位者。他们多半由退职返乡的文武官员，或有一定功名而未出仕的乡村贤达组成。这些人在乡村往往出身大户人家，有些甚至是宗族首领，家道殷实富足，不仅拥有相当田产，而且控制宗祠、学堂乃至商铺作坊。

自 20 世纪二三十年代共产党领导贫苦农民闹革命以来，各地乡绅由于多半属于封建旧秩序的维护者，自然成为革命对象而受到严酷批判和打击。毛泽东 1927 年发表的著名文章《湖南农民运动考察报告》，对当时以"打倒土豪劣绅"为主旨的农民革命运动作了生动描绘，"把一切绅权都打倒，把绅士打在地下，甚至用脚踏上"。《报告》还从理论上说明这场风起云涌的农民运动的革命性质和必要性："革命不是请客吃饭，不是做文章，不是绘画绣花，不能那样雅致，那样从容不迫,文质彬彬,那样温良恭俭让。革命是暴动,是一个阶级推翻一个阶级的暴烈的行动。"①

1949年中华人民共和国成立,原来解放区推行的土地改革运动,进一步在全国范围内轰轰烈烈地展开。土地改革一方面彻底废除了封建社会长期延续的土地私有制,使广大农民实现"耕者有其田"的夙愿,极大焕发出亿万农民"当家做主人"的革命豪情;另一方面对原先的"有产者"如地主乡绅等,除"罪大恶极"的予以镇压外,一般都将其田产房产等没收充公或重新分配给广大贫雇农,不仅从根本上摧毁其经济基础,更从社会舆论上对他们的生活方式和价值观念等进行批判。如此一来,原先高人一等的地主乡绅不仅经济地位一落千丈,更成为遭人责骂和鄙视的对象。

共产党领导人民推翻国民党统治,建立新的政府及政权体系,必然要对原有政权的乡村桩基进行清理。如果说,中华人民共和国诞生之初的打倒土豪劣绅、镇压反革命等运动,虽有简单化和扩大化的弊端,却是巩固和维护新生政权的必要举措;那么,政府同时推行的"唯成分论",将人从出身上划为不同等次,并规定不同成分者享有不同人生基本权益,则无疑是极"左"路线的危害了。当时,每个乡村的农户都被划分为雇农、贫农、中农(分下中农、中农、上中农)、富农、地主等不同阶级成分。非贫下中农出身者,除本人受到管控和冲击外,其子女升学、找工作也受到严格限制,入党、参军等更是绝无可能。被定为"黑五类"即出身"地、富、反、坏、右"家庭者,处处遭受冷遇和压制乃家常便饭。

由于极"左"路线的影响,我们的社会曾在一段时间形成了"越贫穷越革命"、"越贫穷越光荣"、"知识越多越反动"等错误观念,这在传统乡绅被打倒、遭唾弃之后,对乡贤文化的延续无异于从文化根脉上釜底抽薪。

---

① 《毛泽东选集》(一卷本),人民出版社1964年版,第18页。

三

传统乡贤文化的兴盛，还在于乡绅在传统基层社会具有广阔的用武之地。

在绵延数千年的古代社会里，中国历代统治者对基层社会控制相对较松，不少朝代是县以下不设治，也就是人们通常所说的"皇权不下县"。县以下的广大区域没有国家权力组织，靠什么力量来治理和控制呢？简略地说，从县衙（县政府）到底层民众之间存在的巨大基层权力空间，主要依靠乡绅发挥作用来达到有效填补。这与中华人民共和国成立后经过农村社会主义改造，我们县级政府以下设有人民公社、生产大队、生产队三级组织管理乡村行政事务，明显颇有差异。1983年农村基层政府改革，设乡（镇）政府、村民委员会、村民小组三级组织机构，大体与原有的公社、大队、生产队三个管理层次相衔接。根据《中华人民共和国村民委员会组织法》，虽然村民委员会及村民小组"法定"属于群众性自治组织，但究其实质而言，村民委员会及村民小组均是集党支部、法定行政职能和集体经济管理职能于一身，承担和发挥着行政机构的功能。

传统乡绅在基层社会治理中究竟发挥怎样的作用？以我们安徽南部的徽州地区为例，略作说明。徽州是明清时期全国重要商帮徽商的故里，地方乡绅在国家行政体制之外，代替或配合官府处理大量社会"公共管理"事务。这些事务涉猎诸多内容，基础设施方面如建桥、修路、挖渠、筑坝、摆渡等，救灾方面如防洪、抗旱、抢险、赈灾等，教育方面如开设蒙学馆、聘请教师、帮助贫困学子求学赶考等，维护社会秩序方面如制订和实施乡规民约、劝说调解村民纠纷、斡旋乃至诉讼跨区域的利益冲突等，社会福利方面如救助特困家庭、施医、送药、施棺、划赠墓地等。清代实行较为严密的保甲制度，但官府在基层推行保甲法时，常常不得不借助乡绅及宗族组织完成，多半

"责成本乡绅士,依照条法,实力举行"①。乡绅对基层社会控制力之强,由此足可想见。

总之,传统中国社会由于县以下不设治,乡绅在国家政权与基层民众之间大有用武之地,担当了协调两者矛盾、促进双方良性互动、维护一方社会平稳发展的关键角色。尤其是明清时期,一些地区乡绅与宗族组织相结合,对基层社会的治理更加细密高效,影响力也更大。反观当今,国家在县级政府以下,设有乡(镇)政府、村民委员会、村民小组三级权力组织,对基层社会的掌控可谓到边到角,基本做到全覆盖。这是共产党作为执政党具有强大执政能力的表现,也是政府治国理政筑牢社会根基、确保政令畅通基层、维持社会稳定前行的重要保障。

不过,由于国家从组织机构上编织了较为完善的乡村管理系统,今天的乡贤,尤其是处于行政权力中心之外的乡贤很难像过去的乡绅一样,在乡村治理方面发挥重要作用。中华人民共和国成立以来的广袤农村,留给乡贤施展才华的空间相对窄小,这无疑是乡贤文化衰落的又一不可忽视的因素。

四

传统乡贤文化蔚为壮观,还有另一关键原因,这就是古代官场的"告老还乡"制度,保证了乡贤人才的绵绵瓜瓞,代不乏人。

早在春秋战国时,便有官吏"退而致仕"、"还禄位于君"的记载。② 唐宋以降,官吏退休还乡渐成规矩,至明清时期,已成雷打不动的制度。官吏退职还乡可能有多种原因,或告老返乡,或因病返

---

① 参见《清经世文编·论保甲事例书》。
② 《春秋公羊传》宣公元年:"退而致仕。"何休注曰:"退,退身也。致仕,还禄位于君。"见《十三经注疏》(下册),阮元校刻,中华书局1980年版,第2277页。

乡，或受排挤返乡，或遭贬黜返乡，或绝意仕宦返乡等，无论哪种情况，"文官告老还乡，武将解甲归田"都是官吏遵循的惯例并逐渐形成传统。经过一千多年的延续传承，"落叶归根"、"告老还乡"不仅作为一种人生理念深入人心，还衍生出"乡愁"、"郡望"、"世家"等文化景观让人感叹不已，更有许多辞官回乡的动人故事，如陶渊明弃官归田园、张季鹰莼羹鲈脍之思等等，开拓了别样的人生境界，给后人无限启迪和遐想。

明清两朝五百多年间，不论是地方官迁任京官，还是京官外放任职，或是地方官异地赴任，皆不得在任职地购置房产田产，其家眷由"内衙"负责安置。明清两朝法律均规定："凡有司官吏，不得于见任处所置买田宅。违者笞五十，解任，田宅入官。"① 显然，这样的法规不仅有利于从制度上防范官吏以权谋私、贪墨腐败，也加深了他们"宦途漂泊"和"根在故土"的观念，既增强了官吏还乡的愿望，也使退职还乡制度更易于执行。值得一提的是，退职还乡在国际上也较为普遍，美国、英国历任总统卸任后，必须很快搬出白宫、唐宁街，回到自己老家或其私人居所；日本前首相村山富市卸任后回到故乡大分县老屋安居，去年媒体刊登他八十多岁在家乡骑自行车买菜的照片，曾让许多人惊讶和感动。

官吏退职返乡，积极意义十分明显。其一，进则为官、退则为绅的返乡模式，实现了宝贵的人才资源从乡村流出到返回乡村的良性循环，使社会人才分布结构趋于合理，有利于整个社会可持续协调发展。其二，官吏文化层次高、富有才干、见多识广、历练老成、交游广泛，回乡后为建设故里出力，治理乡村、造福桑梓，崇文兴学、教化一方，保障了乡村经济、政治、文化等各项事业兴旺发达，也使作为中华优秀传统文化重要组成部分的乡贤文化在乡村代代相传，生机勃勃。其三，退职官员返乡，将毕生所学和积累的经验用于建设家乡，避免了高端人才在京城、省城及大城市扎堆集聚，英雄无用武之

---

① 参见《明代律例汇编》、《大清律例会通》。

地,在维系乡村和谐稳定的同时,也促进了城市与乡村的平衡发展。

可是,我们的各级领导干部、公务员,包括各类中、高级专业技术人员等,如今退职后在城市做寓公养老的多,告老还乡建设乡村者凤毛麟角。中华人民共和国成立以来,受城乡二元体制的影响,农村青年通过考大学或招工等途径迈入城市以后,就步入了与农村迥然不同的社会保障和福利体系。当上科长、处长、厅局长、副省和副部级官员后,在城市更是享有较为优越的生活条件和待遇,一般很少愿意主动返回乡村。如今的乡村再也无法像过去的乡村那样,实现人才从流出到流入的良性循环,而主要充当了人才净流出地的角色。当告老还乡人生模式被摈弃以后,乡贤的重要来源枯鱼涸辙,乡贤文化的凋敝也就在所难免了。

五

今天我们谈论乡贤文化,人们常常忧心忡忡于大批青壮年劳动力进城务工,农村出现空心化现象,以及城镇化的迅猛扩张,导致农村发展严重滞后等状况。为此,《光明日报》曾推出"新乡贤·新乡村"系列报道和评论,在浙江及全国各地发掘"新乡贤"返乡创业的新闻人物和新闻故事,同时约请专家学者探讨乡贤文化的历史内涵和当代价值,为农村建设提供了新鲜经验。今天的新乡贤虽然与传统乡贤一样,都致力于为家乡治理奉献力量,但新乡贤明显具有鲜明的时代特点。这突出表现在乡贤主体范围更加广泛,包括农村优秀基层干部、道德模范等先进典型,也包括外出创业返乡的企业家、知识分子、海外华侨等。他们当年从乡村走出,经过社会的磨砺,视野开阔、富有才干,或重新扎根故乡带领乡亲创业致富,或不时返乡用所学所长来反哺桑梓,为建设社会主义新农村献计出力。

不过,正如前面所描述和分析的那样,乡贤的凋零和乡贤文化的衰落还有许多深层的历史和社会原因。这些历史的和社会的动因,有些甚至是我们推翻半封建半殖民地的旧中国,建立社会主义新中国不得不采取的矫枉过正的举措。如今，中国这艘在人类文明海洋中前行的巨轮，经过改朝换代暴风骤雨的革命洗礼、经过"文化大革命"十年迷失航向后的艰难调整、经过改革开放劈波斩浪的激流勇进，正以新的发展理念航行在全面建设小康社会的伟大征程中。"小康不小康，关键看老乡"。全面建设小康社会的最大短板是农村，是如何把广大农村地区建设成"生产发展、生活宽裕、乡风文明、村容整洁、管理民主"的美丽乡村。习近平总书记深刻指出："要治理好今天的中国，需要对我国历史和传统文化有深入了解，也需要对我国古代治国理政的探索和智慧进行积极总结。"① 传承和弘扬乡贤文化，正是汲取中国历史和传统文化的宝贵智慧和经验，为农村治理提供有益的借鉴之资。

中国历史上长期形成的"告老还乡"传统，对解决当下农村"空心化"积弊，对缓解大城市过于拥挤、不堪重负等"城市病"，无疑具有鉴往开来的重要意义。如果说，农村青年通过外出求学或打工离开乡土，是一种改变命运的积极努力，那么，60 岁或 55 岁退休留在城市养老者，则多少给人用材不尽的遗憾。由于生活条件改善和生活品质的提高，现在 60 岁左右的人一般都身体健康，精力充沛，尤其是各级领导干部，工商企业界人士，文化、科技、教育、医疗等领域专家学者等，曾经有为有位，经验丰富，人脉广泛，若告老返乡则可发挥多方面作用。他们不仅能为美好乡村建设出谋划策、聚集资源、躬行实践，而且能以自己的见识及生活方式垂范乡邻、传播文明、改善乡村风气，以自己的威望和身份超脱的特殊地位，影响乃至监督基层乡镇干部为民办事；同时他们生活于乡土，还能促动城市子女及亲戚朋友频繁往返乡村，为农村带来更多的人流、物流及资金流等。凡此种种，对于从根本上医治农村"空心化"顽疾，或可起到固本培元、祛邪扶正的良好疗效。

全国政协原副主席毛致用退休后返回老家湖南岳阳筻口镇西冲

---

① 《习近平：牢记历史经验历史教训历史警示　为国家治理能力现代化提供有益借鉴》，载 2014 年 10 月 14 日《人民日报》。

村,三年就将一个落后村转变成"岳阳第一村";原海南省副省长陈苏厚退休后返回临高县南宝镇松梅村,很快改变家乡贫困面貌;原云南省保山地委书记杨善洲退休后放弃进省城的机会,返回故乡施甸县大亮山义务植树造林,成为全国道德模范,等等,他们都堪称告老还乡"新乡贤"的典范。他们落叶归根,化泥护花,泽被桑梓,造福一方,谱写了当代乡贤文化的崭新篇章。

六

在数量庞大的离退休干部中,像毛致用、陈苏厚、杨善洲这样续写"告老还乡"时代新篇者毕竟寥若晨星,乃至可视为无关宏旨的极少数。实事求是地说,绝大多数离退休干部告老而不还乡,并非他们自己的刻意安排,而是当代中国社会历史状况使然,是近几十年来国家政策制度使然。由于我们干部制度和公务员制度没有规定、也没有提倡退职还乡,加上多年实行的城乡二元体制导致城市与农村发展严重不平衡,城市社会保障水平和生活舒适便捷程度远远高于乡村,从农村走出的各级领导干部及各类公务人员退休后留在城市,早已成为大家自觉或不自觉的共同选择和遵循,乃至日久岁深,逐渐被视为理所当然、天经地义之事。

趋利避害是人的天然本性。就目前城市与乡村发展存在的较大落差看,让从农村走出的各级领导干部、工商企业界人士和专家学者等退休后返回故土发挥乡贤作用,显然只能"倡导"而不应"强求",不能操之过急,更不能搞"一刀切"。这不仅因为今日中国较之传统中国已发生沧海桑田之巨变,旧时告老还乡的自然经济土壤及多方面条件已经不复存在;还因为农村生活质量和文明水准等与城市相比差距明显,生活条件相对优越的"城里人"很少愿意主动去适应农村的艰苦环境;更因为长期以来国家对离退休公务人员留在城市制定了诸多政策保障和生活福利,而对于返回故里张扬乡贤文化者,则几乎没有任何相应的政策措施。譬如,民政部及社保部门对于离退休返乡者的养老待遇和医疗保障等如何实行方便划转和高质量对接？国土资源部门能否出台相关政策解决返乡后的宅基地问题，或者将返乡者的住宅纳入美丽乡村建设整体布局予以实施？组织和宣传部门能否在舆论上对离退休干部和专家学者等还乡支持农村建设大力宣传，对于做出突出贡献者给予崇高荣誉和隆重表彰？如此等等表明，将"告老还乡"作为现行离退休制度的一种模式予以倡导和实施，为美丽乡村建设提供高品质的乡贤资源，尚有许多问题需要逐个解决。

笔者曾向有关同志征询：传统"告老还乡"模式在当今社会是否有必要有价值，是否具有可操作性？大家都认为十分必要且很有价值，同时又担心难以操作和落实。有的同志说：大城市与乡村的医疗条件和水准不啻霄壤之别，仅看病就医这一项就会难倒许多人，谁还愿意退职返乡呢！这虽然说的是实情，但仔细想想，农村医疗条件之所以落后，医疗资源分配不合理固然是一方面因素，关键还在于农村中高端医疗需求不足。恩格斯在《致瓦·博尔吉乌斯》中早就说过："社会一旦有技术上的需要，则这种需要就会比十所大学更能把科学推向前进。"如果大批离退休干部、工商企业界人士及知识分子源源不断地返回乡村，其所产生和带动的有效需求，不仅会使农村医疗及其他方面的硬件和软件水平得到较快提升，而且对扭转农村"空心化"、"荒寂化"的萧条状况，对于集聚乡贤人才和复兴乡贤文化，无疑都会起到积极作用。

今天的农村发展及乡贤文化现状之所以不能令人满意，正由于我们昨天在这方面做得有缺陷；而明天的农村发展及乡贤文化状况会怎样，则取决于我们现在怎么做！

2016 年 2 月 13 日二稿于合肥书香苑

（原刊《学术界》2016 年第 3 期，《新华文摘》2016 年第 13 期全文转载。）

告老还乡，做新乡贤

不论是李克强总理的《政府工作报告》，还是《中华人民共和国国民经济和社会发展第十三个五年规划纲要（草案）》，都把"推进城乡协调发展"摆在十分突出的位置。总理的《报告》指出："缩小城乡区域差距，既是调整经济结构的重点，也是释放发展潜力的关键。"

如何解决城乡区域发展不平衡问题？我以为倡导启动中国古代和国际上比较通行的"告老还乡"制度，有助于缩小城乡区域差距，解决当前农村"空心化"难题，推进城乡协调发展。

《中华人民共和国国民经济和社会发展第十三个五年规划纲要（草案）》中提到当下一个很热的词"新乡贤文化"。乡贤文化是中华优秀传统文化在乡野沃土茁壮生长的重要形态，它既体现了热爱家乡、建设故里、乐于担当的情怀，又饱蕴见贤思齐、助人为乐、崇德向善的正能量。传统中国的乡贤即乡绅，主要指本乡本土知书达理、才能出众、办事公道、德高望重之人。他们多半耕读传家、上慈下孝、为人正直、热心公益，在民众中享有良好的口碑和威望。他们主要由科举中取得功名退职还乡（告老还乡）的文武官员，或有一定功名而未出仕的乡村贤达组成。在以农业为主体的传统中国，广袤乡村的基层建设、社会秩序和民风教化等，主要由每个村落和地方的乡贤担纲。

早在春秋战国时，便有官吏退休的"退而致仕"、"还禄位于君"的记载。《尚书大佳·略说》载"大夫七十而致仕，志于乡里"，所谓"致仕"，就是辞官回乡，把官职、禄位交还给国君。唐宋以降，官吏退休还乡渐成规矩，至明清时期，已成雷打不动的制度。官吏退职还乡可能有多种原因，或告老返乡、或因病返乡、或受排挤返乡、或遭贬黜返乡、或绝意仕宦返乡等，无论哪种情况，"文官告老还乡，武将解甲归田"都是官吏遵循的惯例并逐渐形成传统。经过一千多年的延续传承，"落叶归根"、"告老还乡"不仅作为一种人生理念深入人心，还衍生出"乡绅"、"郡望"、"世家"等文化景观让人感叹不已，更有许多辞官回乡的动人故事，如陶渊明弃官归田园、张季鹰莼羹鲈脍之思等等，开拓了别样的人生境界，给后人无限启迪和遐想。

明清两朝五百多年间，不论是地方官迁任京官，还是京官外放任职，或是地方官异地赴任，皆不得在任职地购置房产田产，其家眷由"内衙"负责安置。《明代律例汇编》、《大清律例会通》均载："凡有司官吏，不得于见任处所置买田宅。违者答五十，解任，田宅入官。"显然，这样的法规不仅有利于从制度上防范官吏以权谋私、贪墨腐败，也加深了他们"宦途漂泊"和"根在故土"的观念，既增强了官吏还乡的愿望，也使退职还乡制度更易于执行。值得一提的是，退职还乡在国际上也较为普遍，美国、英国历任总统卸任后，必须很快搬出白宫、唐宁街，回到自己老家或其私人居所；日本前首相村山富市卸任后回到故乡大分县老屋安居，去年媒体刊登他八十多岁在家乡骑自行车买菜的照片，曾让许多人惊讶和感动。

官吏退职返乡，积极意义十分明显。其一，进则为官、退则为绅的返乡模式，实现了宝贵的人才资源从乡村流出到返回乡村的良性循环，使社会人才分布结构趋于合理，有利于整个社会可持续协调发展。其二，官吏文化层次高、富有才干、见多识广，富有人脉等多项资源，回乡后为建设故里出力，治理乡村，造福桑梓，保障了乡村经济、政治、文化等各项事业兴旺发达,也使作为中华优秀传统文化重要组成部分的乡贤文化在乡村代代相传,生机勃勃。其三,退职官员返乡,将毕生所学和积累的经验用于建设家乡,避免了高端人才在京城、省城及大城市扎堆集聚,英雄无用武之地,在维系乡村和谐稳定的同时,也促进了城市与乡村的平衡协调发展。

可是,我们的各级领导干部、公务员,包括各类中、高级专业技术人员等,如今退职后在城市做寓公养老的多,告老还乡建设乡村者凤毛麟角。中华人民共和国成立以来,受城乡二元体制的影响,农村青年通过考大学或招工等途径迈入城市以后,就步入了与农村迥然不同的社会保障和福利体系;当上科长、处长、厅局长、副省和副部级官员后,在城市更是享有较为优越的生活条件和待遇,一般很少愿意主动返回乡村。如今的乡村再也无法像过去的乡村那样,实现人才从流出到流入的良性循环,而主要充当了人才净流出地的角色,乡村的凋敝自然在所难免。

中国历史上长期形成的"告老还乡"传统,对解决当下农村"空心化"积弊,对缓解大城市过于拥挤、不堪重负等"城市病",无疑具有重要的借鉴意义。如果说,农村青年通过外出求学或打工离开乡土,是一种改变命运的积极努力,那么,60岁(男)或55岁(女)退休留在城市养老者,则多少给人用材不尽的遗憾。由于生活条件改善和生活品质的提高,现在60岁左右的人一般身体都较好,尤其是各级领导干部,工商企业界人士,文化、科技、教育、医疗等领域专家学者等,曾经有为有位,经验丰富、人脉广泛,若告老返乡则可发挥多方面作用。他们不仅能为美好乡村建设出谋划策、聚集资源、躬行实践,而且能以自己的见识及生活方式垂范乡邻、改善乡村风气,以自己的威望和身份超脱的特殊地位,影响乃至监督基层乡镇干部为民办事。他们生活于乡土,还能促动城市子女及亲戚朋友频繁往返乡村,为农村带来更多的人流、物流及资金流等。凡此种种,对于从根本上医治农村"空心化"顽疾,或可起到固本培元、祛邪扶正的良好疗效。

全国政协原副主席毛致用退休返回老家湖南岳阳筻口镇西冲村，三年就将一个落后村转变成"岳阳第一村"；原海南省副省长陈苏厚退休返回临高县南宝镇松梅村，很快改变家乡贫困面貌；原云南省保山地委书记杨善洲退休后放弃进省城的机会，返回故乡施甸县大亮山义务植树造林，成为全国道德模范，等等。他们都堪称告老还乡"新乡贤"的典范。他们落叶归根，化泥护花，泽被桑梓，造福一方，谱写了当代乡贤文化的崭新篇章。

实事求是地说，绝大多数离退休干部告老而不还乡，并非他们自己的刻意安排，而是当代中国社会历史状况使然，是近几十年来国家政策制度使然。由于我们的干部制度和公务员制度没有规定，也没有提倡告老退职还乡，加上多年实行的城乡二元体制导致城市与农村发展严重不平衡，城市社会保障水平和生活舒适便捷程度远远高于乡村，从农村走出的各级领导干部及各类公务人员退休后留在城市，早已成为大家自觉或不自觉的共同选择和遵循，乃至日久岁深，逐渐被视为理所当然、天经地义之事。

趋利避害是人的天然本性。就目前城市与乡村发展存在的较大落差看，让从农村走出的各级领导干部、工商企业界人士和专家学者等退休后返回故土发挥乡贤作用，显然涉及多方面切身利益，只能"倡导"而不应"强求"，不能操之过急，更不能搞"一刀切"。这不仅因为今日中国较之传统中国已发生沧海桑田之巨变，旧时告老还乡的自然经济土壤及多方面条件已经不复存在；还因为农村生活质量和文明水准等与城市相比差距明显，生活条件相对优越的"城里人"很少愿意主动去适应农村的艰苦环境；更因为长期以来国家对离退休公务人员留在城市制定了诸多政策保障和生活福利，而对于返回故里张扬乡贤文化者，则几乎没有任何相应的政策措施。

譬如，民政部及社保部门对于离退休返乡者的养老待遇和医疗保障等如何实行方便划转和高质量对接？国土资源部门能否出台相关政策解决返乡后的宅基地问题,或者将返乡者的住宅纳入美丽乡村建设整体布局予以实施?组织和宣传部门能否在舆论上对离退休干部和专家学者等还乡支持农村建设大力宣传,对于做出突出贡献者给予崇高荣誉和隆重表彰?如此等等表明,将"告老还乡"作为现行离退休制度的一种模式予以倡导和实施,为美丽乡村建设提供高品质的乡贤资源,尚有许多问题需要逐个解决。

笔者曾向有关同志征询:传统"告老还乡"模式在当今社会是否有必要有价值,是否具有可操作性?大家都认为十分必要且很有价值,同时又担心难以操作和落实。有的同志说:大城市与乡村的医疗条件和水准不啻霄壤之别,仅看病就医这一项就会难倒许多人,谁还愿意退职返乡呢!这虽然说的是实情,但仔细想想,农村医疗条件之所以落后,医疗资源分配不合理固然是一方面因素,关键还在于农村中高端医疗需求不足。恩格斯在《致瓦·博尔吉乌斯》中早就说过:"社会一旦有技术上的需要,则这种需要就会比十所大学更能把科学推向前进。"如果大批离退休干部、工商企业界人士及知识分子源源不断地返回乡村,其所产生和带动的有效需求,不仅会使包括农村医疗条件在内的其他各方面硬件和软件水平得到较快提升,而且对扭转农村"空心化"、"荒寂化"的萧条状况,对于集聚乡贤人才和复兴乡贤文化,无疑都会起到积极作用。

今天的农村发展及乡贤文化现状之所以不能令人满意,正由于我们昨天在这方面做得有缺陷;而明天的农村发展及乡贤文化状况会怎样,则取决于我们现在怎么做!

2016 年 3 月 30 日于合肥

(原刊《光明日报》2016 年 3 月 11 日。)

退休还乡助力脱贫攻坚

全面建成小康社会,我们面对的最大短板,是农村发展相对滞后,脱贫攻坚任务艰巨。如何解决这一重大问题,党和国家做了一系列布置,不仅"十三五"规划把加快农村发展放在重中之重的位置加以谋划,中共中央政治局最近还就脱贫攻坚问题举行集体学习,讨论更好实施精准扶贫的对策和办法。

破解农村发展滞后和脱贫攻坚的难题,除了要做好中央部署的各项工作外,还有关键的一点,就是要重视农村和贫困地区人才严重匮乏问题。不论是农村土地流转实施产业化经营,还是发展规模养殖或农副产品营销,不论是因地制宜制定精准扶贫方案,还是开展交通扶贫、水利扶贫、金融扶贫、教育扶贫、信息扶贫、健康扶贫等扶贫行动,所有这一切都需要有人来做。离开"人"这个积极因素,特别是人才的能动作用,农村发展和脱贫攻坚都将缺乏内生动力。

中华人民共和国成立以来,受城乡二元体制的影响,农村青年通过寒窗苦读考大学等途径跨入城市以后,就进入了与农村迥然不同的生存状态和社会保障体系,一般很少愿意再返回乡村。近三十年来城市化的突飞猛进及城市对乡村的巨大"虹吸"效应,使一般未上大学的农村青年包括中壮年等纷纷涌入城市打工,不少乡村往往只剩下老人、妇女和儿童留守,甚至老人、妇女、儿童也陆续迁出。如今的乡村,多半已无法实现从人员流出到人员流入的良性循环,而主要充当了劳务输出，特别是人才净流出地的角色，乡村的凋敝和贫困化自然难以避免。

为摆脱和扭转这种困境，如果阻止农村人口向城市流动，或硬性规定城市人员下放农村，皆有悖于社会经济发展规律和"人往高处走"的民众的意愿，不能也无法付诸实施。当下一种比较可行的办法，就是鼓励城市各行各业的退休人员告老还乡，为改变农村落后面貌，促进农村加快发展发挥积极作用。这不仅是基于人皆有落叶归根、报效桑梓的家乡情怀，更基于城市过于拥挤、"城市病"丛生，社会已出现返璞归真、回归田园的"逆城市化"风尚。这一点，在中老年群体，尤其是有所成就的中老年人群中，得到不同程度的认同和推崇。离退休人员告老还乡，具有一定的乃至较为广泛的民意基础。

由于物质条件的改善和生活品质的提升，现在城市里60岁（男）或55岁（女）左右退休者，一般都身体较好，尤其是各级领导干部，工商企业界人士，文化、科技、教育、医疗等领域专家学者，多半正处于精力充足、历练成熟、能干事并会干事的人生阶段。他们退休以后多半只能在城里做寓公休闲养老，不论对国家还是对个人来说，都是人才资源的无谓消耗与浪费。他们曾经有为有位，经验丰富、眼界开阔、联系广泛，若退休后返回农村，不仅能为乡村治理出谋划策、聚集资源、躬行实践，乃至干出一番事业，而且能以自己的见识及生活方式垂范乡邻、教化桑梓、传播文明、改善乡村风气，以自己的威望和身份超脱的特殊地位，影响乃至监督基层乡镇干部为民办事；同时他们生活在乡土，还能促动城市子女及亲戚朋友频繁往返乡村，为农村带来更多的人流、物流及资金流等。凡此种种，对于从根本上医治农村"空心化"顽疾，加快实现脱贫攻坚的目标，保障乡村经济、政治、文化等各项事业有序健康发展，都可起到固本培元、祛邪扶正的良好功效。

古人云，"山不在高，有仙则名；水不在深，有龙则灵"。一个地区发展是否兴旺发达，与人才数量多少和质量高低密切相关。我们安徽的桐城中学，虽然坐落在一个小县城里，因拥有优良师资人才和教学质量，不少城里人想方设法把孩子送入该校读书。位于六安市毛坦厂镇的毛坦厂中学，更是地处偏僻的山峦小镇之中，但每年有来自全国各地的两万名学生聚集此处学习，学生数量高达小镇人口的四五倍，原因也在于学校具有较强师资力量和较高的教学管理水准。至于全国政协原副主席毛致用退休返回老家湖南岳阳筻口镇西冲村，原海南省副省长陈苏厚退休返回临高县南宝镇松梅村，带领乡亲创业致富，一举改变家乡贫困面貌，等等，更是告老还乡、造福一方的典范。如果大批离退休干部、工商企业界人士和文化、科技、教育、医疗界的知识分子等源源不断地返回乡村，其所产生的带动效应，不仅会使农村各方面硬件和软件水平得到较快改善，而且对扭转农村"空心化"、"贫困化"的状况，对于集聚乡村人才和复兴乡贤文化，可能都会起到"无心插柳柳成荫"的作用。

值得注意的是，退休人员告老还乡，涉及诸多现行社会保障政策及人员切身利益，为避免引起社会震荡和不必要的阻力，政府只宜"鼓励"、"提倡"，不宜"规定"、"强求"，可本着自愿原则，广开思路，按照民间化、市场化运作的方法，平稳有序地逐步推进。其回乡方式，可以返回自己原来的故乡，也可以三五好友结伴选择某一田园村落安居，还可以与一些在乡村山野建设的养老工程相结合等等。多种途径、多种形态，只要能实现宝贵的人力资源从乡村流出到返回乡村的良性循环，有利于促进农民脱贫致富和乡风文明进步、促进城市和农村的平衡协调发展，都应积极倡导和推广。因为这是为全面建成小康社会重点"补短板"工程添砖加瓦，也是推动整个社会和谐发展的利国利民的大事好事。

去年"两会"，我曾提出"告老还乡，做新乡贤"的建议，引起多方关注，但不少媒体把还乡主体摘要解读为各级官员。其实，退休还乡者包括各级官员，也包括工商企业界人士，还包括文化、科技、教育、医疗等领域的众多知识分子。各地城市和农村的政府部门，应当创造条件，积极牵线搭桥，出台一系列配套优惠政策，促成更多离退休人员告老还乡。只有社会各界广泛参与，众志成城，在最宝贵的人力资源上形成反哺乡村的强大力量，才能加快农村发展，振兴乡村经济，打赢脱贫攻坚的硬仗。

2017年3月1日于书香苑

（原刊《光明日报》2017年3月5日。）

营造适宜乡贤成长的生态环境①

根据您的观察，乡贤在中国历史发展过程中发挥过哪些作用？

如今，我国县级政府以下，有乡（镇）政府、村民委员会、村民小组三级权力组织，大体与中华人民共和国成立后的20世纪50年代到80年代的公社、大队、生产队三个管理层次相衔接。可是，中国在绵延数千年的古代社会里，县以下不设治，也就是人们通常所说的"皇权不下县"。县以下的广阔区域没有国家权力组织，靠什么力量来治理和控制呢？简略地说，从县衙（县政府）到底层民众之间存在的巨大基层权力空间，主要依靠乡贤发挥作用来达到有效填补。

乡贤，旧时又称乡绅，是指本乡本土知书达理、才干出众、办事公道、德高望重之人。他们多半耕读传家，殷实富足，上慈下孝，处世正直，乐于助人，热心公益，在民众中享有良好口碑和威望。村寨里可能有比他们更富裕或权势更大的人，但无论是更富有者还是更有权势者，往往对乡贤都是恭敬有加，礼让三分。我们安徽南部的徽州地区被称誉为"东南邹鲁"，是明清时期全国十大商帮之首徽商的故里，地方乡绅在国家行政体制之外，代替或配合官府处理大量社会"公共管理"事务。这些事务涉猎诸多内容，基础设施方面如建桥、修路、挖渠、筑坝、摆渡等，救灾方面如防洪、抗旱、抢险、赈灾

---

① 本文系对光明日报社记者王国平就乡贤文化议题采访所做的回答。

等,教育方面如开设蒙学馆、聘请教师、帮助贫困学子求学赶考等,维护社会秩序方面如制订和实施乡规民约、劝说调解村民纠纷、斡旋乃至诉讼跨村跨区域的利益冲突等,社会福利方面如救助特困家庭、施医、送药、施棺、划赠墓地等。如此等等,许多徽学研究论著如唐力行、张翔凤的论文《国家民众间的徽州乡绅与基层社会控制》,陈瑞的专著《明清徽州宗族与乡村社会控制》等都有详细的史料和评述。

总之,传统中国社会由于县以下不设治,乡绅在国家政权与基层民众之间,充当了协调两者矛盾、促进双方良性互动的关键角色,对地方社会稳定和发展发挥了独特的作用。尤其是明清时期,一些地区乡绅与宗族组织相结合,对基层社会的治理更加细密高效、影响力也更大。

前段时间,您在我报撰文,讨论君子文化与社会主义核心价值观之间的关系。您觉得乡贤文化与君子文化之间有哪些方面是相互呼应的?

君子是数千年中国优秀传统文化塑造和推崇的人格范式。儒家学说乃至整个中国传统文化,其中很重要的内容是阐扬仁、义、礼、智、信及忠、孝、廉、悌等众多为人处世的伦理和规范。这些伦理规范或者说美好品德,最终都集聚、沉淀、融入和升华到一个理想人格即"君子"身上。比之"乡贤","君子"的指称范围当然宽泛许多:乡贤主要指一乡一地的贤达之人,君子可指各地各类崇德向善之人。君子身上承载着更多优秀道德的内涵,而"乡贤"除了具备良好道德品格外,常常还含有才干和声望的要求。因此,乡贤多半堪称君子,但君子可能是乡贤,也可能难当乡贤之誉,只有德才兼备且有一定声望的君子才会被尊为乡贤。

古往今来的各类君子和不同地区的众多乡贤,纷繁多样,意蕴丰赡,在长期演替发展中形成了各具特色的文化形态和历史脉络。君子文化与乡贤文化虽然互不相同，彼此分别，但其内涵和外延又有部分交叉重叠。两者既有区别又有联系，都是中华优秀传统文化的重要组成部分，都是我们今天培育和践行社会主义核心价值观可以利用的宝贵传统资源，值得认真研究，推陈出新，为构筑我们今天美好生活提供借鉴之资。

当前弘扬乡贤文化，应该保持一定的时代特色。您觉得有必要从哪些方面入手？又需要警惕哪些不良倾向？

当前弘扬乡贤文化，一方面要重视收集、保护、整理地方乡邦文献和文物，包括前贤的著作、地方志及各种谱牒中记载的前贤业绩和佳话，以及乡邑名人故居、碑志、庙祠等，通过传扬本乡本土前贤的嘉德懿行，激发热爱家乡、建设家乡的情感，促进乡邑民众见贤思齐，奋发有为。另一方面，也是更重要的方面，我们今天要在广袤的乡村营造适宜乡贤生长发育的生态环境，使在家乡的乡贤能够留得住并发挥作用，使外出的乡贤愿意返回家乡或以各种方式支持故里的美好乡村建设。这一点，我们应予以足够的重视。

今天我们重提乡贤文化，并非要返回古代，也无法返回古代。全球化、网络化的时代，把包括广大乡村在内的整个中国乃至世界紧密地联系在一起。"水往低处流，人往高处走"的朴素法则，使各地乡村涌现的可能成为乡贤或准乡贤的各类"能人"，往往都外出打工淘金或举家迁移到城市。多年城乡二元体制运行的结果，更加剧了许多乡村面临"空心化"的困境。我们当然无法简单责怪这些步入甚至融入城市者的离家或弃家远游，但如果多数人特别是年轻人以逃离乡村为人生必走之路径，乡村的未来无疑多见阴暗雾霾而难觅灿烂阳光。城市化的"虹吸"效应，使乡村有知识有文化的青壮年，尤其是乡村精英严重流失，这不仅是美好乡村建设的最大危机，也是弘扬乡贤文化面临的最为棘手的问题。

因此张扬乡贤文化，首先要加快改变城乡二元体制，让村民与市民享受同等"国民"待遇，使更多青壮年劳动力，包括各种乡村能人和英才能够、愿意并乐于留在乡村，要创造条件为他们施展才华搭建坚实平台。目前国家正在实施的户籍制度改革以及一系列针对农村的利好政策，已经在这方面做出可喜的成绩。其次，古时乡贤多由科举取得功名者、外出做官退休荣归故里者和地方贤达人士组成。可如今别说乡村里走出的为官退休者等闻达人士很少落叶归根，就是一般考取大学者毕业后也多半留在城市里工作和生活。建设美好乡村，弘扬乡贤文化，要采取多种政策措施促使外出闻达之士像保山地委书记杨善洲那样，退休后返回故里为家乡发展建功立业。另外，对于留在乡村或"凤还巢"返乡带领乡亲为本地兴业富民、生态宜居、乡风文明等建设做出成就的乡贤，要大力宣传和表彰他们的业绩，增强他们的成就感和荣誉感，鼓励他们像华西村吴仁宝一样为家乡发展不断做出新贡献，同时也激励后起之秀向他们学习，使乡贤造福桑梓的精神不断发扬光大。

　　至于说到乡贤文化中的不良倾向，古人早有比较清醒的认识。乡贤在与宗族结合治理乡村社会时，有时难免与私利交杂，或者与落后观念为伍。你要"千年之冢，不动一抔"，他却要争夺山林坟地；你要"千载谱系，丝毫不紊"，他偏要异姓入嗣。尤其当矛盾来自异姓、异族而协商难以摆平时，争斗和诉讼之风遂起。晚清民国时期的徽州乡绅许承尧在《歙事闲谭》里就批评这种现象说："俗多负气，讼起微秒，而蔓延不休。"有些乡绅处理问题时仗势欺人、假公济私等，那自是应当嗤之以鼻的。

2014 年 8 月 16 日于合肥

（原刊《光明日报》2014 年 8 月 19 日第 2 版。）

探寻民族灵魂的故乡

——读《刀兵过》兼与《白鹿原》比较

一

滕贞甫先生（笔名老滕）的长篇小说《刀兵过》①，一个散发着战火硝烟、寒光凌厉的名字。开始看到此书名，以为是写战争和战乱的作品，起码主要内容离不开剑拔弩张、兵戎相见、战火纷飞、兵荒马乱等等。然而，这部时间跨度从清朝末年到 20 世纪 80 年代初的作品，虽然对中国近百年历史所经历的各种重大事件，尤其是各种刀兵之灾都有或详或略的描写，但重点并不是写战争及战乱，而是表现乱世之中一个小村庄以坚强信念，发挥乡贤作用，恪守传统道义，顽强生存发展的故事。

小说以王克笙、王鸣鹤父子为恢复祖姓而远迁关外为线索，通过叙述他们在辽河湿地深处创建"九里"小村及其所经历的一次次"刀兵过"，在呈现百年风云激荡历史和社会沧桑之变的同时，描绘各种

---

① 《刀兵过》面世即引发关注：大型文学月刊《中国作家》（文学版）2018 年第 4 期首发，《长篇小说选刊》2018 年第 3 期配发评论转载，人民文学出版社 2018 年 8 月推出 42 万多字的图书，2018 年 12 月 15 日中国当代文学研究会和中国人民大学文艺思潮研究所在中国人民大学联合举办作品研讨会。

探寻民族灵魂的故乡——读《刀兵过》兼与《白鹿原》比较

刀兵之劫给百姓生活带来的灾难和痛楚，展示底层百姓应对各种劫难的生存智慧和道义追求，突出彰显中华优秀传统文化作为民族精神支撑的内在力量。小说及其人物尽管在近百年烽烟弥漫的战火中穿行，但镜头主要并非聚焦杀伐征战、枪林弹雨的战场，而只是以其为衬托和背景，把代表民族文化精魂的主人翁，放在刀光剑影的百年烽火中反复摔打和锤炼，从而凸显传统文化与传统乡贤对构建百姓民间信仰的独特作用及深刻影响。

这样，《刀兵过》书名与其实际所表达的主题，就存在不小的反差和错位。书名传达的意思偏向军事、武力、战争，而作品的主题则贴近仁爱、道义、教化。在中国人民大学 2018 年 12 月 15 日举行的作品研讨会上，围绕书名就有两种不同意见：有的学者认为书名与主题不够吻合，如改一下可能更好；也有学者认为这书名意蕴丰富，根本不用改。[①]我认同后者的看法，以为此书名虽然不够直截了当、清澈见底，却颇多弦外之音和韵外之旨，隐含着较强的反思意味。它着重表达刀兵"过时"和"过后"对九里村的伤害及影响，强调九里人面对兵灾战祸的应对之策和生存之道。一个"过"字，既能在"现在时"意义上理解，表示经过、遭遇之意；也能在"过去时"意义上解读，表示过去、过往之意。不论是一次次刀兵过时或过后，九里人在远近闻名的乡贤——王氏父子的感召和带领下，始终挺直腰杆，以积极态度机智勇敢地面对生活的磨难。刀兵过的动态性、反复性和残酷性，从未使静处一隅的九里村改变由传统文化浇铸的人生信仰和处世之道。作者想要探寻和告诉人们的，就是九里人能够"踏平坎坷成大道"的心理动能，或者说他们的人生信仰和处世之道究竟是什么。

作者在《久违的乡贤》这篇创作谈中说："其实，中国几千年的历史，就是过刀兵的历史，翻开二十四史，间或总能嗅出血腥气。但中华文化，顽强地延续至今，历经磨难而不改，最重要的是中华文化的

---

① 参见贺绍俊《在叙述中传递中庸之美——读老滕的长篇小说〈刀兵过〉》第二部分"从过刀兵到刀兵过"，载《小说评论》2018 年第 2 期。

基因深植于民间，尤其是广大的乡村。"① 这句开人眼界的话，让人想起"礼失而求诸野"的古训，更让人觉得作者似乎还有一个野心，就是发挥文学以形象表现生活的特点，借《刀兵过》中的这个"小村庄"来反映"大社会"，以"小村庄"的岁月刻痕来映照"大社会"的时代变迁，从而形象地阐释和揭示中华民族跨越千难万险走到今天而历久弥新的奥秘究竟何在。

二

作为以一个村庄为基点反映近现代历史的长篇小说，《刀兵过》与新时期以来同类作品比较，有一重要不同之处，就是在如何看待传统文化上别具只眼。

《白鹿原》、《古船》等均系新时期以来长篇小说的名篇，对传统文化虽然在一定程度上怀有留念之情，但更多持惋惜、贬责、否定、批判的态度。在《白鹿原》里，众多鲜活生命在传统礼教的压抑、摧残、荼毒之下扭曲、凋谢，如田小娥之死、白孝文的堕落、黑娃的出走等等，构成黄土高原上让人唏嘘不已的惨烈景观。尽管陈忠实对白嘉轩身上所体现的传统文化人格魅力不乏敬意和赞叹，但对整个传统文化特别是传统礼教在现代的命运，则无疑书写着对其不可避免地走向式微、衰落乃至崩溃的告和悼词。《白鹿原》的成功，除了其中交织着复杂的政治、经济、党派、家族等冲突外，贯穿始终的更深沉、更本质的主线，毋宁说是现代文化与传统文化的冲突以及由这种冲突而激发的人性冲突——天理与人欲、礼教与人性的冲突。这是该书最扣人心弦的旋律，而这旋律的一个重要声部，就是对传统文化及传统乡贤（君子）现象发出"无可奈何花落去"的哀鸣。

《刀兵过》与此截然不同，通篇可谓充盈着对传统文化及君子

---

① 老滕：《久违的乡贤（创作谈）》，载《长篇小说选刊》2018年第3期。

（乡贤）人格的体认、感悟、欣赏和赞美。小说主人翁王克笙、王鸣鹤父子出身中医世家，秉承先人"只做良医，不做良相"的家训，迁徙到辽河口一片景色奇异的绿苇红滩后，带领飘零此地的几户流民，一面建酩奴堂，坐诊行医治病救人；一面盖三圣祠，立乡规民约教化村民。如果说建酩奴堂，是发挥王氏父子职业所长，以医者仁心普济众生，那么盖三圣祠，则是王氏作为九里的乡绅，为新建之邑树立"礼义廉耻国之四维"。历经百年栉风沐雨，从土匪响马到义和团清兵、从俄国老毛子到日本侵略者、从国民党军队到共产党部队等，弹丸之地九里村经历十数次腥风血雨的刀兵劫难，却凭借坚韧执着的生存意志、崇德向善的村规民俗、敬天法祖的内心信仰，迈过一次次艰难险阻而顽强地繁衍生息，由最初的几户人家逐步扩展为一百多户的仁义之村。

支撑九里人"度尽劫波今犹在"的力量，主要是王氏父子身上所承载和散发的儒释道文化的强大感染力，亦即小说中多次提到的君子人格的魅力。① 这种人格的形成及内涵，王氏先人的祖训解释道：

> 人无信仰，犹长夜无灯，不能夜行。孔子为儒，儒家讲心、性、命；药王是道，道家讲精、气、神；达摩乃释，释家讲戒、定、慧。三教虽殊，同归于善，参透此道，遂成君子。

这种人生信仰，使王克笙在九里村建起的"三圣祠"，供奉着儒家孔子、药王孙思邈和佛教祖师达摩三位圣人的画像。如果说，孔子所代表的儒家更多主张修身和担当，那么，药王孙思邈所代表的道家

---

① 关于君子文化与传统文化的关系，参见拙文《君子文化与社会主义核心价值观》，载 2014 年 6 月 13 日《光明日报》，又见《新华文摘》2014 年第 19 期；《君子文化在传统文化中的地位和影响》，载《学术界》2017 年第 1 期；《君子文化的传统魅力与当代张力》，载 2018 年 4 月 3 日《光明日报》；《君子文化浸润中国人的日常生活》，载 2018 年 11 月 20 日《光明日报》，又见《学习活页文选》2018 年第 53 期等。

则更多强调素朴和至诚，而达摩所代表的释家乃更多宣扬慈悲和行善。在这里，"三教虽殊，同归于善，参透此道，遂成君子"，正是博大精深的中华文化经过删繁就简和淘洗沉淀后，转化为民间信仰或者说百姓观念的简要概括。因此在小说中，荟萃儒道释文化的三圣祠成为九里的一方神圣之地：九里有什么大事，几位主事的户主总要到三圣祠里商量；哪位村民遇到人生难以跨过的坎儿，也要到三圣祠里祈福定夺；甚至有的土匪、兵痞及日本侵略者，进了三圣祠也礼让三分，乃至顶礼膜拜。"兵匪祸乱九里，也炼就了九里，九里能存于乱世，逢凶化吉，因为有三圣祠，有不倒的主心骨。"小说中的这句话，是对儒道释民间信仰功能的恰当概括。三圣祠所张扬的世道人心，不仅使王氏父子义无反顾地担负起建设九里、护佑乡亲的职责和义务，也使九里乡民自觉或不自觉地踏上道德自我约束的向上向善之路。正如姚大下巴所说："用三圣之道凝聚人心，教化村民，日积月累，九里便成了街坊和睦相处、奉信守约的礼仪之乡。"

作品以一个个鲜活的人物形象和对一系列乡风民俗的生动描写，如王氏父子仁义宽厚的乡贤形象或者说君子风范，对九里原住民粗野蛮俗乡风的感化和提升，对绿林土匪鬼蜡烛、野龙等的收编和驯服，甚至促使日本侵略者山田阴险狡诈的性情也发生改变等等，令人信服地表现了以"三圣祠"为标识符号的中华传统文化，在成风化人、聚合人心、铸造国民性格，乃至泽被四夷方面不可小觑的作用。

三

为什么同样写传统文化，并且是同一时代、同为乡村社会的传统文化，《刀兵过》与《白鹿原》比较，两者所展示的景象及所持态度大异其趣？

《白鹿原》与《刀兵过》故事跨越的时间段大体重合，从清朝末

探寻民族灵魂的故乡——读《刀兵过》兼与《白鹿原》比较

年到新中国成立之初的半个多世纪是两者落墨的重点;① 故事发生的地点大体也属同一类型,即都是偏处一方的社会基层乡村。所不同的是,这两个村庄的历史、底蕴、结构,尤其是生活其中的人物及其治理方式等颇有差异,某些方面甚至可说北辙南辕。正是这些泾渭分明的差别,使传统文化在白鹿原与九里村呈现不同的内涵和面貌成为可能,而将这"可能"变成"现实"的,当然是两位作家对传统文化的不同体悟和认识。

白鹿原,伫立关中大地上的一个古老村落。关中平原是华夏文明的重要发祥地,先后有13个王朝在其核心城市西安(古称长安)建都,承载着中华民族的历史荣耀和厚重记忆。陈忠实笔下的白鹿原,就是西安东郊的同名古原,② 至少在宋朝年间,这里已耸立一座由皇帝"御笔亲题'四吕庵'匾额于门首"的白鹿书院,可见白鹿村岁月悠久,文化底蕴深厚。

九里村,一个在辽河湿地深处悄然出现的小村庄。它坐落在沟汊纵横、芦苇遍野、三面环海、一面临河的独头滩上,虽为一片人烟稀少的荒凉之地,却是零散渔民出海靠岸的必经之途。这片几乎未经开发的荒野苇滩,缺少人文教化和文化传统的积淀,自然没有旧框框的束缚和沉重的历史包袱。王克笙与几户流民在此结伴而居,仿佛在一张白纸上描绘新的图画,因而呈现出别样的风景。

在《白鹿原》和《刀兵过》里,都有一部用来教育和规范村民言行的"乡约",但两者的内涵和作用颇为不同。《白鹿原》中的《乡

---

① 公开面世的《刀兵过》有两个版本,一是人民文学出版社2018年8月的同名图书,结尾时间写到新中国成立之初,即20世纪50年代;二是大型文学月刊《中国作家》刊发的同名作品(压缩本),收尾时间写到改革开放之初,即20世纪80年代。《长篇小说选刊》选载的是《中国作家》刊发的版本。
② 陈忠实说:"西安东郊确实有一道原叫白鹿原,这道原东西长约七八十华里,南北宽约四五十华里,北面坡下有一道灞河,西部原坡下也有一条河叫渭河,这两条河水围绕着也滋润着这道古原,所以我写的《白鹿原》里就有一条滋水和润河。"见《关于〈白鹿原〉与李星对话》,载《小说选刊》1993年第3期。

约》除了德业相劝、过失相规、礼俗相交等内容外，还规定了违约的处罚条例，"包括罚跪、罚款、罚粮以及鞭抽板打"等。在《刀兵过》里，《九里村约》几乎都是仁义礼智信等扬善的意蕴，并无任何惩戒条款，只是另以一本《酩奴堂纪略》，"同时设《彰善》《记过》两簿，用于劝善黜恶"。与此相对应的是，白鹿原上的祠堂，既是传统文化观念和宗族制度的代表性建筑，更是族长白嘉轩及村长鹿子霖维护家族礼义和社会秩序的执法之所。其中既有仁义道德的善良和呵护，也有顽固守旧的落后与愚昧；既有传统礼教的秩序和威严，也有宗法制度的冷酷与无情。而九里村的"三圣祠"，则主要渲染和张扬以仁义善良为核心的传统儒道释文化思想，摈弃淘汰或者说绝少沾染传统礼教和宗法文化的污渍与积垢，因而在三圣祠里更多洋溢和释放着仁爱、忠义、宽厚、互助等感人温情。

白鹿原上的祠堂，除了具有祭祖、议事、学堂等功能外，很多时候也是执行家法族规的公堂。从处罚被怀疑偷拿货郎零钱的几个孩子，到当众用干枣刺抽打几个嗜赌之徒；从严惩狗蛋和田小娥一对"狗男女"，到白孝文被族人每人一鞭打得遍体鳞伤……祠堂发挥扬善惩恶、惩前毖后作用的同时，也在履行《乡约》冠冕堂皇的名义下，往往把传统礼教推上了违反人性的审判台，甚至成为维护和贩卖虚伪、阴谋、残忍的场所。如狗蛋和田小娥的倒霉，缘于鹿子霖因与田小娥奸情被发现而设计陷害狗蛋，结果田小娥与狗蛋被抓到祠堂受尽侮辱和毒打，以致狗蛋几天后命归西天，而真正应该受到惩罚的鹿子霖却道貌岸然地惩罚起不该受罚的替罪羊。白鹿原祠堂的每一条地缝中，都渗透着冤屈者的鲜血。类似这样的悲剧，在九里村的三圣祠里从来没有发生过。三圣祠的门槛唯一一次沾染死伤者的鲜血，是韩芦生、马连顺为护卫三圣祠免遭焚烧，惨遭老西凤手下土匪的毒手。

四

　　《白鹿原》与《刀兵过》产生上述差异，当然主要源于两位作家对传统文化在现当代的意义和作用，有着不同的认识和理解。陈忠实说："我切实感知到一种太过腐朽太过厚积的封建尘埃淤塞了中国人的心理，这对我解构白鹿原人的文化心理结构形态提供了一个大的背景。"① 而《白鹿原》的任务，就是揭橥这种"封建尘埃淤塞"的状况和青年人冲决"淤塞"的抗争及追求，"画出这个民族的灵魂"。② 滕贞甫不同，他在前些年出版的《探古求今说儒学》专著中认为：以儒学为主干的中国传统文化是"一种对人类发展极其有益的文化思想"，对今天改善社会风气具有重要作用，"我们应该大胆地让儒学思想重新回到我们的生活当中"。③ 他在"创作谈"里明确表示：写作《刀兵过》的目的，"就是通过塑造一个具有家国情怀的乡贤，让读者去触摸、体验和感悟传统文化，尤其是儒家文化的如玉之身"④。

　　《刀兵过》之所以让皖南新安医学传人王克笙一路远走高飞，从气候温和的关内走到寒冷异常的关外、从一个个人烟稠密的集市走到空旷冷寂的辽河海口，最后在一片碱地苇滩落户发展，就是要让主人翁摆脱已经被扭曲和污染的社会环境，将象征传统文化的人格形象放在一片不谙世故、纯朴无邪之地生活、成长。这不仅可以检视"三圣

---

① 陈忠实：《寻找属于自己的句子》（《白鹿原》创作手记），上海文艺出版社2009年版，第86页。
② 陈忠实：《关于〈白鹿原〉与李星对话》，载《小说选刊》1993年第3期。
③ 滕贞甫曾提出："如果不是出于政治因素，而是从对历史负责的立场出发，我们应该大胆地让儒学思想重新回到我们的生活当中，让孔孟之道重新登上大雅之堂。笔者之所以这样来呼唤孔孟之道，是因为我们在完全背离孔孟之道之后，我们的社会遇到了许许多多的问题，而这些问题的解决又缺乏一种让社会信服的理论根据。"见滕贞甫《探古求今说儒学》，安徽文艺出版社2015年版，第337页。
④ 老滕：《久违的乡贤（创作谈）》，载《长篇小说选刊》2018年第3期，第201页。

之道"即传统儒道释元典本意的生命力和感召力，更为王克笙、王鸣鹤父子弘扬君子之道营构了免受或少受干扰的生存环境。韩芦生、姚老七、姜得水、马连顺四户是原住民，虽然之乎者也的《九里村约》对他们来说恍若天书，但王克笙一一做了解释后，四人无不"相互点头，啧啧称赞"，即充分显示了传统文化菁华"如玉之身"的纯朴之美和动人魅力。

当然，作为辽宁作家，滕贞甫把主人翁的活动天地放在辽河湿地深处的绿苇红滩，不排除挖掘和展示家乡地域历史与自然风光的目的。他让九里村不仅远离繁华热闹的城市，而且远离市井和乡间，也不排除以陌生奇异的生存环境满足读者好奇心，增加作品传奇色彩的动机。同时，设置偏僻闭塞、艰苦简朴的生活空间，还有利于培育和考验人的生存意志与人格力量，多侧面地塑造人物形象。尽管这些可能都是作者把王氏父子及其所创立的九里村，安放在地老天荒般芦苇碱滩的理由，但我们以为，这些理由又都是为着增强而不是削弱表达主题服务的。通过塑造生动感人、几乎被文学史遗忘的关外乡贤形象，让读者触摸、体悟传统文化的如玉之身和君子人格的内蕴之美，正是作者想要传达的审美主题。

《刀兵过》与《白鹿原》看待传统文化的歧异，不仅是传统文化在不同地域呈现不同形态的反映，更是时代发展和社会进步让人们对传统文化有了不同的看法和解读。陈忠实的《白鹿原》1988 年初开笔，1992 年面世；滕贞甫的《刀兵过》约于 2015 年初动笔，① 2018 年发表。这将近三十年一代人的时差，应是造成二者对传统文化不同理解的浅显而又深刻的原因。

陈忠实写《白鹿原》时，人们对传统文化的看法，大体是五四文

---

① 《白鹿原》酝酿于 1986 年，1988 年清明前后动笔，1992 年完稿，首先由《当代》1992 年第 6 期和 1993 年第 1 期连载，人民文学出版社 1993 年 6 月出版图书本。滕贞甫在《久违的乡贤（创作谈）》中说："三年前，我开始酝酿《刀兵过》的写作"。该创作谈写于 2018 年，故应在 2015 年动手写作，见《长篇小说选刊》2018 年第 3 期，第 201 页。

化激进主义思潮的延续,以为近一百多年来中国屡遭西方列强欺凌、积贫积弱的病根,源于以儒家思想为代表的传统文化落后于时代前进步伐,是民族振兴的拦路虎和绊脚石。因此,以鲁迅为先导的新文学传统,对传统文化多持揭露和批判态度。陈忠实坦露自己"写作《白鹿原》时的最真实的思绪"说:"缓慢的历史演进中,封建思想封建文化封建道德衍化成为乡约族规家法民俗,渗透到每一个乡村每一个村庄每一个家族,渗透进一代又一代平民的血液,形成一方地域上的人的特有文化心理结构。"① 一部《白鹿原》,可说就是对这种"衍生"和"渗透"的剥茧抽丝和解剖透视。

滕贞甫写《刀兵过》时,中国经过改革开放的艰难起步和反复摸索,已经驶上疾速前行和全面振兴的快车道,并以全球第二大经济体的体魄和英姿屹立于世界民族之林。中华民族的崛起和复兴,不仅在社会各阶层唤醒和激发出广泛而深沉的文化自信,也使赓续和弘扬传统文化成为新的社会热点和集体共识。2017 年 1 月,中共中央办公厅、国务院办公厅下发《关于实施中华优秀传统文化传承发展工程的意见》,更是从国家政策层面推动传统文化在社会各方面落地生根的有力举措。滕贞甫原本对传统文化青睐有加,时代发展引发的观念转变,滋养和增强他以文学的形式表现传统文化的愿望。正如他在"创作谈"中所说:"一段时期内,我们忽略了乡贤的作用,也几乎中断了这种传承。好在新时代的今天,新乡贤正呼之欲出,尽管他们还没有成为大树,但至少有了破土的嫩芽,我们有足够的理由对他们的成长充满期待。"②

---

① 陈忠实:《寻找属于自己的句子》(《白鹿原》创作手记),上海文艺出版社 2009 年版,第 16—17 页。
② 滕贞甫:《久违的乡贤(创作谈)》,载《长篇小说选刊》2018 年第 3 期,第 202 页。

五

　　《刀兵过》对中国近现代社会历史的深切反思，不仅反映在对传统文化价值的挖掘和揭示上，还体现在对"刀兵过"即战争意义的理解和诠释里。小说所写九里村近百年来的遭际和变迁，多半发生于中国内忧外患频仍、兵灾战祸连绵时期。大量反映这一历史时段的长篇小说，在表现战争和革命给中国社会带来翻天覆地变化的同时，却多少有些忽略一次次战争及阶级斗争撕裂社会伤口带来的痛苦及造成感染的危害，特别是给无辜受牵连民众带来无法挽回的不幸和损失。老子《道德经》有言："兵者不祥之器，非君子之器，不得已而用之，恬淡为上，胜而不美。"作者对一次次刀兵过的描写，显然吸收和秉持老子视战争为"不祥之器"、"胜而不美"的思想，超越简单将近现代历史看作政治斗争史或轻易为人物贴标签分孰是孰非的观念，更多以博大的胸怀和从底层百姓的视角，刻画政治斗争的反复无常与殃及无辜，刻画血腥杀戮的残忍与罪孽，哪怕似乎是有一定理由的怨恨与杀害。

　　小说写庚子事变中的蓝坛主两次经过九里村：第一次作为率领七八十人队伍的义和团首领，打着扶清灭洋的旗号要去锦州烧洋人的教堂，在九里村酒足饭饱住了一夜后离开；仅过去几个月，蓝坛主再次路过九里，已是被几个俄国军人五花大绑押着的罪犯。原来他的队伍烧了锦州基督教堂，发展势头风起云涌，突然慈禧太后在朝廷变脸，义和团由扶清灭洋的"义士"，一下变成被大力剿杀的"拳匪"，蓝坛主也由朝廷交给占领营口的沙俄兵惩罚。他被绑在老榆树上大呼"朝廷负我"，在被押往营口"正法"的路上，走出九里村进入红海滩后自刎而亡。作品写其慷慨就义时的情景："他本来可以杀掉一两个老毛子，他最终选择了自杀，也许是怕老毛子的枪声惊扰了九里的百姓。"字里行间浸透着对政治翻云覆雨的感慨，以及对兵灾战祸的厌倦和唾弃。

探寻民族灵魂的故乡——读《刀兵过》兼与《白鹿原》比较

作品写了诸多刀兵过,绝不铺陈拼杀之勇或战功之伟,而是对世事沧桑、人生难料、生不逢时、事与愿违等种种境况着意点染,充满人生的无奈和喟叹。如奉字巡防营的关督队,出身官宦世家,少年便读书习武,立下封侯壮志。他率领二十人的巡逻队来到九里,在三圣祠见到孔子塑像时竟两膝跪地,忍住抽泣,双手合十说:

圣人在上,请受学生一拜。学生始终不忘家国情怀,立志精忠报国。如今宣统皇帝退位,朝将不朝,国亦不国,学生惶惑如丧家之犬不知依附何处?学生深知,大厦将倾,非一木可支,杀身成仁前有楷模,苟且偷生后有镜鉴,只可叹扶清有违汤汤时势,背清难做铮铮忠臣,学生不知何去何从啊!

关督队最终留下一把祖传朴刀和一件狐皮大氅,在万柳塘墓地杀身成仁,以死报效前朝。一次次刀兵过为九里留下的,既有家破人亡的惨剧,也有忠肝义胆的高歌;既有历经艰险的磨难,也有仁爱节操的传扬,小说借此表达了民众厌恶社会动荡、渴望安宁生活的愿望。

九里人的圣殿三圣祠在一茬茬真刀实枪的刀兵过中巍然屹立,却被唯一一个没有刀枪器械的队伍摧毁了,这是"文革"浩劫中一群中学生红卫兵把它作为"四旧"打砸扫除的结果。然而,当王鸣鹤得知鬼蜡烛在桥上做手脚导致革命小将林波落水而亡时,仍强忍怒火,责令鬼蜡烛夜里为其守坟忏悔。不论是鬼蜡烛报复损毁三圣祠的领队女学生,还是王鸣鹤不计前嫌将落水罹难者安葬万柳塘等,都表明三圣祠虽毁于一旦,但没有毁掉三圣在九里人心中的位置,更没能毁掉仁义、宽恕、隐忍、畏天命等精神信念。诸如此类以德报怨和宽宏待人的事迹在小说中再三出现,如王鸣鹤作为医生,眼里只有是否病人之分,而对好人坏人乃至国别之分相对模糊,他救治过土匪也救治过国民党警察局长尉黑子,救治过共产党的县委书记戚老板也救治过日本军官等。这样的医者仁心,三圣祠供奉的药王孙思邈早有教诲,他在

《千金要方》中说:"若有疾厄来求救者,不得问其贵贱贫富,长幼妍媸,怨亲善友,华夷愚智,普同一等,皆如至亲之想。亦不得瞻前顾后,自虑吉凶,护惜身命。"而王鸣鹤的所作所为既是对传统"医者仁心"的践行和弘扬,更表露了作者否定战争、祈愿和平的博爱情怀。

六

塑造典型形象,这是任何小说家创作都应重视的要害之处,也是《刀兵过》作者的用心所在。这部长篇表面写的是近百年来频繁的社会变动,以及九里人以顺应或抗拒的方式适应变动的过程,但作者真正的目的,却是透过变幻莫测的时代风云,洞悉"乱云飞渡仍从容"的文化人格力量。一个饱含历史文化底蕴的人格形象,仿佛一束探照灯强光,照射进民族文化传统的幽深殿堂,可以让其中孕育和保存的人伦精神、思维方式、道德观念、生活态度等,尽显其形态和质地并绽放夺目光彩。

小说主角王克笙、王鸣鹤父子,作为擅长以砭石和银针妙手回春的中医世家传人,虽然同为九里的乡绅和医生,虽然都有共同的人生信仰和君子风范,但两人的性格特点和行事风格却颇有差异。如果说,王克笙性格刚毅诚笃,仿佛一块宁愿玉碎的砭石,那么,王鸣鹤则多了变通和隐忍的智慧,犹如一根能屈能伸的银针。中国传统文化的真谛在于刚柔相济、中庸之道:在主张自强不息、刚健有为的同时,强调厚德载物、上善若水;在赞美铮铮铁骨、宁折不弯的同时,推崇以柔克刚、能进能退;在称颂战无不胜、百战不殆的同时,更佩服和欣赏"不战而屈人之兵",认为此乃用兵的最高境界,"善之善者也"①。王氏父子的祖训"牌匾不鎏金,砭石与银针。子孙永相继,柔弱立乾坤",以及他们面对一次次刀兵过的举止作为,可说从不同侧面把中华传统文化的奥妙演绎得酣畅淋漓、异彩纷呈。

---

① 《孙子兵法》"谋攻篇"。

探寻民族灵魂的故乡——读《刀兵过》兼与《白鹿原》比较

日本关东军占领东三省,铁蹄踏上九里的碱滩。对待这次最为严酷、持续时间最长的刀兵过,王鸣鹤忍辱负重与敌人周旋,尽显中国人的气节风骨和智慧神采。他为村民定下"御倭九戒",坚守民族大义:"国破山河在,黎民忠故国,三省负铁骑,九里焉能免?淫威之下,九里父老虽为尘中埃,泥中沙,却不能随波逐流,与倭寇合污,应有莲之操守,学伯叔而耻周粟……"一面"含垢让步"对付狡诈歹毒的黑木,表面答应设立霍乱病研究基地并提供治疗记录,以保全九里村不被关东军惨无人道地烧杀掳掠;一面又寻机反击,设计举行庆贺酩奴堂落成 60 年皮影戏堂会,在洗白"九里村民绝无作案可能"的前提下,安排野龙和鬼蜡烛杀死侵占玉虚观的几个日本开拓团武装成员。王鸣鹤在这一幕幕表面顺从、暗中抵抗的连环剧中,有胆有识、有勇有谋,以柔弱胜刚强,尽显君子人格的风骨、勇毅和智慧,深得中华文化的精髓和壸奥。

《刀兵过》贯穿始终的矛盾,是王氏父子与一次次刀兵过的相遇和冲突,尤其是与日本侵略者的相持与抗争。《白鹿原》贯穿始终的矛盾,是围绕白鹿原统治地位的纠缠与争夺,特别是白、鹿两家的争风吃醋和龙争虎斗。两部作品主角的对手不同,也使主角的作为乃至人格显示出不同的意义。尽管白嘉轩身上较多体现自励、仁民、爱物、慎独的君子品格,与鹿子霖贪婪、自私、阴险、淫荡的小人人格对比高下立见;尽管白嘉轩作为族长具有凛然正气和道德感召力,在江河日下人心不古的古原上堪称凤毛麟角鹤立鸡群,但真正横行白鹿原的,还是鹿子霖、田福贤们的敲诈勒索和巧取豪夺,包括他们对世道人心的败坏和亵渎,以至白嘉轩有时也要用尔虞我诈的办法与其对峙和抗衡。这不仅加深了白嘉轩形象的悲剧性,也使其形象蒙上一层沉郁灰暗的色调。王氏父子不同,其对于主要是 波波不期而至的刀兵,特别是王鸣鹤对付相持时间最长的日本侵略者,他秉持的原则、使用的手段,包括所使用的计谋等,均在民族大义光环的笼罩下,在对手阴鸷、奸诈、残忍嘴脸的映衬中,越发显得难能可贵,熠熠生辉。

塑造典型人物，不仅需要将其放在恰当的典型环境中活动，还要挑选和写好与其比拼、冲突的对手，正如体育比赛的精彩程度往往与竞赛对手的实力和发挥密切相关一样。

七

作为一部着意发掘传统正面人格，展现传统文化价值的作品，《刀兵过》塑造的人物中，不仅王克笙、王鸣鹤父子的形象极富艺术感染力和文化内涵，其他如塔溪道姑、止玉姑娘、鬼蜡烛、野龙、尉黑子、戚书记，以及黑木、山田等，均各具特点，颇有可圈可点之处。

塔溪道姑、止玉姑娘师徒俩，同为玉虚观里羞花闭月的女道士，前者料事如神，堪比世事洞明的得道高僧；后者冰清玉洁，宛若不食烟火的下凡天女。在某种意义上，这两位女道士可谓王氏父子精神和情感双重寄托的对象。王克笙远奔关外，在绿苇红滩落脚生根，缘于塔溪"水泊之上燎原火，天求辽阔地求宁"犹如神示般扶乩文字的指引；九里村危急关头发现躲避刀兵的福地鸽子洞，也得益于塔溪一语道破天机。王鸣鹤终生未娶，止玉对他有着深入骨髓的爱，却恪守出家人高标清逸的品性，发乎情止于礼，将真情化为心心相印的体贴和抚慰，依道而行的陪伴和提醒。塔溪、止玉这两个女道姑，集美貌、情义、才智于一身，又淡泊退隐、高蹈飘逸，半人半仙，乃至未卜先知，让人感觉不够接地气、缺乏人间烟火气，或者说写得太虚无缥缈了，读者难免会发出"此曲只应天上有，人间能得几回闻"的询问和质疑。

问题不在于能不能这样写，而在于作者为什么要这样写。用浪漫笔调"神化"人物不仅是作者的权利，也是文学艺术塑造人物、表达思想的一种重要方法。作为一部以写实手法为主调的作品，小说为什么要将两位女道士理想化呢？作者可能预料到会有人非议，他在创作谈中解释说：

> 《刀兵过》中写了两位国色天香的女道士——塔溪和止玉，两个人物的出现更多地是象征意义。对于循道而行的王克笙、王鸣鹤父子来说，两位女道士就是道的化身。历史上的乡贤大都与村镇周边的寺庙有些联系，九里之所以叫九里，正是碱滩到玉虚观的距离。王克笙在取这个村名的时候，已经把九里与这座安置灵魂的道观联系到了一起。①

原来，作者写两位女道士宛如天仙，从外形到内心都让人一见倾心，就是要以浆洗得干干净净并保持一尘不染的素洁道袍，超拔于纷扰嘈杂和沙尘飞扬的世俗生活，表达一种崇道、弘道的愿望和情怀。至于作品所写九里名称的由来及其与道观及两位女道士的联系，则多少让人意识或联想到解决精神信仰、安置灵魂的重要。

如果说，作者雕塑两位女道士的形象仿佛在现实生活杂草丛生的大地上放飞风筝，更多属于仰望星空的精神求索，那么他镂刻鬼蜡烛、野龙等土匪形象，则不啻在乱世迷途泥沼中架起回头是岸的桥梁，更多彰显出人间正道的无穷魅力。鬼蜡烛、野龙作为金盆洗手的绿林响马，前者原是匪首郭瞎子的小跟班，郭死后被王鸣鹤收留，成为九里村忠心耿耿的放风人；后者是苇地里独来独往的劫道土匪，帮助王鸣鹤歼灭侵占玉虚观的日本鬼子后幡然悔悟，成为浪子回头金不换的出家之人。鬼蜡烛、野龙虽然都改邪归正，但前者野性未消，为九里站岗放哨时常有豪侠义士之壮举；后者立地成佛，在玉虚观洗心革面成为受人尊敬的火居道士。野龙决心脱胎换骨，来到酩奴堂"把后腚上那串飞刀往桌上一拍"，向王鸣鹤反省说：

---

① 老滕：《久违的乡贤（创作谈）》，载《长篇小说选刊》2018 年第 3 期，第 202 页。

> 我过去杀人越货,别人拿我当恶鬼,我为九里做了点微不足道的小事,九里把我当佛供,我就是劫再多的钱财,也换不来这由鬼到佛的变化啊。我发誓以后不当胡子了,请先生收留我。

一个惯匪迷途知返,发生"由鬼到佛"的转变,表面看来缘于王鸣鹤提供的契机,实质却是九里作为弘扬传统文化的仁义之村,具有"桃李不言下自成蹊"的向心力和感召力。野龙更名止虚一心向善之后,苇地解放时有人认出道士止虚就是当年的土匪野龙,尽管王鸣鹤竭力为其解脱,最终野龙还是被毫不留情地公审执行死刑,让人不胜惋惜和感慨。

作者笔下的其他人物,也与现当代文学中已有形象拉开距离,写得新鲜而有个性,即使职业和性情相近的人物也各具不同面目。黑木、山田、高附、川崎等日本侵略者,绝无以往有些作品简单化、概念化、脸谱化倾向,作家依据辽南苇地环境和九里酩奴堂主人的特点,写出这批关东军之所以这样或那样行动的内在逻辑。黑木、山田同为日本军官,前者狡黠狠毒,与王鸣鹤称兄道弟的热情里饱含威逼利诱,笑面虎的外表下制造多少惨绝人寰的人间噩梦;后者精明阴沉,窥探酩奴堂治疗霍乱病药方绵里藏针,冷酷无情的举止背后仍有些许未泯灭的人性和温情。还有以开书店作掩护的共产党书记戚老板、伪满时期洼里城的警察局长尉黑子,前者信仰坚定意志顽强,后者奸猾之极八面玲珑,但这对多年暗箭明枪争斗不止的冤家对头,最终却在追捕与反追捕中双双落入粪池而殒身。让人唏嘘的是,戚书记忠于职守英勇追捕,只算死于非命,尉黑子毁容更名混入部队养猪被追捕,竟反而被追认为烈士——世事无常、是非颠倒如此,固然有一定的偶然性,却难免给人"百年世事不胜悲"的荒诞空寂之憾。

八

《刀兵过》的艺术成就,除了人物形象塑造不落俗套外,作品的语言艺术及其所散发的淳厚文化韵味,也是不可忽略的闪光点。作者原本对传统文化下过一番功夫,有《儒学笔记》和《探古求今说儒学》等专著面世。厚实的学问根柢、丰富的人生历练,以及对语言艺术的孜孜以求,使这部作品的人文内涵和艺术品位,不是那种故弄玄虚外贴上去的"文化相",而是从骨子里透溢出非常内在的品位和风韵,大有"石蕴玉而山辉,水怀珠而川媚"的气象。

小说是语言的艺术。现代小说的叙述语言早已跨越描写、抒情、叙事、对话等等的分野,而多半是把诸多表现手法荟萃一炉、熔化到富有情感和节奏的叙述当中。总体看,《刀兵过》的文笔既严整细密,又摇曳多姿;既素雅洁净,又瑰丽恢宏;既飘逸着生活泥土的芬芳,又凝聚着作家琢磨推敲的匠心。作品叙事既晓畅好读,又凝练优雅;既有白话的清新,又有文言的蕴藉,具有准确妥帖、生动传神的风采。且看下面这段在小说中信手拈来的文字:

> 从洼里城连夜赶回九里,东方的苇地已经被朝霞染红。以往,王鸣鹤看到这朝霞都会和红海滩联系起来,感觉这是世界上最美的颜色,他甚至还想,应该把朝阳比喻成一位擅长用朱笔绘画的大画师,随便挥洒几下,这辽阔的苇地和平坦的海滩便红得熟透、红得醉人。但今天看到这苇地泛出的红,他却想到了一处处窝棚上腾起的火焰,想到了苇地里沟沟汊汊被鲜血染红的流水。

这是王鸣鹤从洼里警察局尉黑子处得到情报(日本鬼子已开拔将对苇地进行扫荡)后匆匆赶回九里的一段叙述。细察这段文字,其中既有过程交代,又有景物描写;既有情感抒发,又有心理刻画;它是线性的讲述和叙事，又是色块的渲染和写意；是主人翁的感觉和联想，又是富有寓意的形象和画面。在这里，人物、景物、情感等不仅融为一体，而且王鸣鹤对同一景色在"以往"和"今天"的不同感受，预示着苇地往日的平静美好和当下的形势危急，为下一步的情节展开做了很好的铺垫，可谓极富话语弹性和叙事张力。

小说家的语言"还与道德有关系"。有的作品里尽是戏谑、调侃的语言，一看就知道这个作者不是很正经，身上有些邪气；有些作品语言很华丽、很会比喻，但是没有骨头，那作者可能比较聪明、灵巧，但也是比较轻佻的人；有些文章句子写得准确明白，但没有趣味，显得干瘪，那作者可能就是生活过得特别枯燥的人。"从语言能看出作家是宽仁还是尖酸，能看出这个人是君子还是小人。"①《刀兵过》的语言可说很好地印证了这一点。作品虽然直面百年历史的风云变幻，可着眼点并非揭露生活中的残暴、肮脏、淫秽、粗俗，而是着力写出危难中的善良、纯朴、勇毅和雅致，甚至不少对植物和景物的描写，都烙有清晰的道德印记：

> 蒲苇这种植物很像有洁癖的女人，水不清不生，土不肥不长，一旦它在某处生根开花，就如同出嫁的贞妇，从此坚定不移地生息繁衍，与故土生生死死，不弃不离。

小说的故事背景发生在芦苇荡，自然免不了要对以往文学较少涉猎的芦苇形象和性格，进行揣摩、想象和创造。作者根据故事进展和叙述节奏的需要，从单株芦苇及其一花一叶，从一丛一片芦苇到广阔无垠的绿苇红滩，或精工细描，或泼墨濡染，时有让人称道的出彩之处。上面这段对蒲苇拟人化的描写，既深谙蒲苇的自然特性，又高扬坚贞不屈的人格精神；既通俗易懂、朗朗上口，又颇得汉语古朴有

---

① 贾平凹：《文学最后比的是人的能量》，载《作家通讯》2018年第11期，第41页。

味、简洁典雅之精髓，堪称"发纤秾于简古，寄至味于淡泊"，达到一种如出其口，而又出口成章、出口成艺的境界。

小说除了叙述语言有味道、有嚼头外，通篇散发的文化韵味也馨香扑鼻，如韶乐绕梁，让人难以忘怀。作品重点写到中医、茶道、蒲团、兔毫盏等，均积淀、承载着中华传统文化的丰厚意蕴和性格密码。王克笙、王鸣鹤父子毕生对医道孜孜以求，遐迩著闻的"神医"美名诠释了岐黄之术的博大精深和悬壶济世的无量功德，乃至日本人之所以未对九里进行屠戮，也缘于黑木对王家治疗霍乱秘方的觊觎。王氏父子嗜茶及传播茶道的点点滴滴，说明茶作为"饮中君子"，具有"洁性不可污，为饮涤烦尘"的品性和引导村民"知礼达仪、纯化民风"的功效。而王鸣鹤每遇刀兵罹难无奈妥协后独自咀嚼祁门安茶的举动，则使他那褐色长衫下的瘦削身躯透溢出"苦涩心中咽，责任肩上担"的伟岸气象。蒲娘为改变当地人席地而坐的陋习，利用丰富蒲苇资源教妇女编蒲团、坐蒲团，从而使蒲团这一修行人用于坐禅和跪拜之物为九里移风易俗做出贡献。兔毫盏乃宋代建窑最具代表性的名贵茶具，因黑釉中均匀闪露出纤细柔长的兔毫而得名，获得塔溪道姑所送"这个心爱的茶盏后，王鸣鹤迷上了茶，进而迷上了《茶经》"，潜移默化地帮助他形成纯朴、优雅、坚毅的品格。诸如此类及其他旁逸斜出的动物、植物、器物、食物，如毛驴黑燕皮、村口老榆树、宋聘号普洱茶饼、芦花豆腐及苇地八大碗等等，经过作者饱蘸传统文化彩墨的生花妙笔勾勒点染，无不凝聚并散发着丰赡的知识信息和丰厚的人文内涵。

九

走笔至此，不得不回答和探讨一个根本性的问题，即作者所设计描绘的九里村在现实中有毛坯和原型吗？或者进一步问，九里在现实中有没有可能存在？毫无疑义，九里更多是作者心目中的理想世界，在现实中很难寻觅，也很难存在。滕贞甫在"创作谈"中说："三年前，我开始酝酿《刀兵过》的写作，我以辽河口湿地那片被称为'南大荒'的芦苇荡为背景，壮观绮丽的绿苇红滩，一个乌托邦式的小村庄，上演着一幕幕过刀兵的人间悲喜剧。"① 这再清楚不过地告诉我们，九里不是一个实有的存在，而是一个虚构的"乌托邦式的小村庄"。

　　文学作品反映和表现生活，有多种办法和多种途径。就新时期以来小说创作而言，包括陈忠实、贾平凹、莫言、韩少功等，基本都坚守现实主义立场，比较善于打捞、刻画、揭露、针砭生活中的负面客观真实，具有较强的披露矛盾、批判现实的能力，这是完全必要且非常宝贵的。相对而言，作为人类精神的创造性产品，我们的小说创作比较缺乏对生活中正面因素、正面形象的塑造能力，缺少对正面价值、正面思想呼吁呐喊的声音。雷达曾一针见血地批评有些作家沉湎于负面生活的描写，如莫言的《檀香刑》对死亡、虐杀、屠戮的极致化表现，"有时情不自禁地为人类制造灾难的残暴而歌唱，这就足以见出我们的文化和文学精神力量的薄弱面"。他指出："阅读21世纪以来的长篇小说，与阅读整个当代中国文学作品情形相似，有一个缺憾始终萦绕在心头，那就是，与世界上不少国家民族的优秀作品相比，中国的长篇小说或扩大为整个文学，比较缺乏正面造就人的能力，比较缺乏超越现象界的内在的精神能力。"②

　　《刀兵过》就是通过塑造具有正面积极意义的久违了的乡贤形

---

① 老滕：《久违的乡贤（创作谈）》，载《长篇小说选刊》2018年第3期，第201页。
② 雷达：《长篇小说是否遭遇瓶颈——谈新世纪长篇小说的精神能力问题》，见雷达《重建文学的审美精神》（下卷），北京师范大学出版社2010年11月版，第166—168页。

探寻民族灵魂的故乡——读《刀兵过》兼与《白鹿原》比较

象,① 通过描绘九里作为"仁义之村"的一方乐土,在回眸和反思历史客观进程得与失的同时,向我们展示一代乡贤和君子人格的魅力,展示传统伦理道德对于营建良好社会风尚、维护社会行稳致远的作用。如果说,《白鹿原》主要是用直面人生的犁铧深翻旧有社会历史文化的板结土壤,检视其复杂结构成分及对社会良性发展的影响;那么,《刀兵过》则偏向在一片荒寂的土地上重新覆盖厚厚一层优秀传统文化的沃土,形成如王克笙所说的"重经济但不唯钱财,遵道德而尚礼仪,不求出财主,但求多仁人"的祥瑞生息之地。在这里,如果说《白鹿原》比较贴近现实主义,更多注重对现实的检视和批判,注重挖掘人性压抑和扭曲的深层原因;②那么《刀兵过》则在否定兵连祸结涂炭生民的同时,比较靠近理想主义(浪漫主义),更多致力于对九里的建设和完善,致力于呈现君子人格和乡贤形象的优美身姿与深厚内蕴。

放眼世界文学,《刀兵过》很容易让人想到法国作家阿尔贝·加缪的名作《鼠疫》。当北非一个叫奥兰的城市突发无药可治的鼠疫时,为防止猖獗鼠疫向外传染,人们不得不把所有城门封闭,城中人被彻底孤立囚禁,陷入焦虑、恐怖、绝望的挣扎之中。奥兰城堕入走投无路的绝境后,虽然也有人无耻诿过、贪婪欺诈等等,尽管写这些容易引起惊心动魄牵肠挂肚的阅读效果,但作品的主脉并没有放在对罪恶肆虐的描写上,而是酣畅淋漓地表现以里厄医生为代表的一批人在荒谬中奋起反抗、在绝望中坚持道义,以"知其不可而为之"的大无畏精神英勇抗争并度过灾难的故事。加缪笔下的奥兰城和突如其来的猖狂鼠疫,无疑是天马行空想象虚构的产物,但作品所展开的在社会失

---

① 笔者对乡贤文化及乡贤形象为什么"久违"的原因做过探讨,参见钱念孙《乡贤文化为什么与我们渐行渐远》,载《学术界》2016 年第 3 期,又见《新华文摘》2016 年第 13 期,《群言》2016 年第 4 期。
② 参见雷达《废墟上的精魂——〈白鹿原〉论》,载《文学评论》1993 年第 6 期;又见雷达:《重建文学的审美精神》(上卷),北京师范大学出版社 2010 年 3 月版,第 152—172 页。

控和集体沉沦的阴森环境中坚守善良与正义的画卷，却是对德国法西斯占领法国及欧洲情景的传神写照。想象虚构并没有降低和损害而是提升和增加了《鼠疫》的思想与艺术价值。我觉得，对于《刀兵过》精心营造的世外桃源般的九里村及其中活动的人物，似也应作如此观。

　　虚拟的故事、环境和人物，如何变得真实可信？关键在于作者认真推敲每一个细节、情节和表述，以完整逻辑和缜密写实征服读者，使读者像经历一次美妙旅行一般，走入一个新颖异常却又十分真实的世界。读《刀兵过》，你会感到许多具体场景、物件、人物等都极为具体逼真，又觉得它们或隐或显兼有某种"喻体"的性质，暗示、象征着我们民族历史文化过去和未来的某些方面。我想，这些绝非无意巧合得之，而是作者细致选择、艰苦提炼和精心组合的结果。如此等等苦心孤诣的设计和安排，使这部作品在扎实沉稳的叙事中又含有一种超越性的意脉，启示我们去思考和探寻：安放民族灵魂的故乡啊，你在哪里？

2019 年 2 月 2 日初稿，2 月 18 日改毕

（原刊《中国当代文学研究》2019 年第 3 期。）

乡村振兴亟待破解人才匮乏难题

实施乡村振兴战略,不仅要解决多年沉淀和积压的农业农村发展严重滞后的问题,还要化解实施乡村振兴战略过程中遇到的一些新情况和新矛盾,包括一些政策和制度的调整与完善。这就需要我们在新时代改革再出发,以敢闯敢试的改革精神破解难题、开拓新境。下面仅就乡村振兴实施主体即人力资源问题,谈两点看法。

其一,鼓励和吸引城市各类人员返回并驻留乡村,为乡村振兴提供更多宝贵的人才资源

做任何事都离不开找到适合的人,得其人则兴,失其人则亡。去年岁末,我参加安徽省政府参事室调研组,就城镇化进程中乡村治理与文化传承问题,赴定远、凤阳、萧县、和县、含山等地进行专题考察。所到之处,除在乡镇政府和村委会见到青年人以外,在各村走访时看到的几乎全是上年纪的老人。在我国农村发生的历史巨变中,不仅优秀青年通过考大学或各种招考离乡进城,而且绝大多数青壮年乃至五六十岁的中老年都背井离乡,进城务工经商。他们活动的场所转移到城市,生活的主要收入也来自城市。这种"以代际分工为基础的半工半耕",甚至"以工为主、以耕为辅"家计生活模式,是目前我

国多数农民家庭的选择。它对农民来说，由于增加了收入，当然是利大于弊；但对农村生产发展来说，由于缺少了最有活力的青年和壮年人群，则是弊大于利。它不仅造成农村人口老龄化、村庄空心化、家庭离散化的态势，而且使乡村普遍出现缺人气、缺生机、缺活力等现象，原有维系农村基本生产生活秩序的社会结构也悄无声息地发生了内涵演变和功能弱化。

面对上述农村实际情况，实施乡村振兴战略首先要解决振兴主体缺乏数量，更须提高质量的问题。自2015年以来，我作为全国人大代表曾连续提出建议，并在《光明日报》《群言》《学术界》等报刊发表《告老还乡，做新乡贤》、《乡贤文化为什么离我们渐行渐远》、《退休还乡助力脱贫攻坚》等文章，鼓励和倡导城市各行各业人士，包括各级领导干部，工商企业界人士，文化、科技、教育、医疗等领域专家学者退休或退职还乡，为建设新农村、促进城乡平衡发展做出贡献。这些意见适应农村发展之需，也与城市化进程中回归田园的"逆城市化"倾向相吻合，得到较为广泛的认同和响应。近几年，退休或退职官员及其他各界人士下乡做新乡贤的事迹，时常见诸各大媒体报道，颇有渐成热点之势。湖北武汉市委市政府还启动和推行以"市民下乡、能人回乡、企业兴乡"为内容的"三乡工程"，为建设产业兴旺、生态宜居、乡风文明、治理有效、生活富裕的新农村做了有益探索。

然而，我们现行的各项政策规定和体制机制，允许农村人口进入城市务工购房，在城市购买"五险一金"，乃至享受城市教育、医疗等诸多社保福利，却对进入农村生活工作的城市人口，除了各省直和市直单位派往农村驻点扶贫的干部以外，几乎一概没有任何允许或鼓励的政策措施。不论是各地自愿下乡人士，还是武汉市委市政府推行的"三乡工程"，除了极少数返回老家者可住原来自有住房外，几乎都是租借农村住房，一些购买房屋者还必须面对没有产权证，无法抵押、难以继承或转让等困境。孟子云："民之为道也，有恒产者有恒心，无恒产者无恒心。"如果城市各阶层人士告老还乡发挥余热，或退职下乡创业兴业，或在农村生活享受山水田园风光，连最基本的安居都难作长远之计，无疑会对他们在乡村振兴中发挥更多更好作用产生一定的负面影响。

面对上述矛盾和问题，国土资源部门能否出台相关政策解决城市下乡者的宅基地难题，或者将下乡者的住宅纳入特色小镇和美丽乡村建设整体布局予以实施？民政部及社保部门对于离退休返乡者的养老待遇和医疗保障等如何实行方便划转和高质量对接？组织和宣传部门能否在舆论上对离退休干部和专家学者等各界下乡支持农村建设者大力宣传，对于做出突出贡献者给予崇高荣誉和隆重表彰？如此等等表明，如何吸引并留住各类人员返回和扎根乡村，为乡村振兴提供最核心的人才动力资源，尚有许多问题需要在不断深化改革中逐一解决。

其二，切实加强农村干部队伍建设，为实施乡村振兴战略提供坚强的领导力量和组织保障

乡村振兴是经济建设、政治建设、文化建设、社会建设、生态文明建设等方面的全面发展和全面振兴，离不开各级干部队伍的坚强领导和艰苦努力。可是我们在调研中发现，不仅各地村"两委"成员多数存在年龄老化、文化程度偏低的现象，而且年轻乡镇公务员多半缺乏扎根乡村、建设基层的态度和精神。"两委"成员老龄化问题的产生，主要缘于岗位待遇低、任务重，青壮年能人绝大多数进城创业，只能"矮子里面选将军"。乡镇公务员队伍流动性大，主要是按照现行政策，乡镇公务员一律要公开招考，本乡本土人员虽有久远之志，却往往竞争不过外地参考人员，而外地青年录取为乡镇公务员以后，多数把它作为进一步调动或考试升迁的跳板。笔者在肥东县响导乡、杨店乡等地了解到，近几年招考的乡镇公务员，除少数本乡本土者以外，外地录取人员几乎全都另谋高就，很少有干满三年者。乡镇青年

公务员队伍如此不稳定，无疑会干扰和影响乡村振兴战略的顺利实施。

解决这一问题，须坚持"三农"工作干部队伍的培养和使用面向农村基层一线流动的导向，引导和动员创业有成的民营企业家、致富能手、复员退伍军人、回乡知识青年、务工经商人员、大学生村官等参加村"两委"选举，切实把政治素质好、致富能力强、统筹协调水平高的优秀人才选拔出来，充实到基层领导班子，增强其凝聚力和执行力。在乡镇公务员考录中，能否既遵循公开、公平的原则，又适当注重本乡本土参考青年的录取比例，使更多热爱家乡、乐于为家乡建设多做贡献的优秀青年能够进入乡镇公务员队伍，为实施乡村振兴战略提供源源不断的优质人才。

加强农村干部人才建设，稳定基层"三农"工作队伍，还要从经费和制度保障层面，适当提高下乡补助标准，以绩效考核为抓手，运用政治激励、物质奖励、精神鼓励等多种方法，完善乡村人才和基层干部吸纳、使用机制。同时，各级党委政府要构建面向农村基层干部的城乡、区域、校地之间的人才培养与交流机制，为乡村干部人才队伍"加油充电"、提升能力搭建平台，提供条件。从长远看，建议国家面向全国涉农院校和各地大学生推出乡村振兴人才培养计划，由国家承担相关学习费用，对口培养毕业后到农村工作的新型职业农民，彻底解决乡村振兴专业人才短缺和后继乏人等问题，为建设农业强、农村美、农民富的美好家园提供有力的组织保证和人才支撑。

2018年4月28日于书香苑

（此文摘要原刊2018年5月3日《安徽日报》，国务院参事室主办《国是咨询》2018年第5期全文刊载。）

文化小康的理论与实践

到 2020 年全面建成小康社会，这是国家"十三五"规划勾勒的宏伟蓝图，也是第一个百年奋斗目标描绘的壮丽景观。作为当今中国社会发展的一个核心概念，"全面小康"不仅是一个经济发展和物质财富增长的指标，即到 2020 年国内生产总值和城乡居民人均收入比 2010 年翻一番，它还是一个文化繁荣和社会文明程度提升的标杆，即到 2020 年社会主义文化强国建设取得重大进展，国家文化软实力得到显著提高。文化小康是全面小康的题中应有之义，也是全面小康建设不可或缺的重要内容。

一、文化小康的内涵和任务

"小康"一词最早见于《诗经·民劳》："民亦劳止，汔可小康；惠此中国，以绥四方。"此处"小康"为安逸、安康之意。以孔子为代表的儒家学派在构思理想社会形态时，把"小康"看作仅次于"大同"的一种理想社会模式。《礼记·礼运》一方面极力称颂理想的大同社会，提出"大道之行也，天下为公。选贤举能，讲信修睦。故人不独亲其亲，不独子其子，使老有所终，壮有所用，幼有所长，鳏寡孤独废疾者，皆有所养……是谓大同"；一方面又充分肯定小康社会状态,指出"今大道既隐,天下为家。各亲其亲,各子其子,货力为己。大人世及以为礼,城郭沟池以为固。礼义以为纪,以正君臣,以笃父子,以睦兄弟,以和夫妇,以设制度,以立田里……是谓小康"。值得注意的是,此处特别点出建立小康社会要"礼义以为纪",这表明在儒家传统话语里,"小康"既是经济和物质发展水平的标志,又有礼义规范和文明演进的要求。

"小康"作为现代主流话语,由邓小平在改革开放之初首先提出。他在构想中国现代化进程时说:"翻两番,国民生产总值人均达到八百美元,就是到本世纪末在中国建立一个小康社会。这个小康社会,叫做中国式的现代化。"① 这个奋斗目标在新世纪来临之际如期实现以后,党的十六大进一步提出:21世纪头20年"全面建设惠及十几亿人口的更高水平的小康社会"。十八大以来,以习近平同志为核心的党中央站在以往积累的新起点上,强力推进"四个全面"战略部署,贯彻五大发展理念,在全面建设小康社会的大道上提挡加速,取得有目共睹的成就。从激活数千年的社会理想,到激荡数十年的执着追求,中华民族踏着改革开放的时代鼓点,在建设小康社会这个"中国式的现代化"(邓小平语)的征程中,披荆斩棘,砥砺前行,不断赋予"小康"更高的标准、更丰富的内涵和更美好的前景。"文化小康"的理念,正是在这种"小康"意蕴的不断丰盈中孕育而生,脱颖而出。

所谓"文化小康",是指文化发展的兴盛、群众享受文化的便利和精神文化的充实、国民文化素养和社会文明程度的普遍提升。正如经济上达到较高水平的小康,总是与强盛的国力和人民群众宽裕、殷实的物质生活相联系一样,较高水平的文化小康,也需要文化大发展大繁荣,文化产品能够满足人民群众丰富多样的文化需求,国家文化影响力显著增强并得到较为广泛的认同。文化部发布的《文化部"十三五"时期文化发展改革规划》,明确提出到2020年跨入全面小康之

---

① 邓小平:《邓小平文选》,第3卷,人民出版社1993年版,第54页。

时，我国文化建设应达到这样的目标：社会主义文化强国建设取得重要进展，国家文化软实力进一步提高。中国梦的引领凝聚作用进一步增强，社会主义核心价值观更加深入人心，人民群众精神文化生活更加丰富，文化参与的广度和深度不断拓展，国民素质和社会文明程度显著提高。

为实现这一诱人而务实的文化小康目标，我们需要在文化的硬件建设和软件建设两方面狠下功夫。硬件建设主要是推动各级公共文化设施达到国家标准，包括以图书馆、文化馆、博物馆、科技馆、美术馆、革命历史纪念馆等为支撑的文化阵地，以乡镇（街道）综合文化站、村（社区）文化服务中心以及农村文化大院、农家书屋、广播电视"村村通"等为支撑的乡村公共文化服务网络等，为公共文化服务的均等化和常态化提供基础条件。软件建设的核心是提升国家文化生产力和国民文化素养，这包括繁荣发展哲学社会科学和文学艺术创作，不断推出无愧于民族与时代的理论佳作和文艺精品，不断深化和拓展中华优秀文化的传承内容和弘扬渠道，使人民群众获得丰富的文化美食和心灵滋养，在全社会形成崇德向善、奋发进取的浓厚氛围，为培育和践行社会主义核心价值观凝聚广泛共识，为全面建成小康社会提供强大思想力量和精神动力。

二、文化小康建设面临的问题及原因

"仓廪实而知礼节，衣食足而知荣辱。"改革开放以来，伴随我国经济持续快速发展，物质生活水平不断提升，人们对精神文化的需求也水涨船高，日益旺盛。从"两手抓、两手都要硬"战略方针的提出，到《公民道德建设实施纲要》的颁布，从社会主义荣辱观的倡导，到社会主义核心价值观的践行，我们党在奋力推进社会主义现代化的实践中，始终坚持物质文明与精神文明双轮驱动，协调发展。

由于中国特色社会主义道路是人类社会发展模式的一种全新探

索，我国从计划经济向市场经济转型的体制和机制尚处逐步完善之中，在全面建成小康社会的伟大航程中有时遇到迷雾遮眼和风浪颠簸在所难免。这些迷雾和风浪虽然表现在经济、政治、文化、生态及社会生活等领域，其深层原因却源于我们的文化小康建设往往落后于经济小康的步伐，在思想引领与文化滋养方面发生了误导和偏差。

这突出反映在我们对为什么发展、如何发展这个根本问题的认识和理解上出现了扭曲变形。发展是硬道理，发展是执政兴国的第一要务，这无疑是颠扑不破的真理。可是，我们需要的是以人为本、统筹兼顾的科学发展、协调发展和可持续发展。在社会现实中，不少机构和个人把发展看作一味追逐经济利益的代名词，不同程度地信奉拜金主义、极端个人主义等错误思潮，导致政绩观、成功观等偏离正确轨道，出现种种只讲面子、不顾里子的形象工程，只讲速度、不顾质量的豆腐渣工程，只讲短期、不顾长远的竭泽而渔式的野蛮发展，出现"干部出数字、数字出干部"式的浮夸发展等等。更有甚者，在社会经济活动和群众生活领域，五花八门的假冒伪劣和坑蒙拐骗甚嚣尘上，且不断花样翻新、变化升级，以至骚扰和诈骗电话及信息满天飞，让人烦不胜烦，防不胜防。

此类乱象在文化建设本身也同样存在。习近平总书记在文艺工作座谈会上，曾批评文艺创作存在着有数量、缺质量的现象，存在着抄袭模仿、千篇一律的问题，存在着胡编乱写、粗制滥造的问题，存在着机械化生产、快餐式消费的问题。他指出：这些问题之所以产生，关键是"一些人觉得，为一部作品反复打磨，不能及时兑换成实用价值，或者说不能及时兑换成人民币，不值得，也不划算"。① 文化产品的制作和生产，出现遭到普遍诟病的低俗、媚俗、庸俗之风，也与一些人在市场经济大潮中迷失方向，片面追求销售量、收视率、点击数、票房收入等密切相关。

凡此种种表明，不论是全面小康建设，还是文化小康自身的发

---

① 习近平：《在文艺工作座谈会上的讲话》，载 2014 年 10 月 15 日《人民日报》。

展，都离不开正确价值观的主导和引领。文化小康的表面呈现形态是绚丽多姿的文化产品和文化活动，但各类文化产品和文化活动无不蕴含着一定的思想意义和审美倾向，潜移默化地影响着社会风气的形成和人们思想文化品格的特质。因此，培育和践行社会主义核心价值观，贯彻五大发展理念，不仅是推进文化小康建设必须关注的重要支点，也是全面建成小康社会少走弯路、顺利抵达目标的思想导航和前行力量。

在我们步入全面建成小康社会冲刺阶段，国民的生活质量和文化素质普遍提升之时，信息化、网络化、全球化的时代浪潮，以摧枯拉朽、风卷残云之势迎面扑来。科学技术的突飞猛进，加快了时代前进的节奏，使文化产品创作和展示的手段发生前所未有的变化，尤其是自媒体、移动直播等互联网新技术的日新月异，舆论场、娱乐场的观念碰撞和阵地争夺愈加激烈，人民群众的文化需求和消费方式也呈现出多元化、便捷化和碎片化的特征。文化小康建设如何适应时代变革，回应人民群众日益增长的文化需求，同时在诊治泛娱乐化、浅表化、低俗化等"文化流行病"过程中发挥积极作用，无疑是我们应该认真研究和着力解决的问题。

三、建设文化小康的实践和路径

"文化小康"作为一个新词汇，它的出现本身反映了人们对"全面小康"的深刻认识和系统理解，也来自我国在建设小康社会过程中一贯注重思想文化建设，推行文化强国战略的实践启示。在沿着中国特色社会主义道路不断挺进的过程中，我们党一直把文化建设、精神文明建设纳入现代化建设的总体布局紧抓不放。以习近平同志为核心的党中央从治国理政的高度，围绕思想文化建设更是提出一系列新理念、新思想、新战略。2017年以来，不仅文化部发布《文化部"十三五"时期文化发展改革规划》，部署实施文化小康建设的各项任务，而且中央办公厅和国务院办公厅颁发《关于实施中华优秀传统文化传承发展工程的意见》、中央精神文明建设指导委员会印发《关于深化群众性精神文明创建活动的指导意见》。中央和国务院不同部门接连郑重发文，可说从不同方位共同吹响了高标准推进思想文化建设，推进文化强国战略实施的集结号。

实现文化小康，新的蓝图已经绘就，新的举措已经明确，接下来的主要任务就是大家齐心协力，把党中央和国务院的相关部署要求，化为各单位各部门和每个公民的积极行动。从把培育和践行社会主义核心价值观融入生产生活，到推动精神文明创建活动向纵深发展；从构建和完善现代公共文化服务体系，到扩大和增强文化市场与民众需求的有效对接；从创作更多昂扬向上、怡养情怀的文艺精品力作，到利用科技手段创新文化产品生产机制和传播方式；从大力传承和弘扬中华优秀传统文化，到促进文化走出去提升中华文化的国际影响力……随着文化小康建设的不断拓展和升华，它必将为全面建成小康社会的伟大实践增光添彩。

文化的重要功能是文以化人，其最深层的积淀和影响是对人格的培养。不论是树立正确的世界观、人生观和价值观，还是开展社会公德、职业道德、家庭美德和个人品德教育；不论是实施中华优秀传统文化传承发展工程，还是多渠道拓展和深化群众性精神文明创建活动；不论是提高文化供给水平，满足人民群众丰富多彩的文化需求，还是推选道德模范、中国好人等先进典型，激发人们崇德向善、见贤思齐的道德情怀——所有这些努力，最基本或者说最终的目的，都是为了提升国民素质，简单说，就是教人怎样做人！

在这一核心问题上，博大精深的中国优秀传统文化历经数千年的摸索、甄选、陶冶、检验，给我们留下了一份异常珍贵的遗产，这就是做人做君子。《周易》中的名句"天行健，君子以自强不息"，"地势坤，君子以厚德载物"，是对君子形象的生动描绘，也是对中华民族精神的简要概括。君子作为中华民族千锤百炼的人格基因，彰显着我们民族深层的精神追求和独特的精神标识，是我们民族在数千年漫长发展中不断塑造和培育的正面人格或曰集体人格。做人做君子，这是中华民族世代相传的祖训，也是今天每个中国人乐于遵从和奉行的人生选择。"君子一言，驷马难追"，"君子爱财，取之有道"，"君子成人之美"，"君子不夺人所好"，"君子动口不动手"，"近君子远小人"，"君子之交淡如水"，等等，这些至今活跃在人们口头的君子格言，已不同程度地成为中华儿女做人做事的人生信条，以一种习用而不察、日用而不觉的方式，影响和调节着人们的价值判断和行为方式。

小康社会、君子人格——这两个历久而弥新的概念，可说是打通历史与现实、涵盖古往与今来，使传统与当代互联互通的桥梁和纽带，是让中华民族传统最基本的文化基因与当代文化相适应、与现代社会相协调的传输导线和融合平台。在文化小康建设的进程中，大兴君子文化、大倡君子之风、大行君子之道、塑造君子人格，不仅可以成为国民提升境界、怡养情怀的有力抓手，也可为全面建成小康社会的爬坡冲刺增添不竭动力。

2017 年 4 月 12 日于合肥书香苑初稿

（原刊《群言》2017 年第 6 期，《光明日报》2017 年 9 月 21 日以《小康社会与君子人格》为题摘要刊载本文。）

家国情怀溯源

家国情怀的核心内涵是在家尽孝，为国尽忠；实践途径是修己安人，经邦济世；价值理想是以身报国，建功立业。家国情怀作为个人对家庭和国家共同体的认同与热爱，是爱国主义精神产生的伦理基础和情感状态，在中华文明数千年演进历程中有着深厚的滋生土壤和历史渊源。

一

古老的中国迈入商周时代，已经形成比较稳固的氏族血缘宗法制度。这种以血亲关系为纽带确立嫡长子继承权和主事权的父系家长制，利用父系家族关系的亲疏来决定土地、财产和政治地位的分配与继承，把血缘纽带同政治权益结合起来，不仅构成中国社会组织形态的基本特征，也是组成社会政治结构的重要支架。这与古希腊、古罗马同时期形成的社会结构颇为不同。古希腊、古罗马在掌握铁器等生产工具后，原始性的集体协作生产逐步被家庭个体生产所代替，通过清算氏族制、瓦解原始公社，发展家庭私有制的途径步入文明社会发展旅程。中国在使用铁器等生产工具后，则在相当程度上保存乃至增强原始公社的组织形式，以血缘关系为纽带，发挥集体协作的力量，通过发展以小农经济为基础的农业社会踏上文明社会发展道路。由于中国进入文明社会时不是剪断而是保留了氏族制的"脐带",氏族血缘宗法制的产生实乃自然而又必然之事,因为它既孕育于社会历史母体的胎盘之中,又适应了维护社会秩序和发展的需要。

殷周以至春秋,所谓邦、国及"八百里诸侯"等等,实际是由以血缘宗法遗风为基础的氏族—部落—部族国家构成。因此,父子、兄弟、夫妇等不止具有个体家庭成员的"私人"关系,而且要遵守一种"公共"的政治秩序和社会规范。如王国维《殷周制度论》所言:"周人以尊尊、亲亲二义,上治祖祢,下治子孙,旁治昆弟,而以贤贤之义治官。"① 以氏族血缘关系为支撑的父系家长首领,首先要具备优良的才干和德行,在立德、立功、立言上有所建树。他在本家族、本部落及部族中得到承认,赢得地位和权威后,才能进一步联络和团结其他氏族、部落、部族,逐步拓展邦国的疆域以"一统天下"。这种"由家而国"的真实社会进程和历史事实,既造成人们对家庭、家族、宗族及其人伦关系的高度重视,也促使人们形成爱家、爱乡、爱国情感交织的民族心理,从源头上为中国社会发展植入了伦理与政治交叉重叠的紧密关系。

由这种氏族血缘宗法制所决定,社会自然形成相应的思想观念和行为准则,或者说礼义道德,也就是孔子所竭力维护和推行的以"周礼"为核心的儒家思想。这套思想观念或谓礼义道德,在《礼记》里被简要归纳为"五止十义"。"五止":为人君,止于仁;为人臣,止于敬;为人子,止于孝;为人父,止于慈;与国人交,止于信。(《礼记·大学》)"十义":父慈、子孝,兄良、弟悌,夫义、妇听,长惠、幼顺,君仁、臣忠。(《礼记·礼运》) 在这套人伦礼义的制约和笼罩下,处于任何社会地位、充当任何社会角色的人,不论是处理纵向或横向社会关系,均有明确而严密的道德规范。"五止十义"以君

---

① 王国维:《殷周制度论》,见《观堂集林》(外二种),河北教育出版社 2003 年版,第 240 页。

臣、父子的关系为主干，又以臣、子的责任或义务为重点，敬是忠，也是孝的表现形式，忠是敬的重要内涵，也是孝的具体形态。就此而言，朝廷的为臣之道与家庭的为子之道，分为异途，实为一理。

二

与此同时，中国社会演进到夏商周时期，"家国同构"观念逐渐深入人心。以血缘亲情为本位的家庭或家族管理形式，与夏王朝开启的"家天下"政治模式及国家（邦国）组织架构，存在明显的共同性，不仅父权与君权互为表里，而且两者的传承方式也如出一辙。在中国人的思想观念里，国与家虽有大小之别、上下之分，却仿佛一个有机体的微小局部与庞大整体的关系，既息息相关不可分割，又命运相牵休戚与共。一方面，家是国的最小社会单位，是国的细胞和缩影，没有家就没有国；另一方面，国是家的放大和延伸，是家庭细胞赖以生存的肌体，国盛才能家兴，国破则难免家亡。这种"家国同构"理念，使我们的先人将家与国的治理几乎看作是同一回事。

《左传》桓公二年（公元前710年）晋大夫师服说：

> 吾闻国家之立也，本大而末小，是以能固。故天子建国，诸侯立家，卿置侧室，大夫有贰宗，士有隶子弟，庶人工商各有分亲，皆有等衰，是以民服事其上，而下无觊觎。

这虽然主要是描述春秋早期邦国社会的主从等级秩序，表明尊卑上下之异，但也透显出血缘亲情之和，传达了家与国紧密相连的信息。在这种"天子建国，诸侯立家"的等级分封、家国胶结的社会结构中，"家"里对父母之"孝"与"国"中对君主之"忠"自然结合在一起，使宗法领域里的"亲亲"与政治领域里的"尊尊"很大程度上相互重合融为一体。孔子曰："君子之事亲孝，故忠可移于君。事兄悌，故顺可移于长。居家理，故治可移于官。"(《孝经·广扬名》)孟子言："天下之本在国，国之本在家，家之本在身。"(《孟子·离娄章句上》)《大学》云："所谓治国必先齐其家者，其家不可教而能教人者，无之。故君子不出家而成教于国：孝者，所以事君也；弟者，所以事长也；慈者，所以使众也。"如此等等表明，先秦思想家常常把家与国的联系看作唇齿相依、荣辱与共的关系。一方面，家兴可以影响国运："一家仁，一国兴仁；一家让，一国兴让"（曾子语，见《大学》第十章）；另一方面，国乱则不免家丧："天下大乱，无有安国；一国尽乱，无有安家；一家尽乱，无有安身"（《吕氏春秋·谕大》）。这种"小之定也必恃大，大之安也必恃小"的家国同构认识，长期延续、积淀下来，成为我们民族一种稳固的文化理念和心理结构。

三

家国同构的社会结构、生活方式及心理认知，正是家国情怀萌生滋长的肥沃土壤和适宜气候。换言之，在家国同构的社会现实母体上，自然且必然地要涌流出家国情怀的乳汁，正如种瓜得瓜种豆得豆一样。《尚书》是中国现存最早的一部散文体史书，也是一部汇编上古时代政事公务文献的文集，其中多处透露出华夏民族的"国"具有"家"的亲缘性：

> 曰若稽古，帝尧曰放勋。钦明文思安安，允恭克让，光被四表，格于上下。克明俊德，以亲九族。九族既睦，平章百姓。百姓昭明，协和万邦，黎民于变时雍。（《尚书·虞夏书·尧典》）

这里描绘的"以亲九族"、"协和万邦"的情景，是对尧帝的赞美之词，无疑有些夸张或者说具有理想色彩，但也反映出中华民族形成之初,所谓"天下"或者说"国邦",实际上带有一定家族同盟的性质。这一点到了舜帝时期进一步明朗:"帝光天之下,至于海隅苍生,万邦黎献,共惟帝臣"(《尚书·虞夏书·益稷》)。而步入夏商时代,"明明我祖,万邦之君,有典有则,贻厥子孙"(《尚书·五子之歌》)的呼声不绝于耳,表明"家天下"的观念已经被普遍接受。作为家族同盟的家长,多半也是国邦的最高首长即君王,他爱民如子,既是尽家长的责任,也是尽国君的义务;而民尊君如父,则既是对君之忠,也是对父之孝。如此"光被四表,格于上下",自是九族和睦,国泰民安。

《尚书》立足家国同构社会现实而记载传播的家国意识和家国情怀,不仅成为后世帝王治国理政的基本模式,也是历代胸怀抱负者实现人生理想的实践途径。孔子曰:"君子笃于亲,则民兴于仁"(《论语·泰伯》);有子说:"其为人也孝弟,而好犯上者,鲜矣。不好犯上,而好作乱者,未之有也。君子务本,本立而道生。孝弟也者,其为仁之本与"(《论语·学而》)。依此而论,要想"天下归仁焉",则要从做人的最根本处——孝顺父母、敬爱兄弟等做起。可以说,为仁的基础在血缘亲情之中,而治国安民则是对血缘亲情的放大。

《大学》里"八条目"对此说得最清楚:

> 古之欲明明德于天下者,先治其国;欲治其国者,先齐其家;欲齐其家者,先修其身;欲修其身者,先正其心;欲正其心者,先诚其意;欲诚其意者,先致其知。致知在格物。物格而后知至,知至而后意诚,意诚而后心正,心正而后身修,身修而后家齐,家齐而后国治,国治而后天下平。

这里一方面强调一个人要想立德于天下,就要为国效劳,治理好自己的国家;另一方面又指出,要想报效和治理国家,必须管理好自己的家庭和家族;而整顿好家庭和家族,则应从修养自身做起,在格物致知、正心诚意上下功夫。如此，不仅将个人、家庭、国家纳入联动递进的演进链条和轨道，而且为千千万万明德有为之士指出了"修身齐家治国平天下"的进步阶梯和人生目标。家国情怀的产生和弘扬，正是在这条人生道路上开拓前行的必然结果，它也是激励人们为国为家拼搏奋斗的情感基础和精神力量。

总之，萌生于商周时期的家国情怀，建立在人的自然情感基础之上，从父慈子孝、兄友弟恭等到心怀天下、报效国家，把以血缘关系为纽带的天然亲情推己及人并由家及国，拓展和上升为关心社会、积极济世的责任意识和伦理要求，有力促进了个人、家庭与社会、国家的良性互动。作为中国优秀传统文化的重要精华部分，家国情怀高扬对家庭和国家共同体的认同关心、维护热爱、奉献担当精神，数千年来如春雨润物，浸润和滋养中华儿女的情感与心灵，激励无数仁人志士创造可歌可泣的丰功伟业，对中国人的文化心理和民族精神产生了巨大而深刻的影响。

2019年8月14日改于合肥书香苑

（原刊2019年10月7日《光明日报》。）

从文化传统看中国梦的题中之义

习近平总书记洞悉历史和现实,对实现中华民族伟大复兴的中国梦进行了一系列的阐述。他指出,"中国梦的本质是国家富强、民族振兴、人民幸福"。"实现中国梦,意味着中国的经济实力和综合国力、国际地位和国际影响力大大提升,意味着中华民族以更加昂扬向上、文明开放的姿态屹立于世界民族之林,意味着中国人民过上更加幸福富裕安康的生活。"① 这表达了近代以来艰辛跋涉的几代中国人的美好夙愿,是激励我们实现"两个一百年"奋斗目标的时代旗帜。

一

伴随中华民族的日益富强和国际影响力的日益扩大,国际上有一些人对中国梦的实现心存芥蒂和疑虑,担心中国发展强大后会对别的国家构成威胁,抛出和散布"中国威胁论",将中国梦误解为"强权梦"、"扩张梦"、"霸权梦"等等。实际上,这不仅是对中国特色社会主义坚持和平发展道路的曲解,也是对中国历史文化传统和中国人的民族性格缺乏了解而产生的误读。

---

① 中共中央宣传部编:《习近平总书记系列重要讲话读本》,学习出版社、人民出版社 2014 年版,第 28 页。

中华民族素来推崇以"和"为主导的为人处事的观念。"礼之用,和为贵。先王之道,斯为美。"《论语·学而》中的这句话,将和睦、和谐看作圣君明主治理国家最值得称道、最为可贵之处。《孟子·公孙丑下》更是指出"天时不如地利,地利不如人和",把"人和"放在"天时"和"地利"之上的崇高位置。古代先贤认识到事物的千差万别和世界的丰富多彩,主张"和"时并不抹杀事物各自的特点。《国语·郑语》说"和实生物,同则不继",就是肯定差异和不同实乃事物发展的规律。因此,《论语》虽然重视"和为贵",却强调"君子和而不同"(《论语·子路》),其"和"的核心是协调不同,求同存异,寻求不同主体和对象之间的和平共处。

孔子宣扬的"和而不同"的理念,体现了对差异和不同的尊重与包容,具有海纳百川、有容乃大的气象,是中华民族和中华文化历经坎坷而跋涉前行的重要精神滋养。这种理念赓续数千年,一直受到国人的推崇,它在当代的最佳表述,就是著名社会学家费孝通教授所说的"各美其美,美人之美,美美与共,天下大同"。这种理念和立场,与某些国家推行单边主义,有意或无意地实施具有精神殖民色彩的文化霸权实有霄壤之别。

十多年前我曾在美国马萨诸塞大学和汉普舍尔学院访学半年有余,给美国及西方学生讲授中国文化时,曾谈到孔融让梨是中华传统礼仪和美德的表现。一些美国及英国学生都说"让梨"固然值得肯定,但"争梨"也并非不好,某种意义上还更值得提倡。美国及西方社会更多信奉"竞争哲学"乃至弱肉强食的"丛林法则",中华民族则更多推举"和为贵"思想和厚道宽和的"中庸之道"。这是中华民族文化基因与美国及西方文化基因的显著差异之处。

西汉张骞两次率队出使西域、明朝郑和七次带领庞大舰队远游西洋,为什么丝毫没有侵占别国土地、掠夺别国财富,而是成为中外交往的友好使节?究其原因即在于,中华民族具有讲仁爱、重民本、守诚信、崇正义、尚和合、求大同的民族性格和文化传统,中国人崇尚的君子人格向来鄙视和不屑于不择手段的巧取豪夺。正如习近平主席最近访问蒙古国时发表演讲所说:"在5000多年的文明发展中,中华民族一直追求和传承着和平、和睦、和谐的坚定理念。以和为贵,与人为善,己所不欲、勿施于人等观念和传统在中国代代相传,深深植根于中国人的精神中,深深体现在中国人的行为上。自古以来,中华民族就积极开展对外交往通商,而不是对外侵略扩张;执着于保家卫国的爱国主义,而不是开疆拓土的殖民主义。"①

在人类发展的过程中,中国在历史上曾长期居于世界强国地位,却从未称霸,而是近睦远交,协和万邦,主张四海一家,共同发展。中华民族血液中缺少侵略他人、称霸世界的文化基因,绝不认同"国强必霸"的逻辑。不论从文化传统看,还是从现实作为看,中国梦既是中华民族伟大复兴的强国梦,又是与其他国家合作共赢、携手发展的和平梦。

二

从历史文化传统看,中国梦不仅是国家强盛梦与和平梦的统一,还是人民富裕梦与公平梦的统一。

改革开放以来,伴随中国经济建设的快速发展,我国现阶段已初步迈入小康社会,人民的生活水准和生活质量都得到前所未有的提高,这是举世公认的事实。但在国家经济发展与人民富裕幸福之间也存在一些问题,值得引起重视。

比较一下国民经济增速与居民人均收入指数会明显发现,多年来国家经济发展较快,老百姓收入虽然也在不断提升,但后者的增长幅度远不及前者。不仅居民收入增长落后于经济发展,劳动者报酬增长也滞后于劳动生产率提高。劳动者报酬在初次分配中的比重,居民收

---

① 习近平:《守望相助,共创中蒙关系发展新时代——在蒙古国国家大呼拉尔的演讲》,载2014年8月23日《人民日报》。

入在再次分配中的比重,这些年来都是下滑的。1998年至2012年,劳动者报酬收入占国内生产总值中的比重从53.1％下降到46％,下降了7.1个百分点;而同一时期,生产税净额和企业营业盈余则分别从13.4％和19％上升到15.6％和26.9％,分别上升了2.2和7.9个百分点。从国际上看,在成熟市场经济体中,初次分配后劳动者报酬占国内生产总值的比重,一般在55％至65％之间。这说明相对于政府和企业而言,我国居民收入在功能性分配中处于不太被重视的地位。

进一步看,不仅居民收入增长落后于经济发展问题引起社会关注,城乡差距和区域不平衡等问题也长期未得到很好解决。以国家统计局2014年2月发布的2013年数据为例,从城乡看,城市居民人均可支配收入2.695万元,农村居民人均纯收入0.889万元,两者比例超过3∶1;从区域看,城市人均可支配收入上海市为4.385万元、甘肃省为1.896万元,农村人均纯收入上海市1.959万元、甘肃省为0.509万元,区域发展差距为2至3倍多;从行业看,电力、通讯、金融、能源、航空、烟草等垄断行业员工收入,远远高出竞争性行业和我国职工平均工资水平,前者是后者的几倍甚至十倍以上;从财富占有看,我国目前不到20％的人占有80％以上的社会财富,而80％左右的人只占有20％的社会财富,全国居民收入基尼系数为0.473,贫富差距已超过国际公认的0.4基尼系数警戒线。如此等等,不仅直接事关人民群众的现实利益,而且直接事关社会的公平公正,是我们实现中国梦,让人民过上富裕幸福生活必须解决的问题。

孔子两千多年前就告诫我们:"有国有家者,不患寡而患不均,不患贫而患不安。盖均无贫,和无寡,安无倾。"(《论语·季氏》)这就是说,一个国,一个家,不必担忧财富不多,而要担忧财富分配不均;不必担心人口太少,而需担心不安定。因为财富平均了就见不出贫困,关系和谐了就不觉得人口少,社会安定了就不会倾覆。孔子这里所说,并不像有些人认为的那样,是在提倡"平均主义",而主要是强调"不均"会导致人们的"不安",进而易于引起社会的震荡,实际上是申述公平公正对社会稳定和谐的重要性。《礼记·礼运》还说:"大道之行也,天下为公,选贤与能,讲信修睦。故人不独亲其亲,不独子其子,使老有所终,壮有所用,幼有所长,鳏、寡、孤、独、废疾者皆有所养"。这种建立在平等公正基础上的"大同"梦想,是古代先贤对理想社会的美好憧憬,是历代中华儿女向往和追寻的目标,与我们今天国家富强、民族振兴、人民幸福的中国梦源流相承,一脉贯通。

正因如此,中国梦的实现不仅在于做大"蛋糕",使人民真正富裕起来,而且在于分好"蛋糕",让人民更多享受公平正义的温暖阳光。对此,党中央明察秋毫,提出和实施了一系列深得民心的有效措施。面对国民经济发展与居民人均收入增长指数存在明显落差问题,十八大报告明确要求千方百计增加居民收入,让发展成果由人民共享:"努力实现居民收入增长和经济发展同步、劳动报酬增长和劳动生产率提高同步,提高居民收入在国民收入分配中的比重,提高劳动报酬在初次分配中的比重。"面对根深蒂固的城乡二元体制带来的城市与农村发展差距,以及市民与农民同等待遇等问题,国家目前推行的户籍制度改革及一系列惠民惠农的利好政策,正在努力缩小城乡差距,让村民与市民享受同等"国民"待遇。面对发达地区与欠发达地区收入落差过大、垄断行业与非垄断行业收入严重不平衡、少数人富与多数人富矛盾尖锐等问题,不仅十八届三中全会决议部署要"规范收入分配秩序,保护合法收入,增加低收入者收入,调节过高收入,取缔非法收入",国家还在资源配置、政策倾斜、进一步开放市场打破垄断、调整已有利益格局等方面,采取一系列有力举措深化改革,为构建公平公正的社会运行机制孜孜以求。

实现中华民族伟大复兴的中国梦,孕育于建设中国特色社会主义的生动实践中,又深深扎根在中华优秀传统文化的肥沃土壤里。从博大精深的中华文化传统里汲取营养,领会和理解中国梦的深厚底蕴与丰富内涵,有助于全面把握中国梦包含的多方面多层次题中之义,从而更好地弘扬中国精神、凝聚中国力量,以锲而不舍、奋发有为的艰辛努力,逐步接近和抵达中华民族伟大复兴的辉煌目标。

2014 年 9 月 6 日于合肥

2014 年 10 月 8 日修改

(原刊《光明日报》2014 年 10 月 13 日头版,《群言》2014 年第 11 期转载。)

汇聚起向上向善的强大力量

作为一名社会科学工作者,今年两会一开始就让我惊喜。习近平总书记3月4日看望参加全国政协会议的文化艺术界、社会科学界委员时强调:"新时代呼唤着杰出的文学家、艺术家、理论家,文艺创作、学术创新拥有无比广阔的空间,要坚定文化自信、把握时代脉搏、聆听时代声音,坚持与时代同步伐、以人民为中心、以精品奉献人民、用明德引领风尚。"① 李克强总理在《政府工作报告》中也指出,要通过培育和践行社会主义核心价值观等一系列活动,"汇聚起向上向善的强大力量"。这是对广大文艺和社科工作者提出的明确要求,也是压在我们肩上一份沉甸甸的责任。

如何完成这项重大任务,关键是要围绕举旗帜、聚民心、育新人、兴文化、展形象的使命任务,明方向、正导向、转作风、树新风,出精品、育人才,在正本清源上展现新担当,在守正创新上实现新作为。为此,我们必须立足中国现实,植根中国大地,把当代中国发展进步和当代中国人精彩生活表现好、展示好,把中国精神、中国价值、中国力量阐释好。总书记在哲学社会科学工作座谈会上特别指出:"哲学社会科学研究要立足中国特色社会主义伟大实践,提出具

---

① 《坚定文化自信把握时代脉搏聆听时代声音 坚持以精品奉献人民用明德引领风尚》,载2019年3月5日《人民日报》。

有自主性、独创性的理论观点。"① 近年来，我在如何以中华优秀传统文化滋养社会主义核心价值观方面做了一点思考，提出在汪洋浩瀚的中华传统文化中，君子文化最能代表中华民族深层精神追求和独特精神标识，是传统文化中具有当代价值和世界意义的文化精髓，是我们培育和践行社会主义核心价值观能够直接嫁接并开花结果的老树新枝。激活和倡行君子文化，有助于对社会各阶层人士进行思想文化上的因势利导，在全社会形成广泛价值共识，具有古为今用的重大现实意义和价值。因此，我们亟待采取有效举措张扬君子文化，在社会逐步形成大兴君子之风、倡行君子之道、崇尚君子品格、争做正人君子的风尚。

从先秦至清末，有关君子人格和君子文化的论述不仅在历代典籍中比比皆是，而且在家风家训、文艺舞台、民谚俗语及器物造型中俯拾即是。君子文化作为涵盖传统与当代、贯通古代与今天的文化标识，在我们当下的生活中仍然熠熠生辉。"君子一言，驷马难追"，"君子爱财，取之有道"，"君子成人之美"，"君子不夺人所好"，"君子动口不动手"，"君子之交淡如水"，等等，这些至今活跃在人们口头的君子格言和俗语，已不同程度地成为中华儿女做人做事的人生信条，以人们习用而不察、日用而不觉的方式，规范和调整着我们为人处事的价值判断和行为格调。我们培育和践行社会主义核心价值观，就是要激活和焕发人们内心由传统文化长期熏陶而形成的优良价值理念，简单说就是千百年来中国人对君子人格、君子之风、君子之道的尊崇和追求，"使中华民族最基本的文化基因与当代文化相适应、与现代社会相协调，以人们喜闻乐见、具有广泛参与性的方式推广开来"②。

---

① 《结合中国特色社会主义伟大实践　加快构建中国特色哲学社会科学》，载2016年5月18日《人民日报》。
② 《建设社会主义文化强国　着力提高国家文化软实力》，载2014年1月1日《人民日报》。

2014年6月13日,《光明日报》以头版头条的位置刊发我的研究成果《君子文化与社会主义核心价值观》,引起较为广泛的反响。除《新华文摘》、《群言》等权威杂志全文转载外,浙江大学、安徽省社科院、江苏省社科院、上海交通大学等纷纷成立君子文化研究机构,安徽、湖南等省还成立全省性社团组织君子文化研究会。目前,各地君子文化研究组织已分别在浙江杭州、安徽合肥、江苏江阴、湖南长沙举办了四届"君子文化论坛"。第五届论坛将以"家国情怀与君子文化"为主题,于8月份在上海交通大学举办。君子文化研究还走出研究机构和书斋,安徽省桐城市、蒙城县,山东省威海市、肥城市,河南省长垣县、湖南省多地等,均以培育君子人格、弘扬君子之风为抓手,把君子文化融入群众性精神文明创建活动,陶冶情操、温润心灵,取得了接传统、连人心、易推广、受欢迎的良好效果。

中华民族的伟大复兴,需要汇聚全民族的智慧和力量,需要广泛凝聚共识。广大文艺工作者和社科工作者要不断提高素质和能力,不断奉献精品力作,做到不负重托、不辱使命。

(原刊2019年3月8日《光明日报》。)

附录

君子文化,改善社会风气的传统良方
——全国人大代表钱念孙谈君子文化与弘扬社会主义核心价值观①

面对世界一体化趋势和各种外来文化的挑战与冲击,面对信念缺失、道德滑坡的现实,我们亟须树起一面具有深厚民族精神和时代风采的文化旗帜,君子文化或许堪当此任。它是传统文化的老树新枝,也是当代文明的思想源泉。

继承和发扬中华民族的优秀传统文化,这是一个老话题,但是在新时代新形势下,老话题也能挖掘和激发出新的意蕴。

2014年2月24日,中共中央政治局在第十三次集体学习时,习近平总书记提出,"牢固的核心价值观,都有其固有的根本。抛弃传统、丢掉根本,就等于割断了自己的精神命脉。博大精深的中华优秀传统文化是我们在世界文化激荡中站稳脚跟的根基"。1月17日,在出席中宣部举办的"文化茶座"时,刘奇葆部长强调,要"深入挖掘和研究阐发优秀传统文化,提炼蕴涵其中的精神和价值,使中华民族最基本的文化基因与当代文化相适应、与现代社会相协调"。

传统文化该怎样挖掘提炼?如何才能与当代社会适应协调?这是

---

① 本文由《中国艺术报》记者金涛采写。

摆在当代知识分子面前的一个重要课题。就此,本报记者专访了全国人大代表、安徽省文联副主席、安徽省文艺评论家协会主席、安徽社科院文学所钱念孙研究员。在钱念孙看来,这是一个宏大而崭新的课题,从大处讲,包括两个方面内容,一是要进一步树立对优秀传统文化的自信,对传统文化进行新的理解和新的评价;另一个重要任务是深入挖掘和阐释中国优秀传统文化的精华,使传统焕发新的生机。访谈中,钱念孙将焦点集聚在君子文化上。在他看来,君子是中华传统文化中一个重要的核心的概念,君子文化博大精深,蕴涵丰富,但是并没有被当代人很好地发掘、阐释出来。"就像一块金子,混在沙里没淘出来;也如一块璞玉,尚未有人将其雕琢成晶莹剔透、大放异彩的思想精品。"钱念孙说。

君子是中华优秀传统文化的一个核心概念,是数千年中华文化塑造的一个理想人格

为什么说君子是中国传统文化中一个核心的概念?钱念孙有一组数据可以做支撑。

君子这个概念,粗略统计,《论语》中出现107次,《尚书》中出现8次,《周易》中出现20次,《诗经》中出现183次,《孟子》中出现82次,《易传》中出现107次,《荀子》中出现了304次……《易经》象传开篇第一句话就是:"天行健,君子以自强不息。"《诗经》首篇就有"窈窕淑女,君子好逑"。孔子在《论语》中对君子的论述非常多,比如"君子喻于义,小人喻于利","君子坦荡荡,小人长戚戚","君子和而不同,小人同而不和","君子泰而不骄,小人骄而不泰",等等。《孟子》说,"君子莫大乎与人为善","焉有君子而可以货取乎"。《庄子》中讲,"君子之交淡如水,小人之交甘若醴。君子淡以亲,小人甘以绝"……

钱念孙说,在中国的历代典籍中,提到和解说君子之处数不胜

数,包括明清时期《菜根谭》、《呻吟语》、《龙文鞭影》等人生格言类著述及各种各样的家训,莫不如是。如果说中国传统文化的思想精华和道德精髓,主要体现为一种伦理哲学,那么它所强调的仁义礼智信、忠孝廉悌等思想,以及自强不息、先忧后乐等各种各样的观念等,最终汇聚到一种理想人格上,那就是君子。

即使到了今天,中国老百姓口头上依然会讲"君子一言,驷马难追","君子爱财,取之有道","君子成人之美","君子绝交不出恶言",等等。还有一种说法,"宁可得罪君子,也不得罪小人",为什么?因为"君子报仇,十年不晚;小人报仇,从早到晚"。君子这个概念既有传统文化的深厚蕴涵,又为当今大众所熟悉与接受,可说妇孺皆知,耳熟能详。因此钱念孙觉得,君子是数千年中华文化所共同塑造和推崇的一个人格范式,是中华民族理想而现实、高尚而平凡的人格形象。

君子文化有丰富内涵和广阔阐释空间,对弘扬社会主义核心价值观有重要借鉴意义

虽然君子这一概念影响深远,但钱念孙却发现,在汗牛充栋的关于中国传统文化的研究著作中,很少有对君子文化的系统研究和深入论述。君子概念的内涵究竟是什么?君子概念及君子文化在历史上是如何发展演变的?君子文化在传统文化的各个方面有哪些表现?我们现在提倡君子文化具有怎样的意义?钱念孙觉得这些都是很大的课题,具有丰富的内涵和深广的阐释空间,对于中央当前提出的培育和践行社会主义核心价值观也有重大意义。

为什么将君子文化与社会主义核心价值观紧密联系?钱念孙对此有着深入独到的思考。

自改革开放以来,邓小平同志早就提出"两手抓、两手都要硬"的思想,加强精神文明建设和思想道德建设是中央常抓不懈的工作,

专门出台《中共中央关于加强社会主义精神文明建设若干重要问题的决议》、《公民道德建设实施纲要》,开展以"八荣八耻"为主要内容的社会主义荣辱观教育活动,以及近些年大力推行社会主义核心价值观教育等。为培养良好的社会风气,我们还有全国道德模范评选、中国好人评选等等。在钱念孙看来,这些都取得了很大的成绩,产生了良好的社会效果,值得充分肯定。但方方面面做了这么多工作,大家为什么仍然对当前的社会风气不满意,感到信仰缺失、道德滑坡,甚至人跌倒了都不敢扶?怎么解决当前的问题?钱念孙觉得,如果要从中国传统文化中寻求药方,那么弘扬君子文化、培育君子之风、倡行君子之道,将具有重要意义。

钱念孙认为,倡兴君子文化与宣传道德模范、社会好人并行不悖,并且可以作为现行思想道德建设的重要补充。之所以这么说,是因为我们当前的道德模范、中国好人评选,在实践中已经形成了一个基本模式或套路,即评选对象大多为社会底层人员,比如卖菜的、打工的等工人、农民,他们原本很平凡,因为终年赡养卧病在床的老人、扶助贫困儿童等感人事迹而成为社会楷模,或者是因为跳水救人、关键时刻伸手接小孩等偶发性的义举被树立为社会的榜样。在钱念孙看来,这些人的确值得尊敬,其模范行为确实非常值得传扬,但仅仅有这些还不够。研究中外历史的人都知道,在任何社会,一种社会风气的形成都有一个规律,这就是"上有所好,下必甚焉",也就是人们常说的"上行下效"。中国有"吴王好剑客,百姓多疮瘢。楚王好细腰,宫中多饿死"的典故,说的就是这个道理。钱念孙说,社会风气的形成或改善,仅仅依靠宣扬底层人民的善行还不行,更重要的还得引导社会中层及上层人士崇德向善。孔子早就说过:"君子之德风,小人之德草,草上之风,必偃。"

因此,钱念孙指出,倡导君子文化既是传统文化研究中的一个空档,可以对君子文化进行深入的挖掘,还可以在当代开展新君子文化运动,比如兴君子文化、育君子之风、行君子之道,这是对当前社会思想道德建设、精神文明建设的重要补充,也是从传统文化中发掘和释放出来的一个思想道德等文化建设的新思路、新渠道。

中华传统文化在每个中国人心中都埋有一颗君子的种子,倡兴君子文化就是要让这颗种子在新时代开花结果

为什么现在社会上有人追星?因为他们是成功人士,有号召力。钱念孙说,如果这些人能正确处理义与利的关系,人与己的关系,个人与集体、与国家的关系等,他们对社会风气的改善将会起到良好的引领作用。做美德君子,这样的文化正适合于这些成功人士。

钱念孙指出,君子的概念内涵丰富,既有"文质彬彬,然后君子"的温文尔雅,又有"天行健,君子以自强不息"的奋发向上。在古代典籍中,类似"君子忧道不忧贫"、"君子耻其言而过其行"、"君子求诸己,小人求诸人"、"君子贵人而贱己"等论述比比皆是。君子在文艺作品中也有很多表现,人们经常会将梅兰竹菊称为"四君子",这也是中国画表现最多的重要题材,寄托了人们对美好品格的向往。因此,君子文化可以从很多方面阐释,包括君子的为官之道、君子的经商之道、君子的为文之道、君子的从艺之道等,都能在传统中找到丰富的论述,同时又符合今天的时代价值,可以成为今人遵循的价值规范。君子文化还可与西方的绅士文化等相比较,相互借鉴优长。

随着中国基本步入小康社会,中产阶层已初步形成,富裕阶层人士也有一定的规模,这些人的人生态度和生活方式与一般群众已有较大不同,他们的爱好和追求对社会风尚的影响正日益增强。钱念孙认为,我们整个社会总的价值导向无疑要以社会主义核心价值观为统领,但社会主义核心价值观的培育和践行,针对不同社会阶层人群最好要以不同的、对症下药的、他们易于并乐于接受的语言进行文化引导。面对中产阶级基本形成的社会现实,具有深厚传统底蕴的君子文化经过现代阐释,也许正能够以白领、小资、演艺明星、企业家、官

员等社会中上层人士愿意接受，甚至喜闻乐见的内容和方式，对他们的人生观、价值观进行因势利导，从而对改善社会风气发挥良好作用。

君子不是高高在上、可望而不可及的。君子不是圣人。孔子在《论语》中明确讲，"圣人，吾不得而见之矣；得见君子者，斯可矣"。这表明在孔子看来，自己做不到成为圣人，但能做到成为君子。不仅如此，君子是一般人也能做到的，这个概念不分底层上层。在日常生活中我们遇到一个人，也会判断这人是个君子还是个小人。君子概念深入老百姓心中，不用解释，大家都能理解。钱念孙发现，中国传统文化非常有趣，从孔子开始，讲了那么多做人的道理，常常是将君子和小人对比着来说的，人们都愿意做君子，不愿意做小人。钱念孙说，君子这一中国传统文化千百年来塑造的理想人格，为什么现在不能继承改造、发扬光大呢？正人君子，高层可以做，中产阶层可以做，普通老百姓也可以做，甚至在网络上也可以倡行君子之风，做网上美德君子，如不能随便爆粗口、造谣、骂人等等。君子之风的畅行，对于纠正现在社会过度向钱看（包括见利忘义、为富不仁等等），以及浮躁病、低俗病、浅表病等众多问题，都具有很好的意义。

钱念孙说，面对世界一体化趋势和各种外来文化的挑战与冲击，面对信念缺失、道德滑坡的现实，我们亟须树起一面具有深厚民族精神和时代风采的文化旗帜，君子文化或许堪当此任。它是传统文化的老树新枝，也是当代文明的思想源泉。它既可以让中国传统文化精华盛开传承创新的时代花朵，也可以让培育和践行社会主义核心价值观与中华民族传统文化基因发生共鸣。它可以让中国传统道德思想更好地从历史记忆而走向现实生活，也能让当代思想道德建设因有深厚肥沃的传统土壤滋养而生根发芽，更加茂盛地开花结果。

（原刊 2014 年 3 月 12 日《中国艺术报》。）

安徽打造君子文化品牌的理论创新与实践探索①

培育和弘扬社会主义核心价值观必须立足中华优秀传统文化,习总书记反复强调的这一重要思想具有重大理论意义与实践价值。如何贯彻落实习总书记重要讲话精神,许多专家学者提出了有价值的观点和思路,各地各部门积极探索也取得不少有益的经验。安徽省社科院研究员钱念孙提出:激活和倡行君子文化,是中国传统文化与当代核心价值观活态嫁接的重要途径,是实现传统文化的时代转化和创新发展的有力抓手。这一观点和思路引起社会各界的热烈反响,不论是理论创新还是实践探索,已在全国取得引人瞩目的成果,已形成走出安徽并在全国产生相当影响的文化品牌。

一、君子文化的理论创新

2014年6月13日,《光明日报》以头版头条的重要位置刊发钱念孙研究员的文章《君子文化与社会主义核心价值观》。这篇近六千字的"光明专论"认为:"君子"是中华民族千锤百炼的人格基因,是数千年中华优秀传统文化塑造和推崇的人格模式,是中华民族理想而

---

① 本文由安徽日报理论部主任记者程铁军、安徽省社会科学院经济研究所研究员林斐撰写。

现实、尊贵而亲切、高尚而平凡的人格形象。在汪洋浩瀚的中华传统文化中，君子文化最能代表中华民族深层精神追求和独特精神标识，是我们培育和践行社会主义核心价值观能够直接嫁接并开花结果的老树新枝。激活和倡行君子文化有助于对社会各阶层人士进行思想文化上的因势利导，从而在全社会形成广泛价值共识，使社会主义核心价值观更好内化于心，外化于行。君子文化既是传统学术研究的薄弱环节，又具有古为今用的重大现实意义和价值，亟待采取有效举措张扬君子文化，在社会逐步形成大兴君子之风、倡行君子之道、崇尚君子品格、争做正人君子的风尚。

君子文化的理论创新在于：为如何立足传统文化培育和弘扬社会主义核心价值观探寻了别开生面的路径，在当代社会树起一面具有深厚传统底蕴和时代精神的文化旗帜。从先秦至清末，有关君子和君子文化的论述不仅在历代典籍中比比皆是，而且在戏曲舞台和民间说唱中俯拾即是。君子文化作为涵盖传统与当代、贯通古代与今天的文化航标，还在我们今天的生活中熠熠生辉。"君子一言，驷马难追"，"君子爱财，取之有道"，"君子动口不动手"，"君子成人之美"，"君子不夺人所好"，"君子之交淡如水"，"以小人之心，度君子之腹"，等等，这些至今活跃在人们口头的君子格言，已不同程度地成为中华儿女做人做事的人生信条，以一种习用而不察、日用而不觉的方式，规范和调整着我们为人处事的价值判断和行为格调。我们培育和践行社会主义核心价值观，就是要激活和焕发人们内心由传统文化长期熏陶而形成的优良价值理念，正如习总书记所说"使中华民族最基本的文化基因与当代文化相适应、与现代社会相协调，以人们喜闻乐见、具有广泛参与性的方式推广开来"。

二、学界反响与实践探索

《君子文化与社会主义核心价值观》一发表，人民网、新华网、央视网、共产党员网等各主流网站，以及腾讯、搜狐、百度、凤凰等商业网站均置顶推介，《新华文摘》、《群言》等权威杂志全文转载。众多专家学者充分肯定激活和倡行君子文化的重大意义，《人民日报》、《光明日报》等报刊连续载文呼应和探讨。

安徽省委宣传部更是在第一时间做出积极回应。原安徽省委宣传部部长曹征海指出：君子文化可以成为我们汲取传统文化精华，培育和践行社会主义核心价值观的路径和桥梁。安徽率先开展这方面的理论研究，需要进一步建设君子文化的研究高地、宣传高地、实践高地，并选择蒙城、桐城这两座历史文化名城，作为弘扬君子文化，让社会主义核心价值观落地生根的试点县市。在省委宣传部的部署下，安徽省社会科学院成立省社科院君子文化研究中心，省社科联也组织成立了安徽省君子文化研究会，省社科规划办设立"君子文化的当代价值"课题。目前，钱念孙及相关研究人员已推出一批有影响的学术成果，蒙城和桐城的试点也初见成效。2016年4月11日《光明日报》以整版报道和评论，宣传安徽推广和研究君子文化的成绩。

我省君子文化的研究和实践在全国产生较大影响。辽宁省大连市委宣传部、山东省威海市委宣传部等多地邀请钱念孙给全市干部讲课。荣获"全国文明城市"称号的山东省威海市还将"君子之风，美德威海"定为城市名片，把弘扬君子之风、培育君子人格，作为全民进德修身、倡树新风正气的重要推手，不断提升文明城市的境界和水平。2015年9月10日，光明日报社、山东省社科院和威海市委宣传部联合举办"君子之风·美德威海与社会主义核心价值观建设研讨会"。会上中央民族大学教授牟钟鉴以"重铸君子人格，推动移风易俗"为题，中宣部思想政治工作研究所副所长戴木才以"'君子'是人格追求的航标灯"为题，中国伦理学会副会长王小锡以"弘扬君子文化是传承美德的创新典范"为题，北京大学中国特色社会主义理论体系研究中心副主任郭建宁以"弘扬君子之风是社会主义核心价值观的实践创新"为题等，与来自全国各地一百一十余位专家学者和实务工作者进行研讨。对于此次研讨会，2015年9月29日《光明日报》作了整版报道。

继安徽社科院成立君子文化研究中心后，浙江大学成立君子文化研究中心，江苏省社会科学院成立君子文化研究中心，湖南成立全省性的湖南省君子文化研究会，上海交通大学成立中华君子文化研究中心等。2015年12月19日至20日，浙江大学和光明日报社在杭州联合举办"首届君子文化论坛"，以"君子文化与当代社会"为主题，对君子文化的历史渊源、价值内涵、时代意义等进行深入研讨。2016年2月27日《光明日报》整版刊发这次论坛的主要成果。2016年4月7日至8日，天津社科院、上海社科院、江苏社科院又在天津联合主办"君子与家风文化论坛"，研讨君子文化与良好家风之间的关联与意义。

三、关于提升君子文化品牌的建议

由我省开拓的君子文化研究和实践，已呈登高一呼、八方响应之势，围绕君子文化的探索正在各地蔚然兴起。君子文化的研究和实践，已初步成为精神文明建设的安徽品牌，成为"文化强省"的突出亮点。我们要乘势而上，在君子文化研究、实践和宣传三方面下功夫，着力丰富内涵、扩大影响。

在研究方面，建议将君子文化研究列为我省近几年文化强省的重点项目，依托省社科院君子文化研究中心，整合国内专家学者和实务工作者力量加强研究，争取在《人民日报》、《光明日报》、《求是》等重点报刊发表有分量的成果；尽快编撰出版《历代君子格言选释》、《君子文化研究论文集》等，推动君子文化研究和普及；组织全国性的探讨交流活动，筹备举办"第二届君子文化论坛"（初定今年10月举行）。君子文化研究要与包括徽商文化、桐城派文化等在内的安徽地域文化相联系，不断推出高质量的研究成果，不断提升品牌形象和美誉度。

在实践方面，对蒙城、桐城及山东威海、湖南、上海等地通过大兴君子文化推进社会主义核心价值观落地生根的经验进行总结，进一步探寻有效载体和手段，把弘扬君子文化与全民进德修身、改善社会风气、深化城市文明内容、提升区域发展软实力结合起来，植根安徽地域文化特色和文明创建已取得的成就，如中国好人"安徽现象"等，寻找新的爆发点，进一步扩大试点范围，推动我省精神文化建设创新发展。

在宣传方面，我省君子文化的研究和实践在省外持续升温，省内宣传力度不够。建议省委宣传部统筹，调动安徽学术期刊、各类报纸及电视网络等媒体，注重宣传我省君子文化研究和实践的成果，挖掘和展示君子文化的深厚内涵和当代价值，将研究和实践的成果进展转化成宣传优势，为建设君子文化的研究高地、实践高地和宣传高地，打造文化强省的新品牌做出贡献。

（原刊《咨政》2016年第9期。）

后 记

文章千古事，得失寸心知。

这个集子里的二十余篇谈君子文化及乡贤文化的文章，均在近六七年间写成。尽管它们多半曾在重点报刊发表，产生过一定的影响，有些还被《新华文摘》、《学习活页文选》等多家刊物转载，但将它们汇辑在一起看校样时，仍明显感到存在诸多不足。

其一，整体水准有待提高。君子文化及乡贤文化在中国历史悠久，有着深厚的传统和丰富的史料。作为存之久远的历史现象和文字记载，君子及乡贤的清晰身影和事功业绩，散落在经、史、子、集及乡邦文献等浩瀚古籍的字里行间。对此，我们过去缺乏系统的审视和整理，今日回眸关注与搜罗耙梳，如刘姥姥进大观园，难免眼花缭乱，抓到篮里便是菜，缺少整体观照下的审慎辨析和精当论述。尤其是对于从遥远殷周走来的君子及君子文化，若要真切了解和把握，不仅需要埋首古典的勤奋与刻苦，还要沉浸到它生存的历史环境中，感受和体察传统文化的旨趣与韵味。好的学问不仅是"做"出来的，还是"养"出来的。这里的"养"，就包括对传统典籍和文化的长期优游涵泳，体味玩索。吾辈青少年时期经历"文革"，最好的读书年华被耽搁和虚掷，加之自己半路出家，从美学和文艺理论园囿迈入古代思想史和文化史的殿堂，对涉猎君子文化及乡贤文化的经典及问题只是初步摸索，浅陋在所难免。之所以将其辑集出版，一来祈盼得到方家的批评指正，二来抛砖引玉，期待更多的同道拿出更好的成果。

其二，一些文章观点有交叉重复。这几年我虽然没有中断自己的专业即美学和文艺理论研究，新近还出版了一本文艺评论集《文学的俯察与仰观》，但对君子文化及乡贤文化的思考和探索却是另一重要战场，耗费相当多的心血和精力。由于围绕同一主题连续不断撰文，加上有些是报刊编辑见到相关论文后点题约稿，因而不同文章之间在内容上存有若干重合之处。编这个集子时，尽管注意到此问题，剔除了一些内容部分雷同的作品，如刊发在《博览群书》2016年第5期的《君子：中华民族千锤百炼的人格基因》，刊发在2017年11月13日《北京日报》"理论周刊"的《中华民族历久弥新的人格基因》，刊发在2018年1月18日《合肥日报》"理论半月刊"的《传扬君子文化，让核心价值观根深叶茂》，等等，可现有的各篇之间仍然没有完全避免此弊端。不过，利与弊常常相互依存，此毛病的存在，似也伴生和连带另外一些功能或曰"好处"，即某些重复既可看作本人对君子文化及乡贤文化论题之意义和价值的重视与强调，也可相对完整地反映和记录自己在这块园地里劳作的业绩与状况，还可见出一些思想和观点如何在前后篇章之间由萌芽到生长、由粗浅而逐步深入，包括一些文字表述如何由普通到别致的演化轨迹与递进过程。所思所想，和盘托出，但愿不被视作强词夺理，推责诿过。

其三，问题论述不够系统。作为围绕同一主题做文章的论文集，各篇之间应该有明确的分工和安排，呈现一定的系统性。此集固然不能说没有这个意识，如《光明日报》头版头条刊出《君子文化与社会主义核心价值观》并引起较大反响后，我就觉得应该把君子文化在博大精深传统文化中究竟居于何种位置、君子文化数千年来究竟对百姓生活和民风民俗产生怎样的影响等问题梳理并讲述清楚，因而写出《君子文化在传统文化中的地位和影响》、《君子文化浸润中国人的日常生活》等文。但总体看,有些篇章却并非出自自己原有设想和打算,而是伴随"君子文化热"的兴起,时有应相关活动之需而作的"命题作文"。譬如,2019年8月第五届"君子文化论坛"在上海交通大学举行,适逢新中国成立七十周年,论坛主题定为"家国情怀与君子文化",因而写出《家国情怀的萌生与君子人格的确立》。2020年11月第六届"君子文化论坛"在铜陵市举办,当时教育部及社会各界呼吁加强师德师风建设,论坛主题定为"立德树人与君子文化",这就有了《从中国传统树人体系看君子人格的普遍价值》。如此等等,虽然也是从不同方面探讨君子文化问题,但东一榔头西一棒,毕竟不够系统严谨。下一步,我想在宏观与微观的结合上,对君子文化议题做些更加完整、深入的探讨,以为当今学术发展和文化建设添砖加瓦。

灯下校对一篇篇拙作,几年来在君子文化及乡贤文化研究的崎岖道路上跋涉前行,受到学界众多友朋关心、呵护、鼓励、帮助的情景历历在目,心涌暖流。何泽华先生数次乘飞机或高铁从北京、南京赶到合肥寒舍晤谈,其为传扬君子文化尽心竭力的情怀和精神令人感动,也使我遇到困难或心劳意冗时不敢轻言放弃。《光明日报》作为享誉海内外的思想文化大报,一直对君子文化及乡贤文化研究和实践积极倡导,热情扶持,原副总编辑李春林等报社同仁不仅精心策划,拿出宝贵版面刊发大量相关文章和报道,而且持续领衔与各地宣传部门、研究机构或大学联合主办"君子文化论坛",给予君子文化研究及我个人莫大的支持和激励。光明日报社编辑王国平、张焱、刘江伟,《学术界》总编马立钊、副总编李本红等多次费心编发君子文化及乡贤文化拙稿,情谊让人感佩。尤其是王国平编辑,我有关此议题的第一篇文章《君子文化与社会主义核心价值观》,就是承他不弃而层层上报推荐,在头版头条刊出引起关注,才激起我转而到这块田垄播种耕耘,获得如今的收成。安徽教育出版社在学术著作出版难的情况下,主动提出让我将零散论文汇集出版,并组织人员精编细校,改正引文及注释的一些讹误，亦让我受益匪浅。

  论文辑集付梓，犹如散兵游勇重新整装打扮，列队亮相接受新的检阅。乘这次梳理之机，对报刊首发时因篇幅而删压部分做了恢复，对原稿中的一些粗疏差错做了订正，以使其以原本的初心和更好的容颜见诸方家与读者。在这颇具仪式感的典仪即将到来之时，对一个书生来说，也只能再道一声"感谢"，作为羞涩的秀才人情呈送给他们。

钱念孙
2022 年 2 月 22 日夜于书香苑